Hans-Georg Schumann

ANDROID-APPS PROGRAMMIEREN FÜR KIDS

SMARTPHONE-APPS ENTWICKELN OHNE VORKENNTNISSE

mitp

Bibliografische Information der Deutschen Nationalbibliothek
Die Deutsche Nationalbibliothek verzeichnet diese Publikation in der Deutschen Nationalbibliografie;
detaillierte bibliografische Daten sind im Internet über <http://dnb.d-nb.de> abrufbar.

Bei der Herstellung des Werkes haben wir uns zukunftsbewusst für umweltverträgliche und wieder-
verwertbare Materialien entschieden.
Der Inhalt ist auf elementar chlorfreiem Papier gedruckt.

ISBN 978-3-95845-899-4
2. Auflage 2018

www.mitp.de
E-Mail: mitp-verlag@sigloch.de
Telefon: +49 7953 / 7189 - 079
Telefax: +49 7953 / 7189 - 082

Lektorat: Katja Völpel
Sprachkorrektorat: Petra Heubach-Erdmann
Covergestaltung: Sandrina Dralle, Christian Kalkert
Satz: III-satz, Husby, www.drei-satz.de
Druck: Medienhaus Plump GmbH, Rheinbreitbach

INHALT

1

2

3

7

8

9

10

14

15

A

B

C

FÜR

JANNE, JULIA, KATRIN UND DANIEL

EINLEITUNG

Android? Ist das nicht so etwas wie eine Mensch-Maschine? Ein Roboter, der einem Menschen (täuschend) ähnlich sieht? Ja, und gleichzeitig der Name eines Betriebssystems, das **Google** entwickelt hat und kostenfrei zur Verfügung stellt.

Während man Windows vorwiegend auf »großen« PCs findet, ist Android auf Smartphones und Tablets am meisten verbreitet. Rund Dreiviertel aller Handys (wie man sie auch immer noch nennt) laufen mit dem Android-System.

Computer sind sie eigentlich alle: Geräte, die man auf oder unter den Tisch stellt (Desktop-PCs), Geräte, die man mitnehmen kann (Notebooks und Tablets), und dann noch eine Nummer kleiner: die Smartphones.

Vorwiegend um Android für Smartphones geht es hier. Die meisten Projekte funktionieren aber auch auf Tablets. Programme für dieses System werden meisten kurz **Apps** genannt (als Abkürzung für Applikationen).

WAS HEIßT EIGENTLICH PROGRAMMIEREN?

Wenn du aufschreibst, was ein Computer tun soll, nennt man das **Programmieren**. Das Tolle daran ist, dass du selbst bestimmen kannst, was getan werden soll. Lässt du dein Programm laufen, macht der Computer die Sachen, die du ausgeheckt hast. Natürlich wird er dann nicht dein Zimmer aufräumen und dir auch keine Tasse Kakao ans Bett bringen. Aber kannst du erst mal programmieren, kannst du den Computer sozusagen nach deiner Pfeife tanzen lassen.

Allerdings passiert es gerade beim Programmieren, dass der Computer nicht so will, wie du es gerne hättest. Meistens ist das ein Fehler im Programm. Das Problem kann aber auch irgendwo anders im Computer oder im Betriebssystem liegen. Das Dumme bei Fehlern ist, dass sie sich gern so gut verstecken, dass die Suche danach schon manchen Programmierer zur Verzweiflung gebracht hat.

Vielleicht hast du nun trotzdem Lust bekommen, das Programmieren zu erlernen. Und ausgerechnet noch für die »ganz Kleinen«. Dann brauchst du ja nur noch eine passende **Entwicklungsumgebung**, und schon kann's losgehen.

WAS IST EINE ENTWICKLUNGSUMGEBUNG?

Um ein Programm zu erstellen, musst du erst etwas eintippen. Das ist wie bei einem Brief oder einer Geschichte, die man schreibt. Das Textprogramm dafür kann sehr einfach sein, weil es ja nicht auf eine besondere Schrift oder Darstellung ankommt wie bei einem Brief oder einem Referat. So etwas wird **Editor** genannt.

Ist das Programm eingetippt, kann es der Computer nicht einfach lesen und ausführen. Jetzt muss es so übersetzt werden, dass der PC versteht, was du von ihm willst. Weil er aber eine ganz andere Sprache spricht als du, muss ein Dolmetscher her.

Du programmierst in einer Sprache, die du verstehst, und der Dolmetscher übersetzt es so, dass es dem Computer verständlich wird. So etwas heißt dann **Compiler**.

Im Prinzip kann man für Android mehrere Programmiersprachen benutzen, am meisten verbreitet ist Java. Hier gibt es als Dolmetscher die **Java Virtual Machine** (kurz JVM). Diese Art »Zwischencomputer« lässt sich kostenlos installieren.

Eigentlich wird ein Java-Programm also an die JVM weitergereicht, die es dann für den jeweiligen Computer passend zubereitet: Das kann ein PC z.B. mit Windows sein. Oder ein Smartphone z.B. mit Android. Ein und dasselbe Java-Programm kann so im Prinzip auf jedem beliebigen Gerät funktionieren, das über eine JVM verfügt.

Schließlich müssen Programme getestet, überarbeitet, verbessert, wieder getestet und weiterentwickelt werden. Dazu gibt es noch einige zusätzliche Hilfen. Daraus wird dann ein ganzes System, die Entwicklungsumgebung.

WARUM GERADE JAVA?

Leider kannst du nicht einfach programmieren, wie dir der Mund gewachsen ist. Eine **Programmiersprache** muss so aufgebaut sein, dass möglichst viele Menschen in möglichst vielen Ländern einheitlich damit umgehen können.

Weil in der ganzen Welt Leute zu finden sind, die wenigstens ein paar Brocken Englisch können, besteht auch fast jede Programmiersprache aus englischen Wörtern. Es gab auch immer mal Versuche, z.B. in Deutsch zu programmieren, aber meistens klingen die Wörter dort so künstlich, dass man lieber wieder aufs Englische zurückgreift.

Eigentlich wäre es egal, welche Programmiersprache du benutzt. Am besten eine, die möglichst leicht zu erlernen ist. Doch in der Android-Welt ist die Nummer 1 die Programmiersprache **Java**, mit der du es auch in diesem Buch zu tun hast. Diese gehört inzwischen zu den am meisten verbreiteten Sprachen im Computer-Bereich. Sie ist nicht einfach, aber auch für Anfänger geeignet, die mit Java ihre erste Programmiersprache lernen wollen. Und: Es ist eine Sprache, die Smartphones und Tablets mit Android gut verstehen.

In letzter Zeit hat sich mit **Kotlin** eine neue Sprache verbreitet, die man auch unter Android Studio benutzen kann. Wir bleiben hier jedoch bei Java.

Der Weg zum guten Programmierer kann ganz schön steinig sein. Nicht selten kommt es vor, dass man die Lust verliert, weil einfach gar nichts klappen will. Das Programm tut etwas ganz anderes, man kann den Fehler nicht finden und man fragt sich: Wozu soll ich eigentlich programmieren lernen, wo es doch schon genug Apps gibt? Und dann noch ausgerechnet für Android. Aber du verspürst da einen Reiz, eigene Apps zu schreiben? Es ist also nicht nur einen Versuch wert, es kann sich durchaus lohnen, das Programmieren zu erlernen.

ANDROID STUDIO, DIE ENTWICKLUNGSUMGEBUNG ZUM BUCH

Um den Kauf einer Entwicklungsumgebung für Java und für Android musst du dich nicht kümmern, beides bekommst du kostenlos aus dem Internet.

Google stellt dir **Android Studio** zur Verfügung, eine komfortable und leistungs-starke Entwicklungsumgebung, mit der du unter allen Versionen von Windows pro-grammieren kannst. Android Studio macht es auch möglich, Smartphones und Tablets zu simulieren und damit alle Apps erst mal auf dem PC unter Windows zu testen.

Wie man Android Studio und Java aus dem Internet holt und installiert, erfährst du in **Anhang A**.

UND WAS BIETET DIESES BUCH?

Über eine ganze Reihe von Kapiteln verteilt lernst du

◇ die Grundlagen der Programmierung kennen

◇ mit Android Studio unter Windows umzugehen

◇ mit Komponenten zu arbeiten (das sind Bausteine, mit denen du dir viel Pro-grammierarbeit sparen kannst)

◇ auch komplexere Programm-Elemente einzusetzen

◇ eine ganze Reihe von Spiel-Projekten zu erstellen

◇ wie man Apps für den Play Store vorbereitet

Im **Anhang** gibt es dann noch zusätzliche Informationen und Hilfen, u.a. über Ins-tallationen und den Umgang mit Fehlern.

WIE ARBEITE ICH MIT DIESEM BUCH?

Grundsätzlich besteht dieses Buch aus einer Menge Text mit vielen Abbildungen dazwischen. Natürlich habe ich mich bemüht, alles so zuzubereiten, dass daraus lauter gut verdauliche Happen werden. Damit das Ganze noch genießbarer wird, gibt es zusätzlich noch einige Symbole, die ich dir hier gern erklären möchte:

ARBEITSSCHRITTE

≫ Wenn du dieses Zeichen siehst, heißt das: Es gibt etwas zu tun. Damit kommen wir beim Programmieren Schritt für Schritt einem neuen Ziel immer näher.

Grundsätzlich lernt man besser, wenn man einen Programmtext selbst eintippt oder ändert. Aber nicht immer hat man große Lust dazu. Deshalb gibt es alle Projekte im Buch auch als Download:

http://www.mitp.de/899

Und hinter einem Programmierschritt findest du auch den jeweiligen Namen des Projekts oder einer Datei (z.B. → *GameView.java*). Wenn du also das Projekt nicht selbst erstellen willst, kannst du stattdessen den passenden Ordner laden (zu finden im Download-Paket).

AUFGABEN

Am Ende eines Kapitels findest du jeweils eine Reihe von Fragen und Aufgaben. Diese Übungen sind nicht immer ganz einfach, aber sie helfen dir, noch besser zu programmieren. Lösungen zu den Aufgaben findest du in verschiedenen Formaten ebenfalls im Verzeichnis *Projekte*. Du kannst sie dir alle im Editor von Windows oder auch in deinem Textverarbeitungsprogramm anschauen. Oder du lässt sie dir ausdrucken und hast sie dann schwarz auf weiß, um sie neben deinen Computer zu legen. (Auch die Programme zu den Aufgaben findest du im Download-Paket.)

NOTFÄLLE

Vielleicht hast du irgendetwas falsch gemacht oder etwas vergessen. Oder es wird gerade knifflig. Dann fragst du dich, was du nun tun sollst. Bei diesem Symbol findest du eine Lösungsmöglichkeit. Notfalls kannst du aber auch ganz hinten im **Anhang B** nachschauen, wo einige Hinweise zur Pannenhilfe aufgeführt sind.

WICHTIGE STELLEN IM BUCH

Hin und wieder findest du ein solch dickes Ausrufezeichen im Buch. Dann ist das eine Stelle, an der etwas besonders Wichtiges steht.

EXPERTENWISSEN

Wenn du ein solches »Wow« siehst, geht es um ausführlichere Informationen zu einem Thema.

WAS BRAUCHST DU FÜR DIESES BUCH?

Installiert wird Java in ein Verzeichnis deiner Wahl, z.B. *C:\Programme\Java*. Auch Android Studio muss installiert werden und auch hier kannst du das Verzeichnis selbst bestimmen, z.B. *C:\Programme\Android*. Zusätzlich empfiehlt es sich, auf einem anderen Laufwerk einen Arbeitsordner für die Projekte einzurichten, z.B. *D:\Projekte*.

Die Beispielprogramme in diesem Buch gibt es alle als Download von der Homepage des Verlages, falls du keine Lust zum Abtippen hast:

http://www.mitp.de/899

Und auch die Lösungen zu den Fragen und Aufgaben sind dort untergebracht.

BETRIEBSSYSTEM

Die meisten Computer arbeiten heute mit dem Betriebssystem Windows. Davon brauchst du eine Version zwischen 7 und 10. Außerdem wäre es gut, ein Smartphone oder Tablet mit Android zur Hand zu haben. Du kannst aber auch nur einen **Emulator** von Android Studio benutzen. Er reicht für die Mehrzahl der Projekte aus (es gibt aber einige wenige, die nur mit dem Smartphone oder Tablet funktionieren).

SPEICHERMEDIEN

Auf jeden Fall benötigst du etwas wie einen USB-Stick oder eine SD-Card, auch wenn du deine Programme auf die Festplatte speichern willst. Auf einem externen Speicher sind deine Arbeiten auf jeden Fall zusätzlich sicher aufgehoben.

Gegebenenfalls bitte deine Eltern oder Lehrer um Hilfe.

HINWEISE FÜR LEHRER

Dieses Buch lässt sich natürlich auch für den Informatik-Unterricht verwenden. Dort setzt natürlich jeder Lehrer seine eigenen Schwerpunkte. Benutzen Sie an Ihrer Schule bereits ein Werk aus einem Schulbuchverlag, so können Sie dieses Buch in Ergänzung zu dem vorhandenen Schulbuch einsetzen. Weil wir hier sozusagen »bei null« beginnen, ist auch ein direkter Einstieg in Java möglich – ohne irgendwelche anderen Programmierkenntnisse.

Der wesentliche Schwerpunkt in diesem Buch ist die Programmierung für das vor allem bei Smartphones weitverbreitete Betriebssystem Android. Dabei kommt auch die objektorientierte Programmierung nicht zu kurz.

In den Projekten werden die wesentlichen Elemente des Java-Wortschatzes wie auch die wichtigsten Komponenten für eine Android-Applikation (App) eingesetzt. In den Lösungen zu den Aufgaben finden Sie weitere Vorschläge zur Programmierung.

AUF DIE DATEIEN ZUM BUCH VERZICHTEN?

Vielleicht ist es Ihnen lieber, wenn Ihre Schüler die Projekte alle selbst erstellen. Dann lassen Sie die Download-Dateien einfach (erst einmal) weg.

ÜBUNGSMEDIEN

Für den Informatik-Unterricht sollte jeder Schüler ein anderes externes Speichermedium haben, um darauf seine Programmierversuche zu sichern. So wird verhindert, dass sich auf der Festplatte des Schulcomputers mit der Zeit allerlei »Datenmüll« ansammelt. Außerdem dient der eigene Datenträger dem Datenschutz: Nur der betreffende Schüler kann seine Daten manipulieren.

REGELMÄßIG SICHERN

Es kann nicht schaden, die Programmdateien, an denen gerade gearbeitet wird, etwa alle **zehn** Minuten zu speichern. Denn Computer pflegen gern gerade dann »abzustürzen«, wenn man seine Arbeit längere Zeit nicht gespeichert hat. In der Regel aber sorgt Android Studio dafür, dass bei Programmschluss alles gespeichert ist.

1 WILLKOMMEN IN ANDROID STUDIO

Du willst gleich loslegen? Dein Smartphone brauchst du dazu erst mal nicht, aber einen Windows-PC. Auf dem entwerfen wir dann gemeinsam dein erstes Programmprojekt. Wunder darfst du dabei nicht erwarten, es wird sicher nicht so bunt wie die fast schon unzählbaren Apps, die man aus dem Play Store herunterladen kann. Aber wir sind ja erst ganz am Anfang. Und für das allererste Mal gibt es viel zu tun.

In diesem Kapitel lernst du

◎ wie man Android Studio startet

◎ etwas über den Einsatz des SDK Managers

◎ wie man eine neue App erzeugt

◎ etwas über den Einsatz des AVD Managers

◎ wie man den Android-Emulator startet

◎ wie man seine App ausführt

◎ wie man Android Studio beendet

ANDROID STUDIO STARTEN

Bevor wir mit dem Programmieren anfangen können, muss das Entwicklungssystem **Android Studio** installiert werden. Genaues erfährst du im **Anhang A**. Hier solltest du dir von jemandem helfen lassen, wenn du dir das Einrichten nicht allein zutraust.

Eine Möglichkeit, Android Studio zu starten, ist diese:

≫ Öffne den Ordner, in den du Android Studio untergebracht hast (z.B. *C:\programme\Android*).

Dort musst du nun weiter in einen Unterordner mit dem Namen *BIN* wechseln:

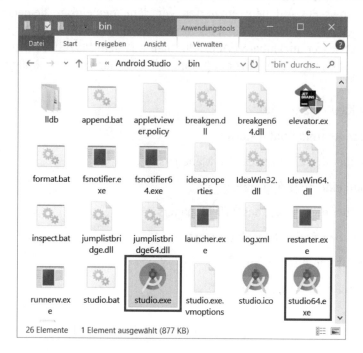

Hier suchst du unter den vielen Symbolen eines der grünen heraus, und zwar das mit dem Namen *studio.exe*.

> Falls es ein zweites mit dem Namen *studio64.exe* gibt, kannst du auch das aus-
> probieren. Doch das funktioniert nicht auf jedem PC, hier muss die sogenannte
> 64-Bit-Version von Windows installiert sein.

≫ Nun kannst du das Programm mit einem Doppelklick auf das Symbol starten.

> Ich empfehle dir, eine **Verknüpfung** auf dem Desktop anzulegen:
>
> ❖ Dazu klickst du mit der rechten Maustaste auf das Symbol für Android Stu-
>   dio (STUDIO.EXE). Im Kontextmenü wählst du KOPIEREN.
>
> ❖ Dann klicke auf eine freie Stelle auf dem Desktop, ebenfalls mit der rechten
>   Maustaste. Im Kontextmenü wählst du VERKNÜPFUNG EINFÜGEN.
>
> ❖ Es ist sinnvoll, für das neue Symbol auf dem Desktop den Text *studio.exe ?*
>   *Verknüpfung* durch *Android Studio* zu ersetzen.
>
> Von nun an kannst du auf das neue Symbol doppelklicken und damit Android
> Studio starten.

Beim ersten Start kann es sein, dass dich noch ein Überbleibsel von der Installation erwartet.

Ein **Setup Wizard** informiert dich über einige installierte Elemente (die du zum Teil später noch kennenlernen wirst).

≫ Schließe dieses Fenster mit einem Klick auf FINISH.

Je nach Computer kann es eine Weile dauern, bis Android Studio geladen ist. Einige Zeit später landest du in einem Willkommen-Fenster.

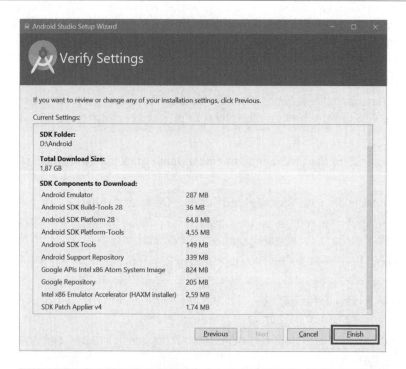

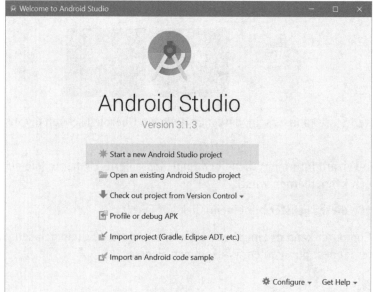

Du möchtest gern gleich mit einem neuen Projekt beginnen? Das könntest du mit einem Klick auf START A NEW ANDROID STUDIO PROJECT direkt in die Wege leiten.

Besser aber ist es, wir leisten noch ein bisschen Vorarbeit.

Um ein Android-Projekt zu erstellen und zum Laufen zu bringen, benötigen wir die Hilfe von zwei Managern:

❖ Der **Software Development Kit (SDK) Manager** stellt die nötigen Elemente des Betriebssystems Android zur Verfügung. Davon gibt es ja inzwischen einige Versionen. Und wenn wir für möglichst viele Smartphones programmieren wollen, brauchen wir nicht nur die neueste, sondern auch einige der älteren Versionen.

❖ Der **Android Virtual Device (AVD) Manager** bietet die geeigneten Smartphone-Emulationen (das heißt, er sorgt dafür, dass die jeweiligen Smartphones unter Windows künstlich nachgeahmt werden). Natürlich gibt es auch Emulationen für Tablets und andere Geräte.

Android Studio hat bei der Installation schon dafür gesorgt, dass die wichtigsten Pakete mitinstalliert wurden. Aber das heißt nicht, dass ein Projekt sofort reibungslos läuft. Denn es gibt noch deutlich mehr Pakete im Angebot, und einige davon werden zusätzlich benötigt. Um selbst zu bestimmen, was letztendlich installiert ist, brauchen wir beide Manager. Dann können deine Apps störungsfrei laufen.

DER SDK MANAGER

≫ Um das System auf den neuesten Stand zu bringen und das nötige »Drumherum« zu installieren, klicke unten rechts auf das kleine Dreieck hinter CONFIGURE.

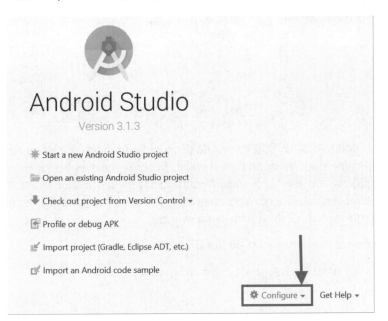

≫ Es öffnet sich ein kleines Menü, wo du auf SDK MANAGER klickst.

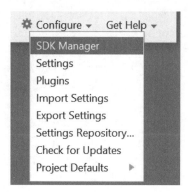

Es öffnet sich ein neues Zusatzfenster. (Möglicherweise wird noch einiges geladen, ehe es dir zur Verfügung steht.)

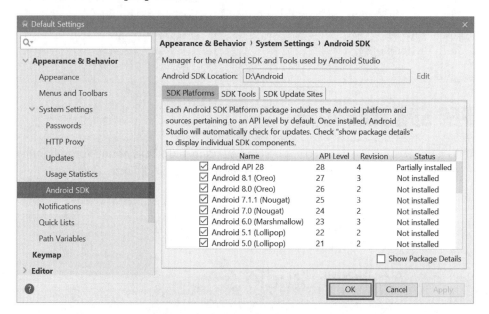

Unter der Option ANDROID SDK kannst du dir nun die Android-Versionen aussuchen, für die du deine Apps programmieren willst. Bedenke, dass es bis zu einer Stunde (und länger) dauern kann, bis alles heruntergeladen und installiert ist. Ich habe mich entschieden, alle älteren Versionen mindestens ab 5.0 (Level 21) zu bedienen, musste dafür jedoch teilweise sehr lange warten.

≫ Nach deiner Auswahl klickst du auf OK.

Nun musst du noch die Lizenz-Bestimmungen absegnen.

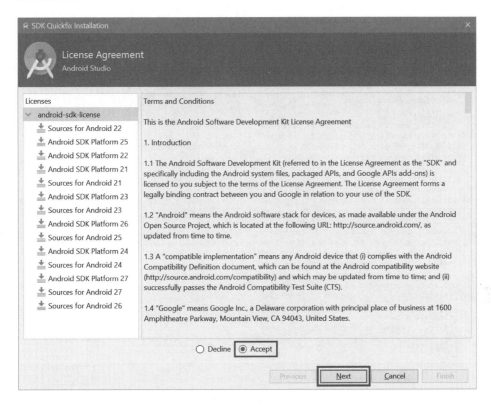

≫ Markiere unten den Eintrag ACCEPT und klicke dann auf NEXT. Damit startest du die Installationen.

Da die Pakete (Packages) für die SDK Tools aus dem Internet geladen werden, ist nun eine **Internet-Verbindung** nötig. Es wird immer das angezeigt, was gerade aktuell ist, deshalb kann das, was du siehst, von der Abbildung im Buch abweichen.

So wie Windows seine Versionsnummer hat, gibt es so etwas natürlich auch bei Android. Weil die meisten sich nicht jedes Jahr ein neues Smartphone oder Tablet kaufen, sind Versionen ab 5.0 noch sehr verbreitet. Du kannst natürlich auch alle Versionen auswählen, womit sich auch sehr viel ältere Smartphones bedienen lassen.

In einem neuen Fenster kannst du die langwierigen Downloads und Installationen mitverfolgen, wenn du willst.

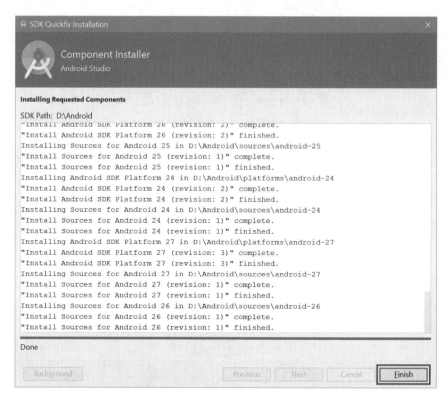

>> Am Schluss beendest du das Ganze mit einem Klick auf FINISH.

Und du landest wieder im Willkommen-Fenster von Android Studio.

Der SDK Manager lässt sich auch über das TOOLS-Menü starten:

EIN NEUES PROJEKT ERZEUGEN

Und nun kannst du endlich in dein erstes Projekt einsteigen.

≫ Dazu klickst du auf die Schaltfläche START A NEW ANDROID STUDIO PROJECT.

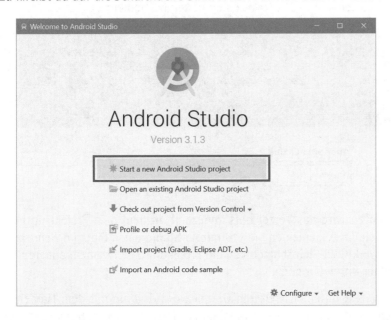

Ein neues Dialogfeld mit dem Titel CREATE NEW PROJECT erscheint und fordert dich heraus. Dann musst du etwas eingeben und gleich eine weitere Entscheidung treffen.

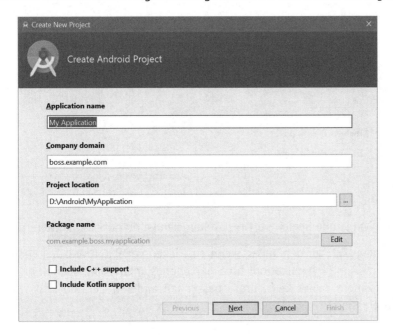

Zuerst braucht dein Projekt einen Namen. Du kannst natürlich *My Application* stehen lassen, doch ich empfehle dir, stets einen eigenen neuen Namen zu vergeben. Nennen wir das erste Projekt einfach *Projekt1*, auch weil wir noch nicht wissen, was genau die App, die nachher herauskommt, macht.

≫ Tippe hinter APPLICATION NAME einen neuen Namen ein.

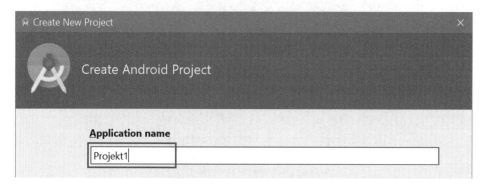

Weiter unten wird das Verzeichnis angezeigt, in dem dein Projekt untergebracht werden soll. Im Allgemeinen bietet Android Studio einen Platz im *Benutzer*-Ordner auf Laufwerk C: an. Ich schlage vor, die Projektdateien in einem anderen Laufwerk und Ordner unterzubringen.

Dazu könntest du einen weiteren Ordner in *D:\Android* mit dem Namen *Projekte* erstellen. Wenn dir das zu umständlich ist, lasse einfach den angebotenen Speicherort hinter PROJECT LOCATION stehen.

≫ Wenn Name und Speicherort feststehen, kannst du auf NEXT klicken.

Im folgenden Fenster genügt es, wenn ein Haken vor PHONE AND TABLET steht. Wir wollen eine App (= Applikation) für Smartphones entwickeln, aber wenn das Ding auch auf einem Tablet läuft, umso besser (an anderen Geräten sind wir derzeit nicht interessiert).

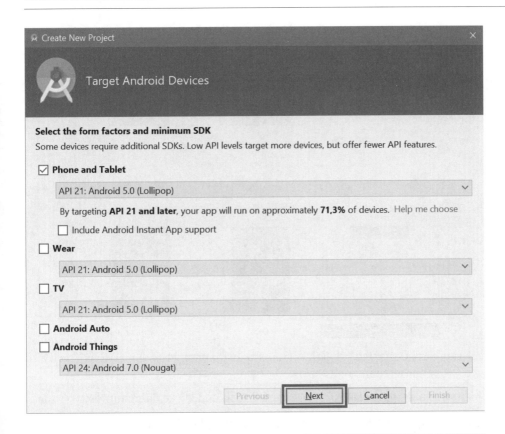

Da nicht alle Smartphones mit den neuesten Versionen von Android versorgt werden, ist es sinnvoll, ein Projekt für eine (etwas) frühere Android-Version zu entwickeln. So läuft deine App auf möglichst vielen (auch älteren) Smartphones.

Auf jeden Fall laufen sämtliche Apps, die für ältere Android-Versionen entwickelt wurden, auch auf allen neuen Smartphones.

Wichtig ist: Für die eingestellte Version muss das **exakte** SDK installiert sein. Notfalls musst du also noch mal den SDK Manager bemühen, um Fehlendes nachträglich zu installieren.

≫ Sorge dafür, dass die Android-Version eingestellt ist, mit der du arbeiten willst. Dann klicke auf NEXT.

Und nun geht es um die **Activity**. So nennt man ein Benutzerinterface. Das ist die Verbindungsstelle zwischen dem Benutzer (z.B. dir) und einem Smartphone. Vereinfacht kann man hier sagen: ein Fenster auf dem Display. Also quasi der Rahmen für die Aktivitäten einer App. Du solltest dich hier für eine »Empty Activity« entscheiden, also sozusagen ein »Fenster mit nix drin«.

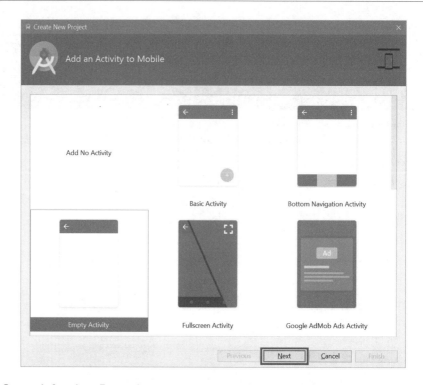

≫ Sorge dafür, dass EMPTY ACTIVITY markiert ist, und klicke dann auf NEXT.

Auch im folgenden Fenster kannst du alles für dein aktuelles Projekt so stehen lassen.

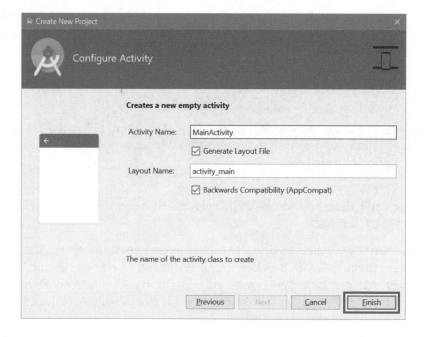

≫ Diesmal klickst du auf FINISH und schließt damit auch das Fenster.

Nun beginnt Android Studio, deine Einstellungen zu verarbeiten. Das kann eine Weile dauern.

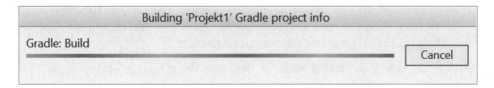

Was dich dann erwartet, könnte etwa so oder ähnlich aussehen:

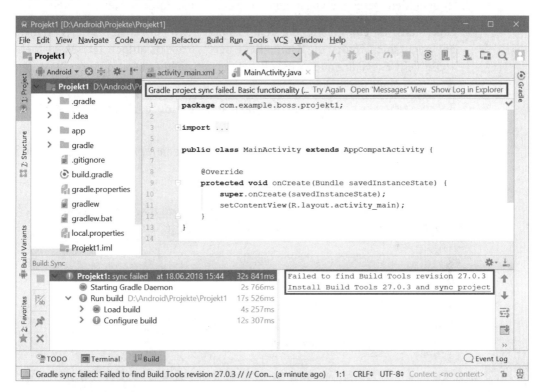

Für den ersten Augenblick mag das ein bisschen sehr verwirrend sein. Doch fangen wir ganz oben an. Dort sitzt die Menüleiste. Darunter befinden sich mehrere Symbole, die man mit der Maus anklicken kann.

Von den vielen Menüs wirst du wahrscheinlich diese am meisten benutzen:

◆ Über das FILE-Menü kannst du Dateien speichern, laden (öffnen), ausdrucken, neu erstellen oder Android Studio beenden.

◆ Das Menü EDIT hilft dir bei der Bearbeitung deines Programmtextes, aber auch bei anderen Programmelementen. Außerdem kannst du dort bestimmte Arbeitsschritte rückgängig machen oder wiederherstellen.

◆ Über das RUN-Menü sorgst du dafür, dass dein Projekt ausgeführt wird.

◆ Und das HELP-Menü bietet dir vielfältige Hilfsinformationen (auf Englisch) an.

Unter dem Menübereich erwarten dich ein paar Fensterabschnitte:

◆ Links siehst du eine Spalte, die dem Explorer in einem Fenster unter Windows entspricht, hier werden die Bestandteile deines Projekts aufgelistet. (Möglicherweise sieht es bei dir anders aus, z.B. wenn oben nicht ANDROID eingestellt ist und die Listen eingeklappt sind.)

◆ Rechts steht der sogenannte Quelltext, mit dem du jetzt sicher noch nichts anfangen kannst.

◆ Ganz unten sind weitere Informationen. Dort werden unter anderem auch Fehler gemeldet.

Möglicherweise gibt es bei dir ebenso wie bei mir gleich zu Anfang Fehlermeldungen. Von GRADLE und BUILD TOOLS kann da die Rede sein.

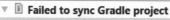

Gradle project sync failed.

```
Failed to find Build Tools
Install Build Tools and sync project
```

▼ 🗎 **Failed to sync Gradle project**

    ⓘ Error: failed to find target android : D:\Android\sdk
               Install missing platform(s) and sync project

▼ 🗎 **Failed to sync Gradle project**

    ⓘ Error: failed to find Build Tools
               Install Build Tools and sync project

Im Falle einer solchen Meldung klickst du unten auf INSTALL BUILD TOOLS, danach werden einige Updates ausgeführt.

Anschließend kommt die Meldung, dass Android Studio erneut versucht, ein funktionierendes Programm zu erstellen.

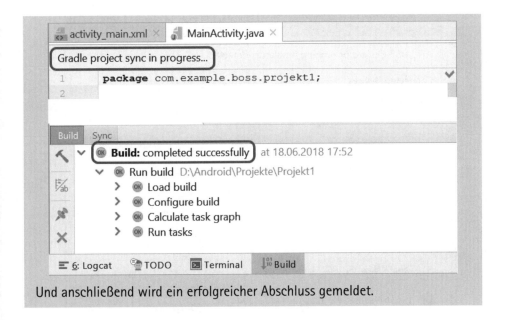

Und anschließend wird ein erfolgreicher Abschluss gemeldet.

DER AVD MANAGER

Haben wir etwa schon ein Programm bzw. eine App?

≫ Probiere einfach aus, was passiert, wenn du im RUN-Menü auf den ersten Eintrag
RUN 'APP' klickst (oder auf den grünen Pfeil in der Symbolleiste).

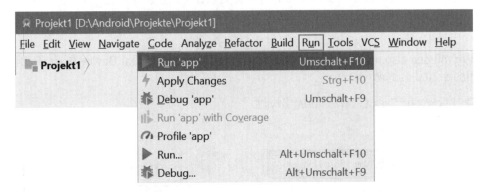

Nach einer Weile bekommst du dieses Dialogfeld zu sehen:

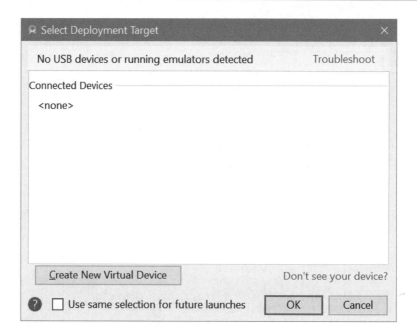

Mit »No USB devices« ist gemeint, dass offenbar kein Smartphone oder Tablet per USB am Computer angeschlossen ist. Und das »none« unter CONNECTED DEVICES weist darauf hin, dass auch kein Smartphone emuliert wird. Ansonsten ist darunter gähnende Leere.

Später werden wir direkt ein Smartphone an den PC anschließen, um unsere Apps auch dort zu testen. Jetzt aber brauchen wir ein virtuelles (also un-echtes) Gerät, das so tut, als sei es ein Smartphone (genau das tut ein **Emulator**).

Wir müssen also nur ein solches Gerät, genannt **Android Virtual Device** (kurz: AVD) finden und das aktivieren.

≫ Klicke auf CREATE NEW VIRTUAL DEVICE.

Und schon erscheint ein neues Dialogfeld mit dem Titel SELECT HARDWARE. Hier findest du unter PHONE eine ganze Reihe von Smartphones, die offenbar unter Android Studio emuliert werden können.

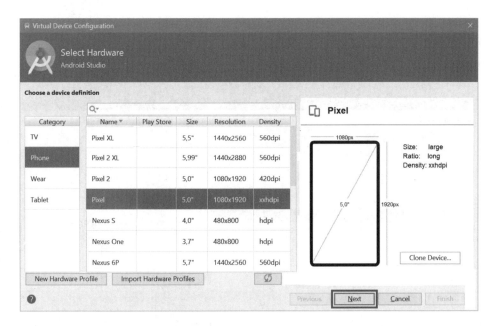

≫ Markiere das Gerät, das du haben willst, und klicke dann auf Next.

Und schon landest du im nächsten Dialogfeld mit dem Titel System Image.

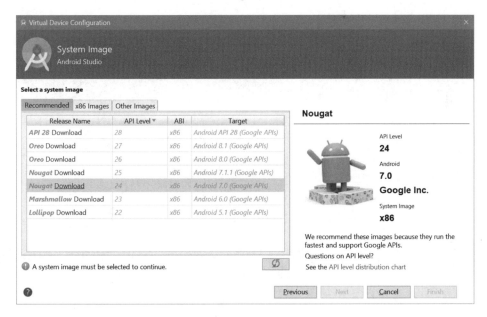

Hier wählst du eines der Android-Systeme aus der Liste. Was darin steht, hängt auch davon ab, wie viel du mit dem SDK Manager installiert hast.

≫ Gegebenenfalls musst du noch Dateien für die betreffenden Versionen nachladen. Klicke also hinter dem Namen der Version auf Download.

Anschließend sollte das System deiner Wahl markiert sein.

≫ Klicke nun auf NEXT.

Und damit bist du fast fertig.

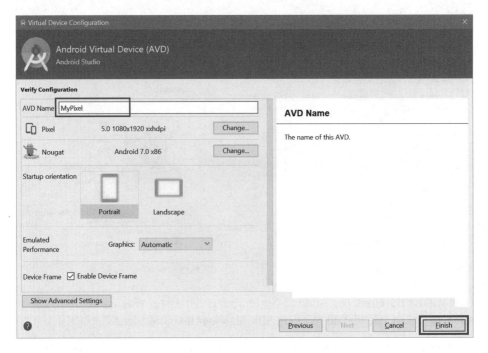

≫ Im letzten Dialogfeld kannst du für den Emulator (AVD) noch einen eigenen Namen eingeben, wenn du willst. Klicke abschließend auf FINISH.

Und damit landest du wieder am Anfang. Nun hast du eine Liste mit einem neuen Emulator. (Diese Liste kannst du natürlich später beliebig erweitern.)

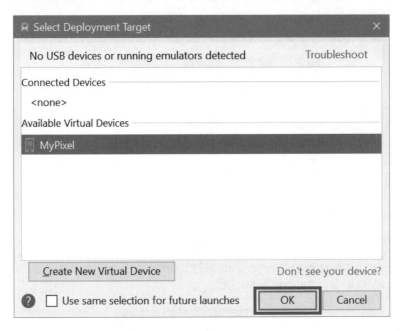

≫ Um das Ganze abzuschließen, klicke auf OK.

Der AVD Manager lässt sich auch über das TOOLS-Menü starten:

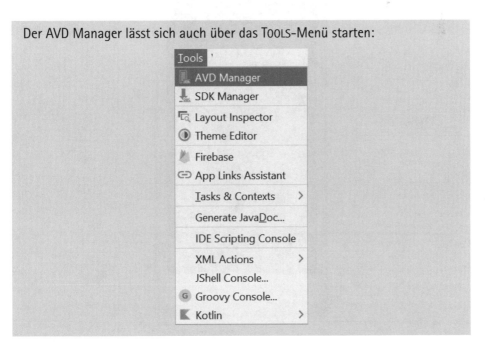

DIE EMULATION STARTEN

Und nun wollen wir schauen, ob wir unser erstes Programm zum Laufen kriegen.

➤ Dazu klickst du wieder im RUN-Menü auf RUN 'APP' (oder auf den grünen Pfeil in der Symbolleiste).

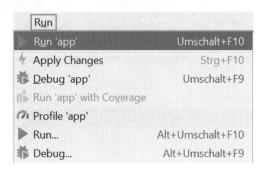

Das letzte Dialogfeld öffnet sich erneut.

➤ Klicke hier einfach (noch mal) auf OK. Und warte.

Kurz darauf tut sich ein weiteres, diesmal eindrucksvoll großes bzw. hohes Fenster auf, das wie ein Smartphone aussieht.

Und nun kann es viele Minuten dauern, bis das Android-System sich »aufgerap-pelt« hat. Das ist so ähnlich, als wenn du dein Smartphone komplett ausge-schaltet hast und neu startest. Also ist Geduld gefragt. (Aber die hast du ja bis jetzt ohnehin bewiesen.)

Warten wir jetzt erst einmal gelassen, bis das Emulations-Fenster so oder ähnlich aussieht:

Obwohl wir in Sachen Programmierung noch keinen Finger gerührt haben, erscheint hier schon ein Gruß an alle Welt (auf Englisch).

Früher oder später willst du natürlich deine Apps auf dem Smartphone testen. Wie das funktioniert, steht in **Anhang B**.

ANDROID STUDIO BEENDEN

Das erste Projekt ist erstellt und gelaufen. Was will man bei diesem Aufwand mehr? Natürlich willst du mehr, doch jetzt solltest du für eine Pause erst mal Android Studio verlassen.

Das geht in zwei Schritten. Neben dem Smartphone siehst du eine Steuer-Leiste. Mit Klick auf das Symbol für POWER schaltest du das emulierte Smartphone aus.

≫ Klicke auf das kleine X ganz oben, um den Emulator zu schließen.

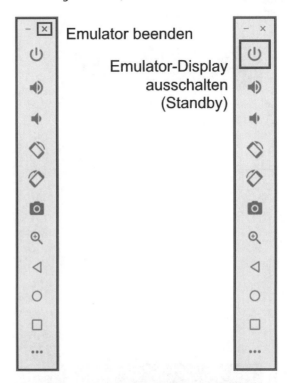

≫ Wenn dir dieses Meldefenster begegnet, solltest du auf YES klicken.

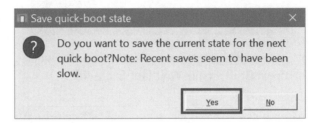

Damit musst du beim nächsten Mal nicht mehr so lange warten, bis der Emulator gestartet ist.

≫ Zurück im Hauptbereich von Android Studio klickst du auf FILE und dann auf EXIT. (Oder du klickst auch hier ganz oben rechts auf das kleine **X**.)

In einem weiteren Meldefenster wird noch einmal nachgefragt:

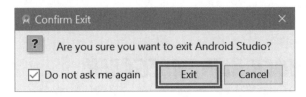

≫ Klicke auf EXIT. (Wenn du dieses Fenster nicht mehr sehen willst, musst du vorher DO NOT ASK ME AGAIN markieren.)

ZUSAMMENFASSUNG

Eine eigene App. Dieses Ziel haben wir hier nicht erreicht. Noch nicht. Aber du hast schon mal einen ersten Eindruck über die Arbeit mit Android Studio gewonnen. Aller Anfang ist schwer? Hier passt es, doch der erste Hürdenlauf ist geschafft.

Du weißt jetzt etwas über

✧ den SDK Manager, der für die Android-Entwicklungspakete zuständig ist.

✧ den AVD Manager, der sich um die Smartphone-Emulatoren kümmert.

Du weißt, dass du eine `Activity`, ein Benutzerinterface als Aktionsrahmen für dein Projekt brauchst. Und du kennst schon ein paar Operationen im Umgang mit Android Studio:

Android Studio starten	Doppelklicke auf das Symbol für Android Studio. Oder klicke auf START/AUSFÜHREN und tippe den kompletten Pfad für *STUDIO.exe* ein.
SDK Manager starten	Klicke auf TOOLS/SDK MANAGER.
AVD Manager starten	Klicke auf TOOLS/AVD MANAGER.
App-Projekt starten	Klicke auf RUN/RUN 'APP'.
Hilfesystem aufrufen	Klicke auf HELP.
Android Studio beenden	Klicke auf FILE/EXIT.

ZWEI FRAGEN ...

1. Was bedeuten SDK und AVD?

2. Was ist eine `Activity`?

... ABER NOCH KEINE AUFGABEN

2 DAS ERSTE EIGENE PROJEKT

Im ersten Kapitel hast du eine Menge arbeiten müssen, herausgekommen ist dabei eigentlich so gut wie nichts, oder? Jedenfalls keine eigene App. Denn das mickrige »Hello World« stammt ja nicht mal von dir.

Doch dass du dich im letzten Kapitel so ins Zeug gelegt hast, wird sich hier auszahlen. Wir machen das Projekt zu **deinem** Projekt. Und du bekommst einen Einblick in das »System«, das hinter deinen Projekten steckt.

In diesem Kapitel lernst du

◎ den Design-Modus kennen

◎ wie man einen Anzeigetext erstellt

◎ wie man Strings als Ressourcen einbindet

◎ die Komponente Button kennen

◎ etwas über das Layout einer App

◎ etwas über Pakete und Klassen

◎ wie man andere Projekte importiert.

DESIGN UND LAYOUT

Nun solltest du deinem ersten Projekt auch einen eigenen Stempel aufdrücken. Dazu musst du wieder hinein in die Arbeitsumgebung von Android Studio.

≫ Starte also Android Studio erst einmal neu.

Und einige Zeit darauf landest du ohne große Umschweife direkt in deinem Projekt.

Android Studio speichert deine Projekte **automatisch**. Das, was du zuletzt gemacht hast, bevor du Android Studio verlässt, das erwartet dich beim nächsten Start.

Du kannst aber auch selbst alles speichern, wenn du auf Nummer sicher gehen willst: Dazu klickst du auf FILE und dann auf SAVE ALL.

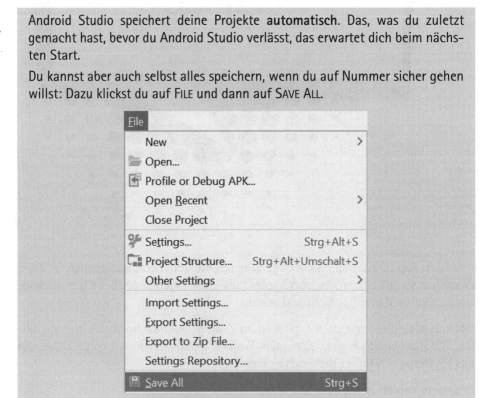

Du siehst im Hauptfenster von Android Studio eine für dich vielleicht fremde Ansammlung von Text, auch **Quelltext** genannt. Der wird dir wohl nur etwas sagen, wenn du schon mal programmiert hast.

Oben siehst du zwei Reiter mit den Namen ACTIVITY_MAIN.XML und ACTIVITYMAIN.JAVA. Damit sind auch die Programmiersprachen gekennzeichnet, die wir hier benutzen: XML und Java. Mit beiden werden wir uns im Laufe dieses Buches intensiver befassen. Offenbar gibt es also zwei Fenster mit zwei Quelltexten, die beide für unser Programm zuständig sind.

≫ Klicke auf den Reiter ACTIVITY_MAIN.XML.

Da steht dann schon eine ganze Menge mehr Text. Und wenn du etwas genauer hinschaust, dann wirst du irgendwo auch eine Zeile entdecken, in der dieses steht:

```
android:text="Hello World"
```

Ob das die Stelle ist, an der wir »Hello World« durch einen anderen Satz ersetzen können? Zum Beispiel mit »Hallo, wie geht es«?

Ehe du nun versuchst, einfach den Textteil `Hello World` direkt an Ort und Stelle durch einen anderen zu ersetzen, lassen wir hier lieber erst mal alles, wie es ist. Denn am Quelltext selbst sollte nur der »operieren«, der sich wirklich schon mit dem Programmieren auskennt. Und das tust du derzeit noch nicht.

Um am Projekt etwas zu ändern, wechseln wir besser in einen anderen Arbeitsbereich.

≫ Klicke ganz unten im Editorfenster auf den linken Reiter DESIGN.

Und du landest in einem Bereich, in dem du direkt die Oberfläche deiner App beeinflussen kannst.

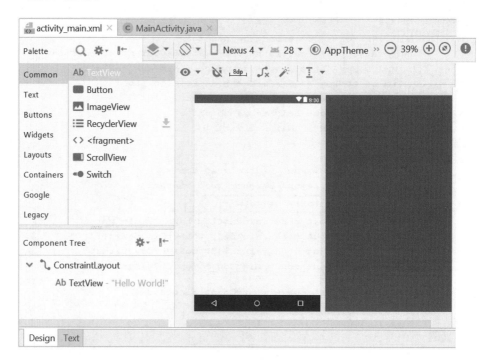

Es ist ratsam (aber nicht unbedingt nötig), hier gleich ein paar Änderungen vorzunehmen:

In der Leiste oberhalb des »Smartphone-Displays« siehst du den Eintrag NEXUS (vielleicht steht da auch etwas anderes).

≫ Wenn du das ändern willst, öffne das zugehörige Menü und wähle am besten dein eigenes AVD-Gerät (oder ein anderes aus einer langen Liste).

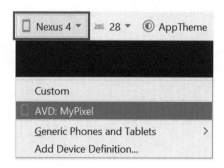

Daneben gibt es die Möglichkeit, die Android-Version (als Nummer) einzustellen, in der das ganze Layout erscheinen soll.

≫ Wenn du willst, lasse alles, wie es ist. Oder suche dir eine (andere) Version aus. Du kannst das aber auch automatisch regeln lassen.

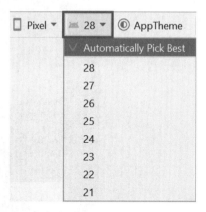

Bei dir war beim Start das linke Display leer? Eigentlich müsste man in der Darstellung den Text "Hello World" in der Mitte sehen. Wenn nicht, musst du das Erscheinungsbild ändern.

≫ Klicke dazu auf die Schaltfläche APPTHEME.

Im folgenden Dialogfenster werden dir zahlreiche Layouts angeboten, von denen in der Abbildung nur einige wenige aufgeführt sind.

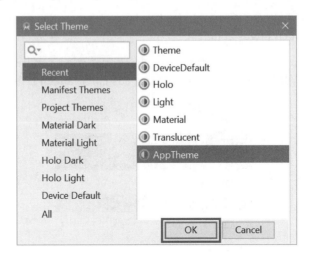

≫ Suche dir eines dieser »Themes« (außer APPTHEME) aus und klicke dann auf OK.

Bei mir hat das Ganze jetzt dieses Aussehen:

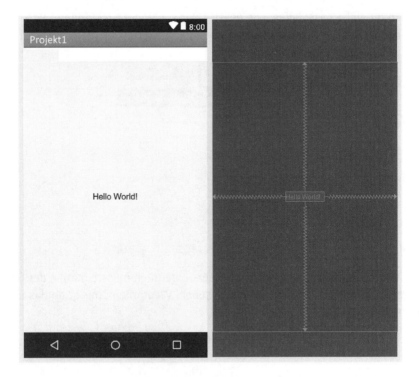

≫ Wenn du willst, kannst du das noch reduzieren. Klicke dazu oben links auf das Symbol für DESIGN SURFACE. Dann wähle im Menü DESIGN.

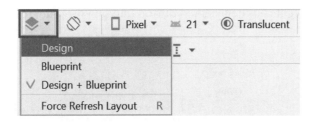

Anschließend siehst du nur noch ein Display, die blaue Fläche daneben ist verschwunden.

VON HELLO ZU HALLO

Was uns jetzt interessiert, ist der Eintrag TEXTVIEW „HELLO WORLD!" im kleinen COMPONENT-TREE-Fenster unten links.

≫ Klicke darauf, sodass die Zeile markiert ist.

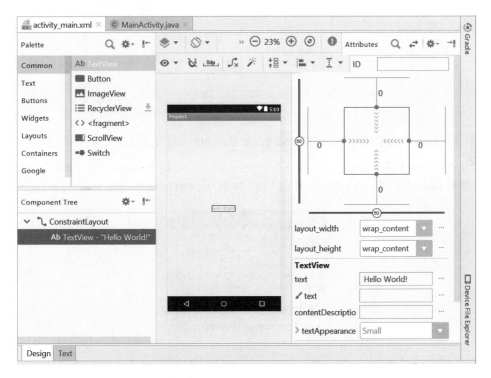

Im Fenster ganz rechts findest du ein Schema für die Position der Textanzeige und darunter einige Einträge. Das ist die ATTRIBUTES-Liste. Wir kümmern uns jetzt um die Zeile, in der links TEXT und rechts daneben HELLO WORLD steht.

≫ Klicke ganz rechts auf den kleinen Button (mit den drei Pünktchen).

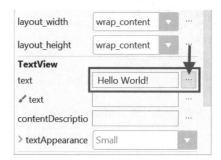

Es erscheint ein Dialogfeld mit dem Titel RESOURCES. Es ist eigentlich deutlich größer als die Abbildung und auf der linken Seite stehen zahlreiche Einträge untereinander, die dich aber aktuell nicht interessieren müssen.

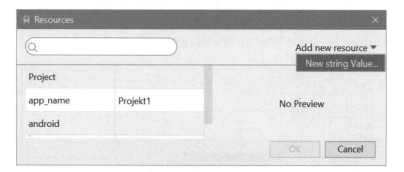

≫ Klicke auf ADD NEW RESOURCE und direkt darunter auf NEW STRING VALUE.

Nun erscheint ein Fenster mit dem Titel NEW STRING VALUE RESOURCE. Hier kannst du einen Namen und einen Wert für den neuen Text eingeben.

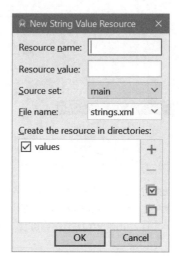

Unter einer **Ressource** (engl. Resource) versteht man eine Sammlung von Daten und Objekten (wie z.B. Zahlen, Texte und Bilder). Und mit **String** ist eine Zeichenkette gemeint. Ein Text ist eine solche Zeichenkette.

≫ Tippe hinter RESOURCE NAME ein: *Hallo_Frage*. Dann tippe hinter RESOURCE VALUE ein: *Hallo, wie geht es?*

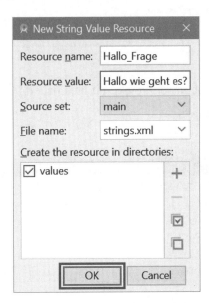

≫ Damit hast du eine neue Zeichenkette festgelegt. Klicke abschließend auf OK.

Dein neuer String taucht nun in der Anzeige auf.

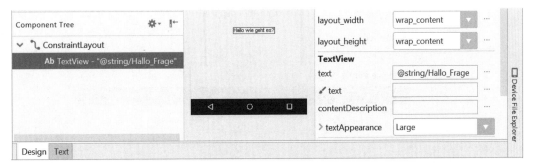

Wenn du deinen Text etwas größer angezeigt haben willst, kannst du hinter TEXTAPPEARANCE von SMALL auf LARGE umstellen. Da gibt es noch mehr Möglichkeiten.

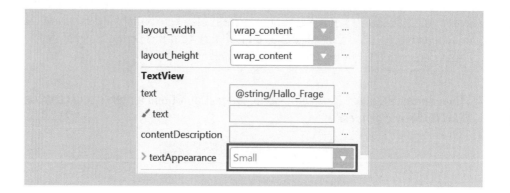

Probieren wir jetzt aus, ob unser Projekt mit dem neuen String zurechtkommt.

≫ Klicke auf RUN und RUN 'APP'.

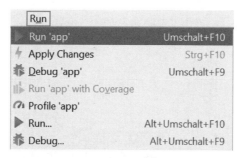

Sorge dafür, dass dein Emulator markiert ist, und klicke auf OK.

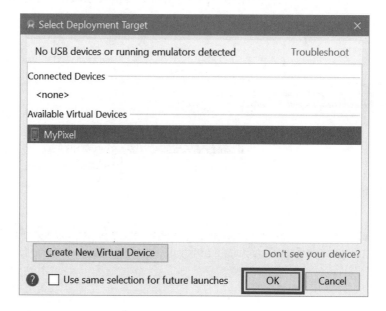

Nun heißt es wieder eine Weile warten, bis endlich die Anzeige erscheint, die von dir stammt: der Satz »Hallo, wie geht es?« (→ *Projekt1*).

Damit du den Emulator nicht immer neu starten musst, kannst du ihn auch einfach laufen lassen. Wechsle direkt in das Hauptfenster von Android Studio. Dort geht es jetzt weiter.

GUT ODER SCHLECHT

Der Anzeigetext »Hallo, wie geht es?« verlangt nach einer Antwort. Das heißt, derjenige, der diese App benutzt, sollte auch die Möglichkeit haben, darauf zu antworten. Am besten ganz einfach per Fingertipp.

Dazu brauchen wir eine neue Komponente, die **Button** genannt wird. Man sagt auch **Schaltfläche**. Und viele sprechen einfach von einem Knopf. Wichtig ist, dass man diesen Bereich mit dem Finger antippen bzw. im Emulator mit der Maus anklicken kann.

Eine Komponente kennst du ja schon: das Anzeigefeld oder **Textfeld**, auch `TextView` genannt. Das ist die Fläche, in der der Text »Hallo, wie geht es?« angezeigt wird.

> Unter **Komponenten** versteht man Objekte, die in der Regel zur Bedienung von Programmen verwendet werden, also z.B. Schaltflächen (Buttons) und Textfelder (TextViews). In Android Studio sind die Basis-Komponenten als **Widgets** zusammengefasst.
>
> Und was sind **Objekte**? Eigentlich sind das doch diese Dinger, die ständig irgendwo herumstehen oder sich um uns herumbewegen. Also z.B. Häuser, Bäume, Autos, Leute. Auch du bist ein Objekt. Und zwar vom Typ Mensch. Objekte in einer Programmiersprache wie Java sind natürlich nur künstlich. Du wirst mit der Zeit nach und nach einige Objekte kennenlernen.

Bevor du eine neue Komponente einsetzt, solltest du erst einmal die bereits vorhandene verschieben. Und zwar nach oben.

≫ Dazu klickst du auf das Textfeld im Display des angezeigten Smartphones und schiebst es dann bei gedrückter Maustaste nach oben.

≫ Nun suchst du unter Widgets nach dem Eintrag Button und klickst darauf.

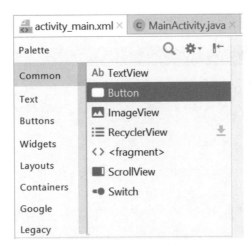

≫ Dann ziehe die Maus mit gedrückter linker Taste ins Display-Feld des angezeigten Smartphones.

Du siehst bereits angedeutet, wo der Button platziert wird, er lässt sich durch die Mausbewegung nach oben oder unten verschieben.

≫ Wenn du eine Position gefunden hast, die dir passt, lasse die linke Maustaste los.

Und es gibt eine neue Komponente mit der Aufschrift »Button«. Weil uns eine Antwort nicht reicht, wiederholen wir das Ganze jetzt gleich noch mal.

≫ Markiere links erneut den Eintrag BUTTON, ziehe die Maus auf eine Stelle im Display neben dem bereits vorhandenen Button und lasse die Maustaste los.

Nun müsste es bei dir etwa so aussehen:

Klar, dass wir die Aufschriften »Button« nicht so stehen lassen können. Also sollten wir sie schleunigst ersetzen. Ich schlage vor, wir bieten die klassischen Antworten »Gut« und »Schlecht« an.

≫ Markiere den linken Button. Dann suche in der Liste rechts unten den Eintrag TEXT, rechts daneben steht BUTTON.

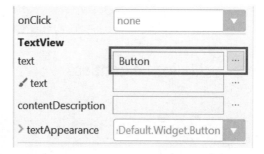

≫ Klicke ganz rechts auf den kleinen Button (mit den drei Pünktchen).

Es erscheint das dir schon bekannte Dialogfeld mit dem Titel RESOURCES, dort steht ja unter anderem auch dein Begrüßungs-String HALLO_FRAGE in der Liste.

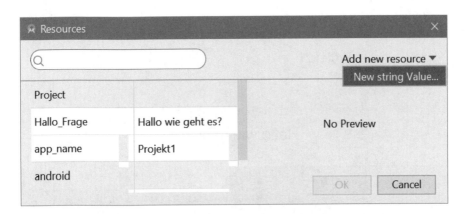

≫ Klicke wieder auf ADD NEW RESOURCE und direkt darunter auf NEW STRING VALUE.

Im nächsten Fenster mit dem Titel NEW STRING VALUE RESOURCE wird nun wieder ein Name und ein Wert für den neuen Text verlangt.

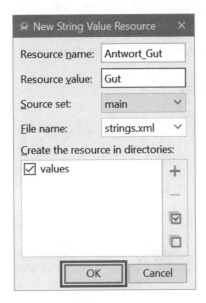

≫ Tippe hinter RESOURCE NAME ein: *Antwort_Gut.* Tippe hinter RESOURCE VALUE ein: *Gut.* Klicke dann zur Bestätigung auf OK.

Immer wenn du einen besseren Namen für die Ressource findest als ich, benutze ihn!

Sobald du zurück im Hauptfenster von Android Studio bist, zeigt der linke Button auch schon seine neue Aufschrift.

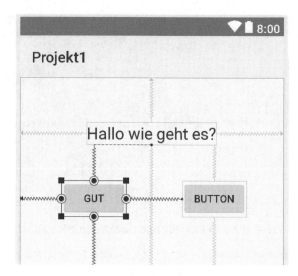

≫ Und nun darfst du dem zweiten Button die Aufschrift »Schlecht« geben. Für den Namen kannst du *Antwort_Schlecht* benutzen.

Wenn dir das gelungen ist, dürfte es auch in deinem Projekt so aussehen:

Nun spricht nichts dagegen, das Projekt in seinem jetzigen Zustand einmal über den Emulator zu schicken (→ *Projekt1*).

≫ Klicke auf RUN und RUN 'APP'.

Diesmal geht es etwas flotter, weil der Emulator bereits im Hintergrund lauert.

≫ Sollte erst das bekannte Fenster auftauchen, musst du nur auf OK klicken.

Etwas später bekommst du ein solches Bild:

Wenn nur der Startbildschirm im Emulator erscheint, kann es helfen, wenn man das »Gerät« einfach mal aus- und wieder anschaltet.

Danach sollte die neueste Version deines Projekts aktiv und sichtbar werden.

Überzeugend sieht es bei mir nicht aus, eher so, als hätten sich die beiden Buttons ineinander verhakt. Es kann auch sein, dass beide Buttons ganz oben links in der Ecke »hängen«. Mal schauen, was sich da machen lässt.

≫ Zurück in Android Studio klickst du links auf einen BUTTON-Eintrag und schaust rechts nach einem Schema, das etwa so aussieht:

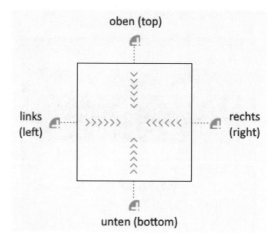

Hier lässt sich einstellen, wie weit eine Komponente vom Display-Rand entfernt sein darf bzw. muss. Ich habe für meine Buttons diese Werte gewählt:

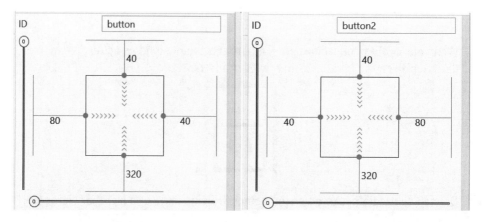

≫ Klicke auf eins der kleinen blauen Symbole, dann kannst du einen Wert eintippen. Du musst nicht alles ändern, möglicherweise genügen die Werte für den linken und rechten Rand. Gegebenenfalls musst du später noch mal etwas ändern.

Die Maßeinheit für diese Werte ist **dp**. Das ist die Abkürzung für »Density-independent Pixels«. Ein **Pixel** ist ein farbiger Punkt auf dem Display. Von der Auflösung hängt es ab, wie viele Punkte es gibt.

Als Basis benutzt man eine Punktdichte von 160 Punkten pro Zoll, das sind etwa 63 Pünktchen pro Zentimeter. Dann ist ein dp genau ein Bildpunkt. Geht es um Smartphones oder Tablets mit einer anderen Auflösung, dann wird die dp-Größe von Android automatisch umgerechnet und deine Schrift entsprechend angepasst.

Wir werden später auch dp für die Maße von Buttons verwenden. Für die Schrift gibt es mit **sp** noch eine weitere Maßeinheit (sp kürzt »Scale-independent Pixels« ab). Diese orientiert sich zusätzlich an den Einstellungen, die ein Benutzer auf seinem Gerät vorgenommen hat.

Nun sollte das Ganze nach einem erneuten Start etwa so aussehen:

Wie du siehst, hängen die Komponenten bei diesem Layout (CONSTRAINT) irgendwie zusammen, sind quasi durch (unsichtbare) Fäden miteinander verbunden. Was bedeuten kann, dass beim Verschieben einer Komponente sich andere mitbewegen.

In einer Leiste mit Layout-Symbolen lassen sich diese Verbindungen komplett entfernen oder auch neue herstellen.

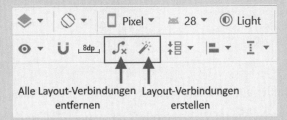

Über andere Symbole kannst du Komponenten unter anderem ausrichten. Auch gibt es im rechten Bereich zahlreiche weitere Einstellungsmöglichkeiten. Das ganze Layout-System ist nicht einfach zu verstehen. Da hilft nur viel Herumprobieren.

ANTWORT AUF ANTWORT

Jeder Button lässt sich natürlich auch schon aktivieren. Geht es dir gerade gut, könntest du auf den linken Button klicken (oder tippen), ansonsten eher rechts. Aber wozu, wenn nach einem Knopf-Druck nichts passiert?

Denkbar wäre, dass jeweils eine neue Anzeige in dem Feld erscheint, in dem jetzt noch »Hallo, wie geht es?« steht. Also jeder Knopf-Druck erzeugt eine Antwort durch die App. Wie wäre es damit?

Buttontext	Anzeigetext
GUT	"Das freut mich!"
SCHLECHT	"Das tut mir leid!"

Doch wie soll das gehen? Ob wir einfach nur zwei neue Strings vereinbaren müssen? Probieren wir es aus.

≫ Markiere das Textfeld mit dem aktuellen Text »Hallo, wie geht es?« Dann klicke dich über den TEXT-Eintrag in der ATTRIBUTES-Liste zum RESOURCES-Dialogfenster durch.

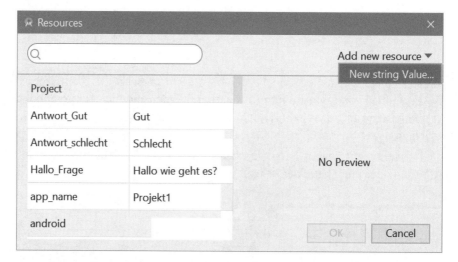

≫ Klicke dort wieder auf ADD NEW RESOURCE und NEW STRING VALUE.

≫ Im Fenster für NEW STRING VALUE RESOURCE gibst du nun diese Texte ein: RESOURCE NAME: *String_Plus* ; RESOURCE VALUE: *Das freut mich!* Dann klickst du zur Bestätigung auf OK.

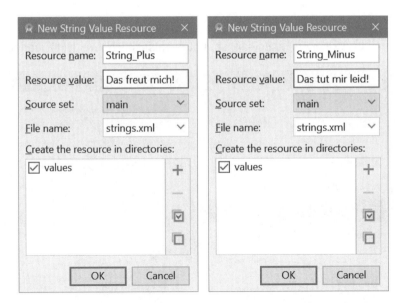

≫ Das wiederholst du jetzt noch einmal mit diesen Texten: RESOURCE NAME: *String_
Minus* ; RESOURCE VALUE: *Das tut mir leid!*

Es kann sein, dass du nach deiner Eingabe sofort wieder im Hauptfenster von
Android Studio landest. Dann musst du dich erneut über den TEXT-Eintrag zum
RESOURCES-Fenster durchklicken.

Wenn du fertig bist, gibt es zwei neue Strings, wie wir gleich sehen werden. Was
aber stört:

Nun steht der Inhalt des Strings, den wir zuletzt erzeugt haben, im Display des
Smartphones. Das darf nicht sein, lässt sich aber leicht ändern.

Öffne das RESOURCES-Fenster erneut.

Wie du in dieser Liste erkennen kannst, gibt es tatsächlich zwei Neuzugänge:

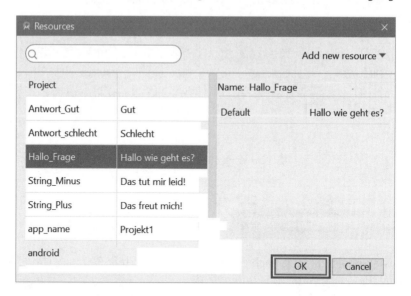

≫ Klicke jetzt auf den Eintrag HALLO_FRAGE, damit er markiert ist. Dann klicke auf OK.

Und schon ist alles wieder im Lot, in unserer Smartphone-Abbildung sieht es aus wie gehabt und gewünscht.

Wenn wir jetzt erneut unser Projekt starten, sehen wir keinen Unterschied zum vorhergehenden. Woher soll die App auch wissen, dass sie bei einem Klick (oder Touch) auf einen Button mit einem Antwortsatz reagieren soll?

Bisher haben wir uns nur damit beschäftigt, ein paar Strings zu erzeugen, ihnen Namen zu geben und sie mit Text zu füllen. Dazu haben wir das Display um zwei Buttons bereichert (→ *Projekt1*).

Das schauen wir uns noch mal genauer an.

≫ Klicke ganz unten im Editorfenster auf den rechten Reiter Text.

Und du bist im Text-Editor für die Datei *activity_main.xml*. Hier stehen die Definitionen unter anderem für die Komponenten, und du kannst sehen, was du angerichtet hast.

```xml
activity_main.xml    MainActivity.java
1    <?xml version="1.0" encoding="utf-8"?>
2    <android.support.constraint.ConstraintLayout xmlns:android="http://
3        xmlns:app="http://schemas.android.com/apk/res-auto"
4        xmlns:tools="http://schemas.android.com/tools"
5        android:layout_width="match_parent"
6        android:layout_height="match_parent"
7        tools:context=".MainActivity">
8
9        <TextView
10            android:id="@+id/textView"
11            android:layout_width="wrap_content"
12            android:layout_height="wrap_content"
13            android:text="Hallo wie geht es?"
14            android:textAppearance="@android:style/TextAppearance.Large"
15            app:layout_constraintBottom_toBottomOf="parent"
16            app:layout_constraintLeft_toLeftOf="parent"
17            app:layout_constraintRight_toRightOf="parent"
18            app:layout_constraintTop_toTopOf="parent" />
```

Da steht einiges, was für dich nur dann einen Sinn ergibt, wenn du die Sprache XML beherrschst. Auf jeden Fall siehst du weiter unten, dass da die drei Komponenten aufgeführt sind, die wir aktuell in unserem Projekt einsetzen, eine vom Typ TextView, zwei vom Typ Button. Außerdem sind alle direkt unter dem Namen genauer beschrieben. Hier ein kleiner Auszug für das Textfeld:

```
<TextView
    android:id="@+id/textView"
    android:layout_width="wrap_content"
    android:layout_height="wrap_content"
    android:text="Hallo, wie geht es?"
```

Hier wird unter anderem angegeben, wie breit (layout_width) und hoch (layout_heigth) das Feld sein soll beziehungsweise darf. Mit wrap_content ist gemeint, dass die Größe dem Text angepasst wird, der darinsteht. Und natürlich ist auch der String mit unserer Frage aufgeführt.

Etwas sehr Wichtiges steht ganz am Anfang: die sogenannte ID. Das kürzt »Identifier« ab, zu Deutsch so etwas wie ein Identifikations-Kennzeichen. Vergleichbar mit der Personalausweisnummer. Die ID ermöglicht den Zugriff auf eine Komponente. Darauf kommen wir schon bald zurück.

Fällt dir das seltsame Zeichen "@" auf? Das kennst du sicher z.B. von E-Mail-Adressen. Hier ist es der sogenannte Verweis-Operator, auch **Referenz-Operator** genannt.

Das gibt es nicht nur in der ersten Zeile. Wenn du mal auf die Zeile mit dem Text klickst, passiert etwas:

```
<TextView
    android:id="@+id/textView"
    android:layout_width="wrap_content"
    android:layout_height="wrap_content"
    android:text="@string/Hallo_Frage"
```

Der weist hier darauf hin, dass es sich bei dem Nachfolgenden um eine **Ressource** handelt. Du erinnerst dich, dass du deine Strings alle über ein Fenster eingegeben hast, das den Titel RESOURCES hatte (kein Tippfehler: deutsch mit zwei, englisch mit einem s).

Sämtliche Elemente wie Strings, aber auch z.B. Bilder, sind in Android als Ressourcen zusammengefasst und in Extra-Dateien gespeichert. Über einen Verweis mit "@" wird der Inhalt der betreffenden Ressource geladen. So hat unsere Ressource mit dem Namen Hallo_Frage den Inhalt »Hallo, wie geht es?«.

In Android Studio wird bei Strings der Textinhalt direkt angezeigt, erst bei näherem Hinschauen (mit Klick auf die Stelle) bekommst du den eigentlichen Verweis zu sehen.

Ähnlich sieht es bei der Definition der Komponente Button aus, von der wir uns auch nur einen Ausschnitt anschauen:

```
< Button
    android:id="@+id/button"
    android:layout_width="wrap_content"
    android:layout_height="wrap_content"
    android:layout_marginBottom="320dp"
    android:layout_marginEnd="80dp"
    android:layout_marginStart="40dp"
    android:layout_marginTop="40dp"
    android:text="@string/Antwort_schlecht"
```

Auch hier siehst du die vier schon für das Textfeld genannten Eigenschaften. Dazu kommen die »Rand-Eigenschaften« (MARGIN), mit der der Positionsrahmen für den jeweiligen Button festgelegt wird.

An diesem Text solltest du jetzt nichts ändern. Ein Profi würde nicht mit dem Design-Editor arbeiten, sondern direkt im Text. Aber davon bist du noch weit entfernt. Also gehen wir auf Nummer sicher und arbeiten hier jetzt nur im DESIGN-Modus. Später wechseln wir auch zum Text-Modus.

Die Datei *activity_main.xml* ist für dich im TEXT-Modus jetzt noch tabu! Änderungen dürfen vorerst nur im DESIGN-Modus vorgenommen werden.

Ganz anders bei der Datei *MainACTIVITY.JAVA*, die du schon bald kennenlernen wirst. Da **musst** du direkt Hand anlegen, wenn aus deinem Projekt etwas werden soll.

EIN PROJEKT IMPORTIEREN

Möglicherweise willst du künftig nicht ständig alles selber eintippen, obwohl es zum Erlernen einer Programmiersprache das Beste ist. Aber warum soll man nicht auch mal bequem sein dürfen? Und die ganzen Projekte findest du ja auch zum Download auf der Verlags-Homepage unter dieser Adresse:

http://www.mitp.de/899

Auf jeden Fall solltest du wissen, wie du auf diese Dateien zugreifen und sie in Android Studio importieren kannst.

≫ Erst einmal musst du das Projekt-Paket nach dem Download entpacken. Dazu solltest du einen eigenen Ordner haben (der bei mir *Projekte* heißt).

Schon im Startfenster von Android Studio, von dem aus du ja ein neues Projekt erzeugen kannst, gibt es eine Möglichkeit, Projekte auch zu importieren.

≫ Klicke dort auf OPEN AN EXISTING ANDROID STUDIO PROJECT.

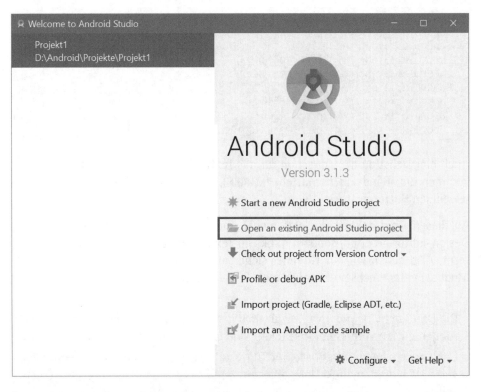

> ≫ Im folgenden Dialogfeld suchst du den Ordner, in dem du die heruntergeladenen Projekte entpackt hast (bei mir ist das *Android\Projekte*).

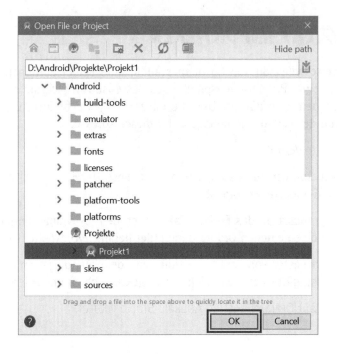

≫ Öffne den Kapitel-Ordner und suche das Projekt, das du öffnen bzw. importieren willst. Markiere den Eintrag und klicke dann auf OK.

Das entsprechende Projekt wird importiert (und steht auch beim nächsten Start von Android Studio direkt zur Verfügung).

Willst du ein älteres Projekt mit einer neueren Version von Android Studio nutzen, funktioniert es vielleicht nicht sogleich. Das kann mehrere Gründe haben. Unter anderem taucht vielleicht eine solche Fehlermeldung auf.

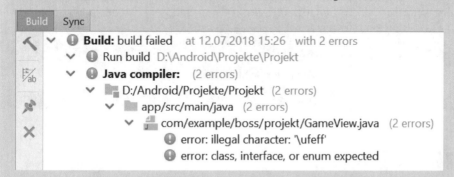

Da sitzt in der Datei irgendwo ein unerlaubtes (unsichtbares) Zeichen. Die Datei besteht ja nicht nur aus dem Quelltext, den du im Editorfenster siehst.

So etwas kann unter anderem passieren, wenn man die Datei außerhalb von Android Studio bearbeitet hat (obwohl Dateien mit der Kennung *java* oder *xml* eigentlich normale Textdateien sind).

Dann kann dieser Weg helfen:

◇ Erstelle ein ganz neues Projekt.

◇ Öffne vom alten Projekt die Datei, die in der Fehlermeldung genannt wird, mit einem Texteditor.

◇ Markiere den jeweiligen Quelltext und kopiere ihn.

◇ Füge ihn in die gleichnamigen Dateien des neuen Projekts anstelle des vorhandenen Textes ein.

ZUSAMMENFASSUNG

Eine Pause ist fällig, nicht nur zum Verschnaufen, sondern auch, um Kräfte für die kommende Arbeit zu sammeln. Hier hast du wieder einiges Neues kennengelernt, zum Beispiel zwei wichtige Dateien:

| *MainActivity.java* | Datei mit dem Quelltext für das Programm (in Java) |
| *Activity_main.xml* | Datei mit dem Quelltext fürs Layout (in XML) |

Du kennst zwei Komponenten und weißt ein bisschen mehr über den Umgang mit **Strings**. Zuletzt hast du Begriffe wie **Quelltext** und **Ressource** (englisch Resource) sowie einige weitere Wörter kennengelernt:

TextView	Anzeigefeld, mit dem man Text darstellen kann
Button	Schaltfläche, auf die man mit dem Finger tippen oder mit der Maus klicken kann
String	Zeichenkette
import	Einfügen von Bibliotheken
resource	Sammlung von Daten und Objekten (z.B. Texte und Bilder)

ZWEI FRAGEN ...

1. Was ist der Unterschied zwischen package und class?

2. Welche Komponenten in Android kennst du schon?

... UND ZWEI AUFGABEN

1. Erweitere das aktuelle Projekt um einige zusätzliche Buttons mit Antworten, die deiner Meinung nach noch infrage kommen könnten.

2. Erstelle ein neues Projekt mit dem Anzeigetext »Sternzeichen«, dazu zwölf Buttons mit den Namen der Sternzeichen als Aufschriften.

3 HALLO MIT KNOPFDRUCK

Nun haben wir in unserem Projekt eine nette Begrüßung eingebaut mit der Möglichkeit, unsere freundliche Anfrage auch zu beantworten. Allerdings bis jetzt nur theoretisch. Deshalb bauen wir hier das ganze Projekt weiter aus. Bringen wir der App bei, auf das Antippen (Smartphone) oder Draufklicken (Emulator) angemessen zu reagieren.

In diesem Kapitel lernst du

◎ wie man Variablen vereinbart

◎ wozu eine ID gut ist

◎ die Methode onCreate() kennen

◎ etwas über OnClickListener

◎ die Methode onClick() kennen

◎ wie man mit Buttons eine Aktion auslöst

◎ wie man ein Projekt kopiert

WAS IST IM PAKET?

Ich gehe davon aus, dass Android Studio bereits gestartet ist und du dich mitten in deinem Projekt befindest.

≫ Wechsle nun oben über den Reiter MAINACTIVITY.JAVA zum gleichnamigen Quelltext – falls du da nicht schon beim Start gelandet bist.

```
activity_main.xml ×    C MainActivity.java ×
1    <?xml version="1.0" encoding="utf-8"?>
2    <android.support.constraint.ConstraintLayout xmlns:android="http://
3        xmlns:app="http://schemas.android.com/apk/res-auto"
4        xmlns:tools="http://schemas.android.com/tools"
5        android:layout_width="match_parent"
6        android:layout_height="match_parent"
7        tools:context=".MainActivity">
```

Was dich jetzt erwartet, müssen wir uns erst ein bisschen näher anschauen, ehe du anfängst, darin herumzutippen. Schließlich sollst du wissen, was du tust.

```
activity_main.xml ×    C MainActivity.java ×
1     package com.example.boss.projekt1;
2
3     import ...
5
6     public class MainActivity extends AppCompatActivity {
7
8         @Override
9         protected void onCreate(Bundle savedInstanceState) {
10            super.onCreate(savedInstanceState);
11            setContentView(R.layout.activity_main);
12        }
13    }
14
```

Wie auch schon im vorigen Text der Datei *activity_main.xml* stehen hier (vorwiegend oder nur) englische Wörter. **Java** heißt die Programmiersprache, mit der man nicht nur für Android, sondern für viele andere Betriebssysteme Programme erstellen kann. Deshalb hat die Datei auch die Kennung *.java*.

Ein Java-Projekt ist in seiner einfachsten Form so aufgebaut:

```
package PaketName;
public class KlassenName {
  MethodenName {
  }
}
```

Das erinnert irgendwie an ein »Zwiebelsystem«: Die Außenhaut ist das Projekt mit eigenem Ordner. Darin liegt ein Paket (englisch: package). Offenbar muss ein Projekt nicht nur aus einem Paket bestehen. Im Paket-Ordner finden wir die Daten einer Klasse (englisch: class). Auch hier liegt die Vermutung nahe, dass es mehr als eine Klasse geben kann.

> Was ist eine **Klasse**? Was ein Objekt ist, weißt du schon. Zum Beispiel ein konkretes Auto wie ein VW Golf.
>
> Weil es mehr als ein Objekt eines Typs geben kann, wie im richtigen Leben auch, fasst man deren Eigenschaften und Methoden in einer **Klasse** zusammen. Und mithilfe einer Klasse lassen sich dann mehrere oder viele Objekte erzeugen.
>
> So ließen sich aus einer (allgemeinen) Klasse Auto dann (konkrete) Objekte wie VW Golf oder Toyota Corolla ableiten. Und natürlich auch viele Golfs und viele Corollas.

In unserem Fall heißt das Paket com.example.projekt1 (dazwischen steht dann noch dein User-Name). Die Klasse trägt den Namen MainActivity. Und als ob es nicht schon genug wäre, gibt es »innen drin« noch etwas: den Hauptprogrammteil. Man spricht bei onCreate() und onCreateOptionsMenu() auch von **Methoden**.

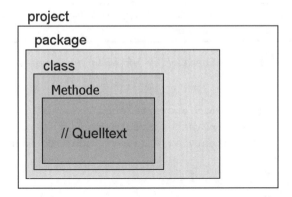

Sehr wichtig sind die geschweiften Klammern ({ }). Dazwischen stehen die Zeilen, die dem Programm erst richtig zum Leben verhelfen. Und die stammen künftig größtenteils von uns. Bisher haben wir es zwar nicht einmal zu einer einzigen Zeile gebracht, aber wir sind ja erst am Anfang.

> Zwingend nötig ist, dass es zu **jeder** öffnenden Klammer "{" auch eine schließende Klammer "}" geben muss! Wo genau du die Klammern hinsetzt, ist Geschmackssache. Unser aktueller Programmtext könnte also auch so aussehen:

```
public class MainActivity extends Activity
{
  protected void onCreate
  {
    // hier könnte dein Text stehen
  }
  // hier kann weiterer Text stehen
}
```

Oder gar so:

```
public class MainActivity extends Activity {
  protected void onCreate { } }
```

Immer, wenn wir einen **Kommentar** bzw. eine Bemerkung einsetzen wollen, um ein Programm an einer Stelle näher zu erläutern, benutzen wir zwei **Schrägstriche** (//).

Ich will nicht unterschlagen, was es mit der import-Zeile auf sich hat. Wenn du auf die drei Pünktchen klickst, bekommst du auf einmal eine Liste zu sehen.

```
activity_main.xml ×    C  MainActivity.java ×

1       package com.example.boss.projekt1;

2

3       import android.support.v7.app.AppCompatActivity;

4       import android.os.Bundle;

5

6       public class MainActivity extends AppCompatActivity {

7

8           @Override

9           protected void onCreate(Bundle savedInstanceState) {

10              super.onCreate(savedInstanceState);

11              setContentView(R.layout.activity_main);

12          }

13      }

14
```

Das sind die Programmteile, die von außerhalb in das Projekt importiert werden, man nennt diese Dateien auch **Bibliotheken**. Sie enthalten viele zusätzliche Methoden, die nicht zum Standardwortschatz von Java gehören. Um den Import dieser Dateien kümmert sich Android Studio in der Regel selbst.

Mit *MainActivity.java* und *Activity_Main.xml* kennst du jetzt längst nicht alle Dateien, aus denen ein Android-Projekt besteht. Aber mit den beiden haben wir es am meisten zu tun – und das nicht nur im Moment.

Wenn du neugierig bist und unbedingt mehr wissen willst, dann kannst du ja links in der Liste unter APP mal auf die kleinen grauen Dreiecke klicken. Und schon bald wirst du den Namen der *Java*-Datei entdecken, mit der du in Kürze arbeiten sollst. Und auch die entsprechende *XML*-Datei wirst du nach einigem Suchen finden.

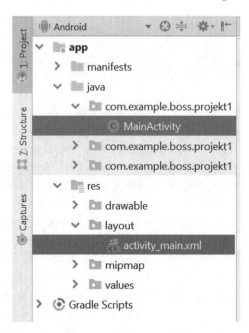

Wie du beim Stöbern siehst, gibt es eine Menge Dateien, die Android Studio automatisch für dein Projekt erzeugt hat. Die allermeisten lernst du nie näher kennen. Sei einfach froh, dass Android Studio sich darum kümmert.

Wir halten uns jetzt erst mal an unsere beiden Bekannten, wenn wir dieses Projekt ausbauen und unsere nächsten Projekte angehen.

VARIABLEN VERKNÜPFEN

Und jetzt solltest du die Ärmel aufkrempeln, denn es gibt einiges zu tun.

➤ Sorge dafür, dass du im Quelltext von MAINACTIVITY.JAVA bist.

Hier bringen wir jetzt die Anweisungen unter, mit denen wir die drei betroffenen Komponenten ansprechen können:

◇ Wird der Button mit der Aufschrift »Gut« angeklickt oder angetippt, dann soll das Textfeld den Satz »Das freut mich!« anzeigen.

◇ Wird der Button mit der Aufschrift »Schlecht« angeklickt oder angetippt, dann soll das Textfeld den Satz »Das tut mir leid!« anzeigen.

Um eine Verbindung zu diesen drei Komponenten herzustellen, brauchen wir drei passende **Variablen** bzw. **Objekte**, die wir so festlegen:

```
final TextView Anzeige1 =
  (TextView) findViewById(R.id.textView);
Button Knopf1 = (Button) findViewById(R.id.button);
Button Knopf2 = (Button) findViewById(R.id.button2);
```

Was ist eine **Variable**? So genau erinnerst du dich nicht mehr, was das eigentlich ist? Aus dem Matheunterricht kennst du wahrscheinlich den Begriff **Platzhalter**. Die werden meist mit Buchstaben wie x oder y bezeichnet. Und weil Platzhalter in jeder Aufgabe einen anderen Wert annehmen können, also keinen von vornherein festgelegten Wert haben, nennt man so etwas Variablen (das Fremdwort »variabel« heißt auf Deutsch ja so viel wie »veränderlich«).

Im Gegensatz dazu gibt es natürlich in Java auch **Konstanten**. Die haben dann einen festgelegten Wert, der sich während des Programmlaufs nicht verändert. Und auch bei jedem neuen Programmstart behält eine Konstante ihren Wert.

Ein Beispiel ist der Text »Hallo, wer bist du?«. Aber auch Zahlen wie z.B. 0, 1, -1, 3.14 (Pi) lassen sich als Konstanten einsetzen (wie du noch sehen wirst).

Als Namen benutzt man normalerweise Begriffe, die auch ein bisschen erklären, wofür die Variable steht. In unserem Falle heißen die Variablen Anzeige1, Knopf1 und Knopf2. Wir könnten sie aber auch z.B. label1, button1, button2 nennen.

Dabei ist es nicht egal, ob für die Wörter große oder kleine Buchstaben benutzt werden. Java unterscheidet eindeutig zwischen Groß- und Kleinschreibung. Der Name einer Variablen darf übrigens nicht mit einer Ziffer beginnen. (Probiere einfach aus, was geht!)

Und so werden Variablen vereinbart:

Erst kommt der Typ. Ist es eine Zahl (int) oder eine Zeichenkette (String)? Dann könnte eine Vereinbarung so aussehen:

```
int Zahl;
String Text;
```

Oder auch so:

```
int Zahl = 1;
String Text = "Hallo";
```

Im zweiten Fall bekommt die Variable gleich einen Startwert.

Bei Objekten ist es ein bisschen komplizierter, denn die haben natürlich noch eine Menge Eigenschaften und Methoden. Also müsste doch eine Vereinbarung sehr aufwendig sein? Nicht unbedingt.

Nun gibt es in unserem Projekt bereits ein paar Komponenten, nämlich eine vom Typ TextView und zwei vom Typ Button. Wir müssen dazu also nur eine Verbindung herstellen, damit das Programm weiß, was jeweils gemeint ist, wenn wir von Anzeige1, Knopf1, Knopf2 reden.

≫ Wechsle dazu jetzt noch einmal über ACTIVITY_MAIN.XML ins entsprechende Fenster mit der Beschreibung der drei Komponenten (→ Projekt1).

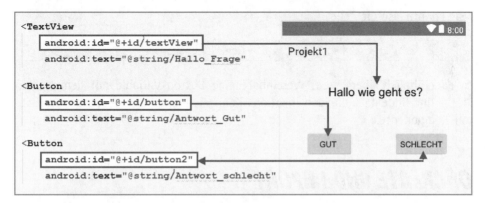

Im dortigen Quelltext (den ich für die Abbildung um einiges gekürzt habe) interessiert uns pro Komponente nur jeweils eine Zeile:

```
android:id="@+id/textView"
android:id="@+id/button"
android:id="@+id/button2"
```

Da steht die ID, also die Bezeichnung, über die sich eine Komponente zweifelsfrei identifizieren lässt. Und damit haben wir auch einen Anknüpfungspunkt für unsere Variablen:

Variable	Identifikation
Anzeige1	R.id.textView
Button1	R.id.button
Button2	R.id.button2

Das vorgestellte "R.id" bedeutet so viel wie »Ressourcen-ID«, dahinter steht dann direkt der Identifizierungs-Name. Und findViewById ist die **Methode**, die diese ID findet und eine Verknüpfung herstellt.

Neugierig, wie du bist, willst du wahrscheinlich wissen, wozu dann die zweite Typbezeichnung in Klammern gut ist:

```
TextView Anzeige1 = (TextView) ...
Button Knopf1 = (Button) ...
Button Knopf2 = (Button) ...
```

Weil die Methode findViewById für **alle** Komponenten gilt, wird ihr durch die vorangestellte **Typisierung** klar gesagt: Konzentriere dich in einem Fall auf ein Textfeld, in den beiden anderen Fällen auf einen Button. (Du kannst ja ausprobieren, was passiert, wenn du diese Klammer-Typisierungen weglässt.)

Ein anderer Begriff für Typisierung ist Typumwandlung (englisch: Typecasting).

Man könnte also die Zeile

```
Button Knopf1 = (Button) findViewById(R.id.button);
```

so oder ähnlich übersetzen: »Vereinbare eine Button-Variable mit dem Namen Knopf1 und finde dazu die Identifikations-Kennzeichnung (ID) einer passenden Button-Komponente.«

ONCREATE UND IMPORT

Nun fragst du zu Recht: Wo sollen die Vereinbarungen denn hin?

≫ Wechsle über den Reiter MAINACTIVITY.JAVA zurück zum gleichnamigen Quelltext.

Lasse jetzt deinen Blick von ganz oben langsam herunterschweifen, bis er an dieser Vereinbarung hängen bleibt:

```
public class MainActivity extends AppCompatActivity
```

Direkt darunter steht die erste wichtige Methode (das @Override überspringe ich jetzt mal):

```
protected void onCreate(Bundle savedInstanceState) {
    super.onCreate(savedInstanceState);
    setContentView(R.layout.activity_main);
}
```

Die Methode oder Funktion onCreate() kümmert sich um die Erzeugung der **Activity**, also um das Benutzerinterface bzw. den Aktionsrahmen für deine App.

Dazu setzt sie zwei weitere Methoden ein: Weil dein Projekt von einer Art »Mutterprojekt« abgeleitet wurde (wie auch alle deinen künftigen Android-Projekte), muss erst die onCreate-Methode der Mutter aufgerufen werden (das geschieht durch das vorangestellte Wort super):

```
super.onCreate(savedInstanceState);
```

Dann folgt die Festlegung des Layouts, das zur Activity gehört (damit deine App ein bestimmtes Aussehen hat):

```
setContentView(R.layout.activity_main);
```

In unserem Falle gehören zum Layout natürlich alle Komponenten, die wir im letzten Kapitel eingebaut haben (aus der *activity_main*-Datei).

Das ist erst mal alles, was die Methode onCreate() tut. Bis jetzt, aber das werden wir gleich ändern. Direkt unter die letzte der beiden Zeilen setzen wir unsere eigenen.

≫ Tippe jetzt den folgenden Text ein:

```
final TextView Anzeige1 =
   (TextView) findViewById(R.id.textView);
Button Knopf1 = (Button) findViewById(R.id.button);
Button Knopf2 = (Button) findViewById(R.id.button2);
```

Anschließend ergibt sich bei mir dieses Bild:

```
activity_main.xml    C MainActivity.java

1      package com.example.boss.projekt1;
2
3    import android.support.v7.app.AppCompatActivity;
4    import android.os.Bundle;
5
6    public class MainActivity extends AppCompatActivity {
7
8        @Override
9        protected void onCreate(Bundle savedInstanceState) {
10           super.onCreate(savedInstanceState);
11           setContentView(R.layout.activity_main);
12           final TextView Anzeige1 =
13               (TextView) findViewById(R.id.textView);
14           Button Knopf1 = (Button) findViewById(R.id.button);
15           Button Knopf2 = (Button) findViewById(R.id.button2);
16
17       }
18    }
```

Sieht irgendwie nicht gut aus? Kein Wunder, denn TextView und Button sind jetzt noch zwei Fremdwörter, solange Android Studio nicht die Bibliotheken kennt, in denen diese Komponenten definiert sind. Aber Android Studio ist sogar bereit, das mit dem Importieren für dich zu erledigen.

≫ Markiere das Wort TextView und drücke dann die Tasten Alt Eingabe, sobald ein entsprechender Hinweis erscheint.

≫ Markiere das erste Wort Button und drücke dann die Tasten Alt Eingabe.

Wenn alles geklappt hat, dann müsste es jetzt im Editor-Fenster so aussehen:

```java
activity_main.xml ×    © MainActivity.java ×

1        package com.example.boss.projekt1;
2
3      import android.support.v7.app.AppCompatActivity;
4        import android.os.Bundle;
5        import android.widget.Button;
6      import android.widget.TextView;
7
8        public class MainActivity extends AppCompatActivity {
9
10           @Override
11           protected void onCreate(Bundle savedInstanceState) {
12               super.onCreate(savedInstanceState);
13               setContentView(R.layout.activity_main);
14               final TextView Anzeige1 =
15                       (TextView) findViewById(R.id.textView);
16               Button Knopf1 = (Button) findViewById(R.id.button);
17               Button Knopf2 = (Button) findViewById(R.id.button2);
18
19           }
20       }
```

Das ganze Bündel von import-Anweisungen ist um zwei Zeilen angewachsen. Und es gibt offenbar keine Fehler mehr im Quelltext.

Klappt es mit der Tastenkombination nicht? Notfalls musst du dann diese beiden Zeilen selber eintippen:

```
import android.widget.Button;
import android.widget.TextView;
```

DEN BUTTONS LEBEN EINHAUCHEN

Widmen wir uns jetzt den Ereignissen. Ja, es soll was passieren: Die Buttons sollen auf Mausklick bzw. auf Fingertipp reagieren. Und hier ist die passende Definition für den ersten Button (→ *Hallo1*):

```
Knopf1.setOnClickListener(new View.OnClickListener() {
  @Override
  public void onClick(View v) {
    Anzeige1.setText("Das freut mich!");
  }
});
```

≫ Tippe diesen Text direkt unter den anderen ein (also vor den beiden geschweiften Klammern). Vergiss dabei scheinbare Kleinigkeiten wie Klammern und Semikola nicht.

Du weißt nicht, wie du auf deiner Tastatur an die **geschweiften** Klammern kommst? Mit `AltGr` `7` erhältst du die öffnende Klammer, mit `AltGr` `0` die schließende Klammer. (Die fügt Android Studio oft auch automatisch hinzu.)

Wird diese Ereignis-Struktur per Druck auf den entsprechenden Button aktiviert, dann bekommst du in der Anzeige den Text »Das freut mich!« zu sehen. Sieht ziemlich kompliziert aus? Schauen wir uns das Ganze genauer an (später brauchen wir ja noch so ein »Ding« für den zweiten Button).

Mit `setOnClickListener()` und über das Schlüsselwort `new` wird ein `OnClickListener` neu installiert. Das ist ein Interface (deutsch: eine Schnittstelle), das zuständig für das Antippen oder Anklicken einer Komponente wie z.B. einer Schaltfläche ist. Es bietet auch gleich die Methode, die wir brauchen, mit dem passenden Namen `onClick()`:

```
public void onClick(View v) {
}
```

Indem ein Button im `OnClickListener` »eingesetzt« wird, kann er über die Methode `OnClick()` verfügen bzw. auf Druck oder Klick »lebendig« werden. Und wir als Programmierer bestimmen, was genau passiert, wenn wir in den Raum zwischen die beiden geschweiften Klammern eine entsprechende Anweisung setzen:

```
Anzeige1.setText("Das freut mich!");
```

Damit wird der Text »Hallo, wie geht es?« im Textfeld in »Das freut mich!« geändert, also mit `setText()` neu gesetzt.

Wichtig ist der Punkt in der Mitte. Das ist der **Verbindungsoperator**. Der verbindet ein Objekt wie die Komponente (hier ein Textfeld) mit der Methode (hier set-Text()).

Damit habe ich natürlich noch nicht alles erklärt, was du wissen willst. Doch Begriffe wie Override, void, protected, public und final werden ebenso wie einige andere »Vorkommnisse« später noch erläutert. Jetzt soll es erst mal darum gehen, mit unserer App möglichst zügig weiterzukommen.

≫ Und hier ist die »Einbettung« für den zweiten Button. Tippe auch das direkt unter den letzten Text ein (→ *Hallo1*):

```
Knopf2.setOnClickListener(new View.OnClickListener() {
  @Override
  public void onClick(View v) {
    Anzeige1.setText("Das tut mir leid!");
  }
});
```

Auch dieser Text gehört komplett in die Methode onCreate, direkt unter unsere Vereinbarungen.

Leider mag auch Android Studio unser neues Wort View erst mal nicht, hier fehlt also noch die passende Bibliothek.

≫ Markiere also das Wort View und drücke dann die Tasten Alt Eingabe. Oder füge diese Zeile selbst hinzu:

```
import android.view.View;
```

Was ist ein View? Das ist sozusagen die Mutter oder der Vater aller Komponenten aus dem Widget-Bereich. Sowohl TextView als auch Button sind von View abgeleitet.

Und nun hätten wir eigentlich alles für einen neuen Probelauf zusammen.

```
public class MainActivity extends AppCompatActivity {

    @Override
    protected void onCreate(Bundle savedInstanceState) {
        super.onCreate(savedInstanceState);
        setContentView(R.layout.activity_main);
        final TextView Anzeige1 =
                    (TextView) findViewById(R.id.textView);
        Button Knopf1 = (Button) findViewById(R.id.button);
        Button Knopf2 = (Button) findViewById(R.id.button2);

        Knopf1.setOnClickListener(new View.OnClickListener() {
            @Override
            public void onClick(View v) {
                Anzeige1.setText("Das freut mich!");
            }
        });

        Knopf2.setOnClickListener(new View.OnClickListener() {
            @Override
            public void onClick(View v) {
                Anzeige1.setText("Das tut mir leid!");
            }
        });
    }
}
```

Dir ist noch nicht gänzlich klar, welcher Mechanismus hinter dem ganzen »Klick-System« steckt? Dann hilft dir vielleicht diese Illustration weiter:

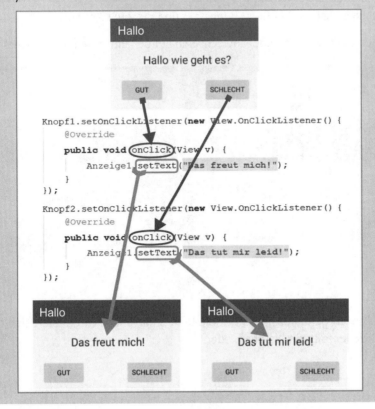

> Über das Berühren der Buttons wird eine der beiden onClick-Methoden ausgeführt. Und die sorgt dann für die Aktivierung der Methode setText(), damit das Textfeld den passenden Text bekommt.

≫ Um das Projekt zu starten, klicke auf RUN und RUN 'APP'.

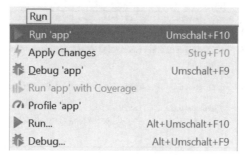

≫ Wähle und bestätige deinen Emulator und klicke auf OK.

Auch hier kann es wieder ein bisschen dauern (wenn der Emulator bereits im Hintergrund läuft) oder auch sehr viel länger (wenn er erst seinen Dienst aufnimmt).

Und endlich siehst du den Begrüßungstext und die zwei Antwort-Buttons.

≫ Und jetzt klicke (oder tippe) abwechselnd auf den einen und den anderen Button.

Und die App tut genau das, was sie soll. Dein Smartphone interessiert sich für dein Befinden. Jedenfalls ein bisschen, oder?

RESSOURCEN-STRINGS BENUTZEN

Das Programm funktioniert, aber es gibt noch einiges zu verbessern. Schon im aktuellen Quelltext. Wozu haben wir eigentlich im letzten Kapitel zwei Strings vereinbart und in die Ressource gesteckt? Die enthalten doch genau die beiden Antwortsätze, die wir hier direkt über setText() als Parameter zugewiesen haben.

> **Parameter** sind Werte oder Inhalte, die eine Methode übernimmt, um damit zu arbeiten. Jede Methode hat zwei runde Klammern, in denen ein oder auch mehrere Parameter stehen können. Ein anderer Begriff für Parameter ist **Argument**.
>
> In unseren Fall wird die Methode setText() zweimal aufgerufen und übernimmt jedes Mal einen anderen Wert als Parameter bzw. Argument. Dass es auch etwas anderes als ein Wert sein kann, siehst du gleich.

Wie übergeben wir setText()einen String aus der Ressource? Nun, wir wissen, dass es ein String ist, wir wissen, wie er heißt. Ob das genügt? Probieren wir's aus:

```
Anzeige1.setText(R.string.String_Plus);
Anzeige1.setText(R.string.String_Minus);
```

Wobei das vorgestellte "R.string" diesmal Ressourcen-String bedeutet, dahinter steht dann direkt der Name der Textkette. Eine Extra-Methode zum Finden des Strings ist hier nicht nötig. Android Studio fischt sich den String aus der richtigen Ressourcen-Datei.

Damit ändert sich jetzt der Quelltext so (→ *Hallo1*):

```
Knopf1.setOnClickListener(new View.OnClickListener() {
   @Override
   public void onClick(View v) {
     Anzeige1.setText(R.string.String_Plus);
   }
});
Knopf2.setOnClickListener(new View.OnClickListener() {
   @Override
   public void onClick(View v) {
     Anzeige1.setText(R.string.String_Minus);
   }
});
```

Wundere dich nicht, wenn dir Android nun die Methoden so anzeigt (nicht sofort, sondern in der Regel, wenn du Android Studio beim nächsten Mal mit deinem Projekt startest):

```
Knopf1.setOnClickListener((v) → {
        Anzeige1.setText("Das freut mich!");
});

Knopf2.setOnClickListener((v) → {
        Anzeige1.setText("Das tut mir leid!");
});
```

Sieht auf einmal so aus, also wären die direkten Texte zurückgekehrt, oder nicht? Außerdem steht da nur ungefähr noch die Hälfte. Wo ist der Rest?

≫ Zuerst klickst du auf das kleine Plus links in der Nähe der ersten »Knopf«-Zeile.

```
[+]     Knopf1.setOnClickListener((v) → {
```

≫ Dann fährst du mit dem Mauszeiger über den jeweiligen Text und beobachtest, was passiert.

```
Knopf1.setOnClickListener(new View.OnClickListener() {
    @Override
    public void onClick(View v) {
        Anzeige1.setText(R.string.String_Plus);
    }
});

Knopf2.setOnClickListener(new View.OnClickListener() {
    @Override
    public void onClick(View v) {
        Anzeige1.setText(R.string.String_Minus);
    }
});
```

Auf einmal werden die Originale wieder sichtbar. Nette Geste von Android Studio, denn damit bekommen wir im Quelltext auch bei Ressourcen-Strings zu sehen, was drinsteht.

> Ressourcen-Strings haben etwas Universelles und Internationales. Willst du deine App auch z.B. im englischsprachigen Raum anbieten, musst du nur eine andere String-Datei einbinden, ohne irgendetwas sonst am Programm zu ändern.

DER PASSENDE TITEL

Du darfst dich jetzt erst einmal zufrieden zurücklehnen und lächeln: Dein erstes Projekt hast du geschafft. Es würde auch auf einem Smartphone laufen. Aber mich stört noch der App-Name. Der sollte nicht mehr länger PROJEKT1 heißen. Dazu müssen wir erst mal wissen, wo dieser Name eigentlich steht. Bevor du dich in direkter Umgebung umschaust: In *MainActivity.java* und *Activity_main.xml* wirst du nicht fündig.

Wir müssen uns also auf die Suche begeben. Und damit du nicht zu lange im Dunkeln tappst: Wir suchen eine *XML*-Datei namens *strings.xml*. In der befinden sich auch alle String-Ressourcen, die wir selbst angelegt haben.

Um die Datei zu finden, klickst du dich links in der Projektliste über die kleinen Dreiecke vor den Namen durch über APP, RES und VALUES, um schließlich auf den Eintrag STRING.XML zu stoßen.

Doppelklicke auf diesen Eintrag und rechts daneben dürfte der Inhalt dieser Datei auftauchen:

In dieser Datei triffst du alle von dir erzeugten Strings wieder. Und du kennst eine Möglichkeit, ihren Inhalt an dieser Stelle direkt zu ändern.

Wir kümmern uns jetzt aber nur um den allerersten String ganz oben. Aus

```
<string name="app_name">Projekt1</string>
```

soll jetzt

```
<string name="app_name">Hallo</string>
```

werden. (Oder du hast einen anderen besseren Namen?)

≫ Traue dich und ändere den Text um. Passe aber auf, dass du nichts anderes löschst oder veränderst (vor allem, dass keine von den spitzen Klammern verschwindet).

≫ Um gleich zu testen, ob diese Änderung das Gewünschte bewirkt, starte das Projekt und den Emulator (falls nicht schon geschehen).

Und du wirst im Emulator sehen, was ich oben in einigen Abbildungen schon vorweggenommen habe. Die App trägt jetzt den Titel »Hallo«.

EIN PROJEKT KOPIEREN

Wie du weißt, ist das Layout unter Android eine Wissenschaft für sich, man muss viel experimentieren, bis man das gewünschte Ergebnis hat. Dabei kann optisch auch einiges schiefgehen.

Das meiste lässt sich mit der Rückgängig-Funktion (EDIT/UNDO) wieder reparieren (meistens, aber nicht immer).

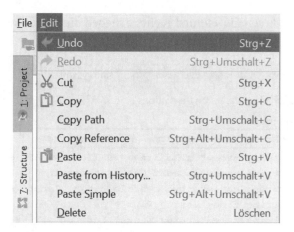

Deshalb solltest du für alle Fälle **vorher** eine Kopie von dem Projekt anlegen, an dem du dann herumprobieren kannst, soviel du willst. Sollte dann etwas beim aktuellen Projekt arg schieflaufen, kannst du das Original mithilfe der Kopie wiederherstellen.

≫ Klicke auf der linken Seite oben auf ANDROID und wähle im geöffneten Menü den Eintrag PROJECT aus.

≫ Nun sieht die Liste dort ein wenig anders aus. Dort steht jetzt der Name des Projekt-Ordners. Sorge dafür, dass der markiert ist.

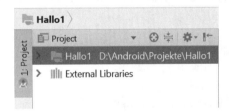

≫ Und nun klicke mit der rechten Maustaste auf diesen Eintrag und im Menü wähle REFACTOR und COPY.

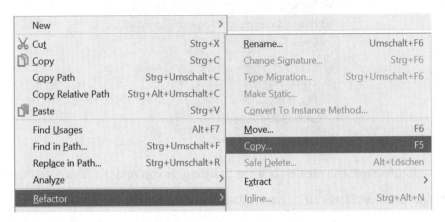

≫ Im nächsten Dialogfeld gibst du dem Projekt einen **neuen** Namen. Dann klickst du auf OK.

Sollte in deinem Projekt nun irgendetwas nicht mehr so laufen wie gewünscht, hast du immer noch die Kopie (oder das Original).

Ich benutze die Kopiermethode auch, um aus einem alten ein neues Projekt zu machen (z.B. ist so *Hallo1* aus *Projekt1* entstanden).

Du kannst auch dein aktuelles Projekt schließen und die Kopie importieren. (Und es dann, wie ich z.B. hier mit *Hallo2*, erweitern.)

≫ Dazu klickst du zuerst auf FILE und dann auf CLOSE PROJECT, um das aktuelle Projekt zu schließen.

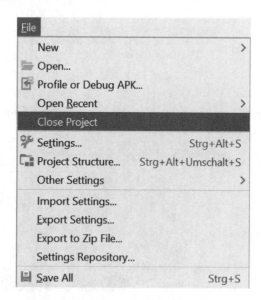

Das Hauptfenster schließt sich und das Startfenster von Android Studio erscheint.

≫ Klicke dort auf OPEN AN EXISTING ANDROID STUDIO PROJECT.

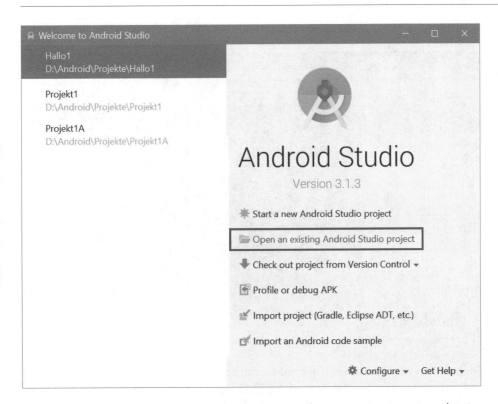

➢ Dann musst du ein bisschen suchen, bis du deine Kopie gefunden hast (in der Regel dort, wo auch dein Projekt zu finden ist). Markiere den Eintrag und klicke dann auf OK.

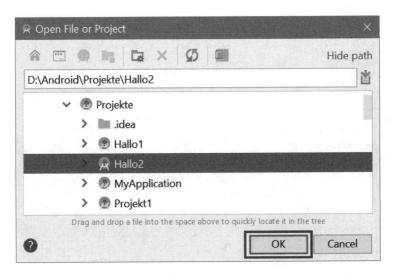

Und das neue Projekt wird importiert (und steht auch beim nächsten Start von Android Studio direkt zur Verfügung).

Allerdings ist es wahrscheinlich, dass du nur ein solches Bild zu sehen bekommst:

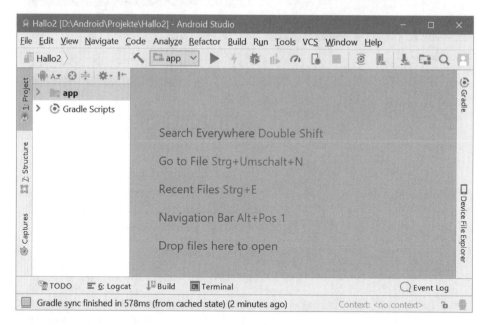

> Suche in der Projekt-Liste links nach den beiden Dateien, die wir zur Bearbeitung brauchen, und doppelklicke auf die Einträge. Dann erscheinen auch die passenden Quelltexte wieder.

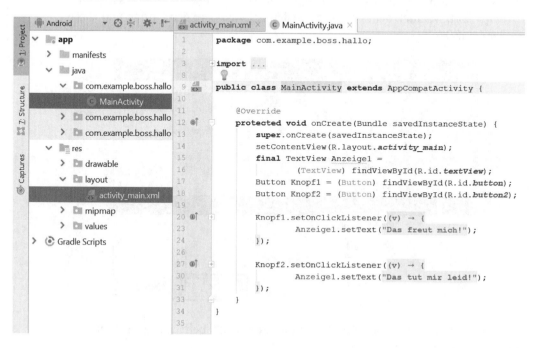

Zu guter Letzt sei noch erwähnt, dass du dir dieses wie auch alle folgenden Projekte per Download von dieser Seite holen kannst:

http://www.mitp.de/899

ZUSAMMENFASSUNG

Damit hätten wir unser erstes Projekt geschafft. Es gibt etwas zu sehen, und wenn man auf einen Knopf drückt, passiert auch was. Vielleicht bist du etwas enttäuscht, weil das alles doch recht viel Aufwand für nicht gerade viel Wirkung war. Aber nun weißt du schon, wie man eine Android-App programmiert (wenn auch nur eine kleine).

Du hast etwas über **Variablen** erfahren und darüber, wie man sie vereinbart. Außerdem weißt du, was eine **ID** ist. Und deinen Wortschatz hast du auch schon wieder erweitert. Du kennst zwei wichtige »Hauptwörter«:

package	Sammlung von zusammengehörenden Klassen
class	Datentyp mit Attributen und Methoden, aus dem sich (konkrete) Objekte erzeugen lassen

Dann hast du ein Interface (so etwas Ähnliches wie eine Klasse) mit seiner einzigen Methode kennengelernt:

OnClickListener	Interface für das Berühren von Komponenten (Klicken oder Tippen)
setOnClick Listener()	ein OnClickListener-Interface installieren
onClick()	Methode, die bei einem »Druck« auf eine Komponente ausgeführt wird

Dazu ein Java-Schlüsselwort zum Erzeugen eines neuen Elements sowie die Möglichkeit für Kommentare:

new	Objekt/Struktur erzeugen
//	Kommentar/Erläuterung

Und dann sind da eine »Ober-Komponente«, ein paar weitere Methoden und ein Operator:

View	Basis-Komponente (Widget), von der es viele Ablei-tungen gibt (z.B. TextView und Button)
onCreate()	Methode, die beim Start einer App dafür sorgt, dass »alles klar« ist, bevor die App benutzt wird
findViewById()	Methode, die über die ID eine Komponente sucht (und findet)
setText()	Methode, die den Anzeigetext einer Komponente (neu) setzt
.	Operator, der ein Objekt mit einer Methode verbin-det.

Schließlich kennst du mit *strings.xml* eine weitere Datei. Die sammelt alle Ressour-cen-Strings, die du vereinbarst:

string name	Namen und Inhalt eines Strings festlegen
/string	Ende-Marke für einen String

EIN PAAR FRAGEN ...

1. Wie wird eine Variable vereinbart?

2. Wie verknüpft man ein Objekt Knopf vom Typ Button mit einer Schaltfläche, die man im Layout der App erzeugt hat?

... UND EIN PAAR AUFGABEN

1. Erweitere das Hallo-Projekt auf mindestens vier Schaltflächen: Benutze außer GUT und SCHLECHT noch ein paar weitere Knopfaufschriften. Und programmiere die passenden Antworten dazu.

2. Erweitere das Sterne-Projekt um (kurze) passende Antworten zu jedem Sternzei-chen.

4 RECHNEN MIT DEM ZUFALL

Lassen wir das Hallo-Projekt erst einmal in Ruhe und fangen wir etwas Neues an. Jetzt geht es um Mathematik, genauer um die Grundrechenarten. Die beherrscht jeder Computer, natürlich auch ein Smartphone. Das darf es hier beweisen. Und du tust einfach nur das, was dein Mathelehrer mit dir gemacht hat: Du lässt rechnen. Allerdings musst du zuvor das passende Projekt erstellen.

In diesem Kapitel lernst du

◎ etwas über Zufallszahlen

◎ einige Operatoren kennen

◎ wie man Zahlen in Zeichenketten umwandelt

◎ was lokale und globale Variablen sind

◎ etwas über public, private und protected

ALLES AUF NEU

Unser Mathe-Projekt bedeutet einen Neubeginn. Dazu muss das aktuelle Projekt geschlossen werden, das nach dem Start von Android Studio geöffnet wird.

≫ Klicke auf FILE und dann auf CLOSE PROJECT.

Das Hauptfenster schließt sich und das Startfenster von Android Studio erscheint.

≫ Klicke dort auf OPEN AN EXISTING ANDROID STUDIO PROJECT.

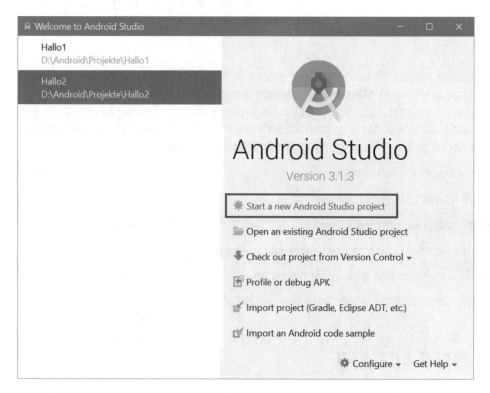

Es öffnet sich das dir schon bekannte Dialogfeld mit dem Titel CREATE NEW PROJECT.

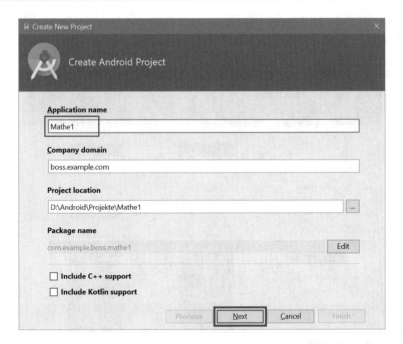

≫ Tippe hinter APPLICATION NAME als neuen Namen *Mathe1* ein. Dann klicke auf NEXT.

≫ Im folgenden Fenster kontrollierst du, ob die Einstellung von MINIMUM SDK passt. Dann klicke auf NEXT.

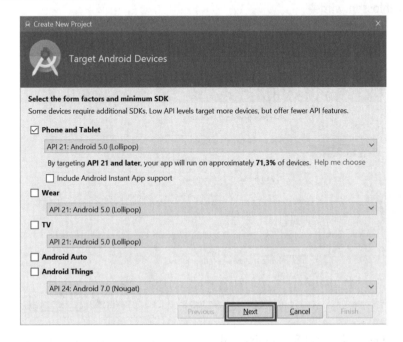

➢ Wenn im nächsten Fenster die Einstellung EMPTY ACTIVITY markiert ist, klickst du auf NEXT.

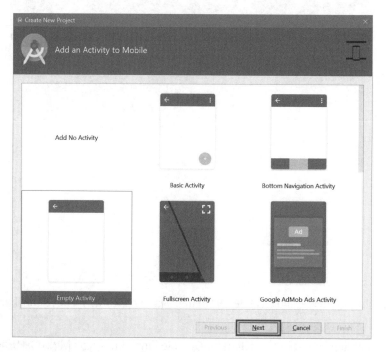

➢ Auch im letzten Fenster klicke einfach nur auf FINISH, womit das Fenster geschlossen wird.

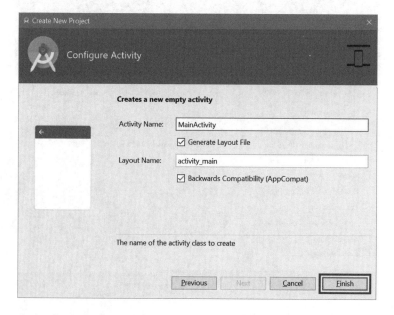

Nun ist wieder Android Studio dran. Einige Zeit später hast du dein neues Projekt.

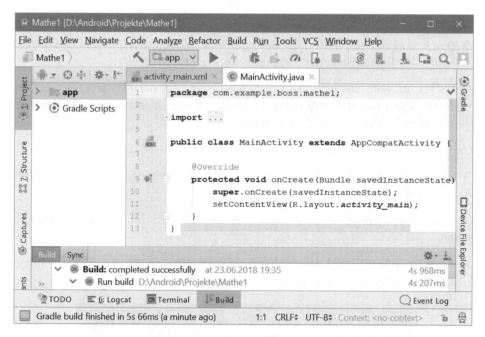

Sieht irgendwie so aus wie das alte Projekt ganz am Anfang? Stimmt, Android Studio backt stets die gleichen Brötchen. Immerhin ja schon aufgeschnitten. Und es liegt an uns, was wir dazwischenpacken, ob Marmelade oder Honig, Wurst oder Käse. Und wie viel. Du sollst auch gleich sehen, wie ich mir das Layout des neuen Projekts vorstelle. Außer dem einen Textfeld (TextView), das schon vorhanden ist, brauchst du noch zwei weitere. Und beim Typ Button kannst du dich gleich fünfmal bedienen. Wozu, das erfährst du noch.

Wie die Komponenten auf dem Display verteilt werden, siehst du hier (wobei die Textfelder eigentlich nicht sichtbar sind, wenn sie keinen Text enthalten):

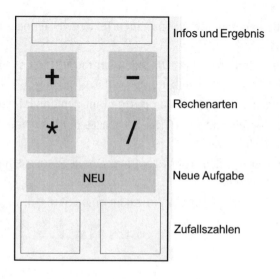

Und so geht das kleine Spiel:

❖ Durch Klick auf den Button mit der Aufschrift »Neu« sollen unten in den beiden neuen Anzeigeflächen zwei zufällige Zahlen auftauchen.

❖ Klickst du dann auf eine der vier Schaltflächen für die Rechenarten, werden diese Zahlen addiert, subtrahiert, multipliziert oder dividiert. Und das Ergebnis soll dann im oberen Textfeld erscheinen.

Beginnen wir mit den Vorarbeiten.

≫ Sorge dafür, dass du im Fenster für *activity_main.xml* bist, und wechsle dort in den DESIGN-Modus.

Das inzwischen leidige »Hello World!« brauchen wir auch hier nicht, das Textfeld schon.

≫ Ändere den Text für das Anzeigefeld über PROPERTIES und TEXT. Als Namen schlage ich *NeueAufgabe* vor und als Inhalt des Strings *Klicke auf NEU*.

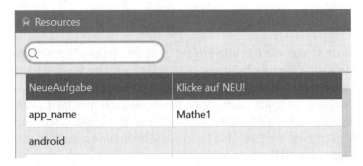

Du weißt nicht mehr genau, wie man einen Ressourcen-String erzeugt? Hier das Ganze in Kurzform:

❖ Klicke auf die Komponente, der du einen Text zuweisen oder deren Text du ändern willst.

❖ Suche rechts unten unter ATTRIBUTES den Eintrag TEXT (rechts daneben steht der Name des aktuellen Strings).

❖ Klicke ganz rechts auf den kleinen Button (mit den drei Pünktchen).

❖ Klicke im Dialogfeld mit dem Titel RESOURCES auf ADD NEW RESOURCE und darunter auf NEW STRING VALUE.

❖ Tippe im Fenster mit dem Titel NEW STRING VALUE RESOURCE hinter RESOURCE NAME einen Namen ein.

❖ Tippe hinter RESOURCE VALUE ein Wort oder einen Satz ein.

❖ Klicke auf OK.

≫ Setze das Textfeld oben in die Mitte und mache die Schrift (TEXTAPPEARANCE) größer (z.B. LARGE).

Anschließend sieht unser Projekt etwa so aus:

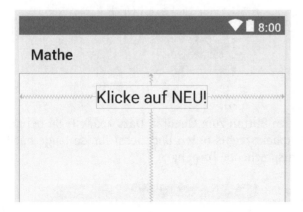

KOMPONENTENSCHWEMME

Machen wir uns jetzt auf den Weg und sammeln die Buttons ein, die wir brauchen.
Wie das geht, weißt du noch?

≫ Klicke in der linken Liste unter WIDGETS auf den Eintrag BUTTON. Dann setze die
Komponente links unter den Anzeigetext.

Und schon hast du den ersten Button. Doch ehe du jetzt alle anderen Schaltflächen
auf dieselbe Weise einsetzen willst, kümmere dich erst einmal um diese eine. Dann
zeige ich dir einen Weg, wie die nächsten Schritte etwas flotter gehen.

≫ Mache jetzt den Button zum Quadrat. Dazu »packst« du bei gedrückter Maustaste den Eckpunkt rechts unten und ziehst ihn so lange nach unten, bis der Button die entsprechende Form hat.

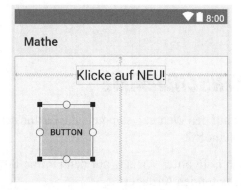

Als Nächstes müssen noch Text und Schriftgröße geändert werden.

≫ Erstelle zuerst einen Ressourcen-String mit dem Namen Plus und dem Zeichen »+« als Text.

Damit das Pluszeichen auch richtig zur Geltung kommt, muss nun die Schriftgröße noch angepasst werden. Das erledigen wir wieder über das (rechte) ATTRIBUTES-Fenster.

≫ Klicke dazu auf das Dreieck links neben dem Eintrag TEXTAPPEARANCE. Suche nun in der Liste darunter den Eintrag TEXTSIZE und trage dort mindestens 50 ein.

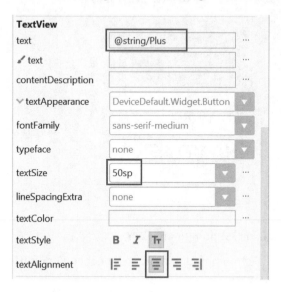

≫ Außerdem solltest du TEXTALIGNMENT auf zentriert setzen, sodass das Pluszeichen im Button zentriert wird.

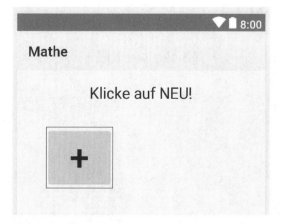

Nun sieht der Button ganz gut aus. Und davon brauchen wir jetzt ein paar mehr. Am besten wäre es, wenn wir diesen einen vervielfachen könnten. Und das geht tatsächlich.

≫ Klicke mit der rechten Maustaste auf den markierten Button.

➢ Im Kontextmenü klickst du nun auf COPY.

➢ Als Nächstes klickst du auf eine freie Stelle neben dem Button, wieder mit der rechten Maustaste.

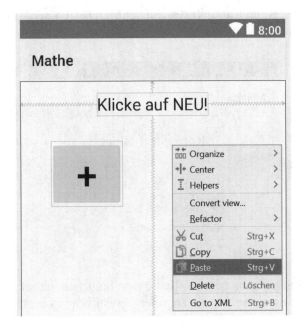

➢ Und im Kontextmenü klickst du diesmal auf PASTE.

Doch wo ist denn der neue Button? Er liegt direkt auf dem alten, den du kopiert hast.

≫ Klicke darauf und verschiebe ihn nach rechts, und du wirst sehen, dass der alte Button an seinem alten Platz erscheint.

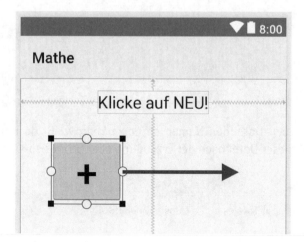

≫ Wiederhole das so lange, bis du vier Buttons zusammenhast (→ *Mathe1*).

Was jetzt noch fehlt, ist ein fünfter Button, mit dem du eine neue Aufgabe erstellen kannst.

≫ Den fügst du unter den anderen ein. Und der sollte auch nicht quadratisch sein.

Und nun geht es ans Tuning. Jeder Button braucht einen anderen String. Vorschläge findest du in dieser Tabelle:

Name	Wert
Plus	+
Minus	-
Mal	*
Durch	:
Neu	Neu

Dass die Ressourcen-Datei den Namen *string.xml* hat, weißt du ja schon. Bei mir sieht der Inhalt dieser Datei nach der Erzeugung aller Strings so aus:

```
activity_main.xml ×    MainActivity.java ×    strings.xml ×

Edit translations for all locales in the translations editor.

1   <resources>
2       <string name="app_name">Mathe</string>
3       <string name="NeueAufgabe">Klicke auf NEU!</string>
4       <string name="Plus">+</string>
5       <string name="Minus">-</string>
6       <string name="Mal">*</string>
7       <string name="Durch">/</string>
8       <string name="Neu">Neu</string>
9   </resources>
10
```

Ich habe mir erlaubt, direkt im Quelltext den Titel-String in Mathe zu ändern (also ohne die 1).

 Grundsätzlich ist es möglich, alle Strings direkt im Quelltext der Ressourcen-Datei zu bearbeiten. Doch man muss genau wissen, was man tut. Vergisst du ein Zeichen oder löschst ein anderes, dann wirkt sich der Fehler auf das ganze Programm aus und deine App läuft fehlerhaft oder gar nicht (mehr). Tückisch ist z.B. das versehentliche Löschen einer der spitzen Klammern (< >).

Der untere Button muss in der Höhe etwas flacher werden, damit die Textfelder darunter noch Platz haben. Dafür darf er über die ganze Breite gehen:

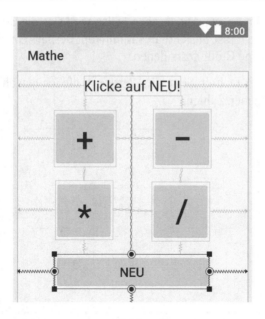

Mithilfe der Layout-Leiste kannst du deine Komponenten ausrichten. Außerdem lassen sich Verknüpfungen untereinander lösen und herstellen.

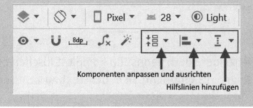

> Zuletzt fügst du jetzt über PLAIN TEXTVIEW ganz unten noch zwei weitere Textfelder ein. (Ist da zu wenig Platz, musst du die Buttons ein bisschen nach oben verschieben und gegebenenfalls etwas kleiner machen.)

Wenn du den Text im Anzeigefeld löschen willst, wird sich die Größe anpassen: Das Feld schrumpft auf ein fast unsichtbares Minimum. Deshalb empfiehlt es sich auch hier, eine vorgegebene Größe festzulegen.

≫ Trage also auf der rechten Seite die Werte ein, die ich gewählt habe. Oder versuche es mit eigenen Zahlen.

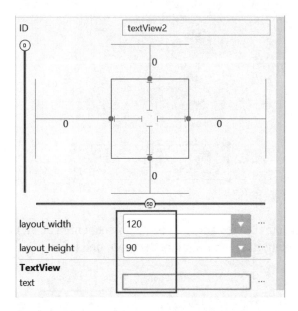

≫ Den Text in den Anzeigefeldern kannst du komplett löschen oder dort jeweils ein Leerzeichen einsetzen. Es empfiehlt sich, den Text zu zentrieren.

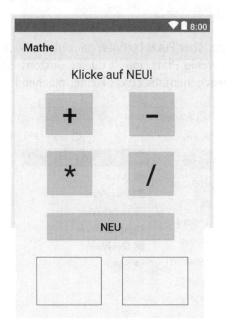

Auf jeden Fall sollten wir jetzt schauen, ob und wie die App in ihrem aktuellen Zustand auf dem Emulator läuft.

≫ Starte das Projekt (und natürlich auch den Emulator).

Und nach einiger Wartezeit landest du hoffentlich mitten in der neuen App. Alle Buttons lassen sich anklicken (oder antippen), aber sonst passiert nichts. Was klar ist, denn dazu müssen wir wie im Hallo-Projekt noch einiges nacharbeiten.

Bei dir klappt es nicht. Du siehst nur den Startbildschirm im Emulator?

Dann klicke auf das mittlere Symbol, um zur App-Übersicht zu gelangen. Dort findest du dann auch die Symbole für die Apps, die du bis jetzt programmiert hast.

Suche das Symbol für das Mathe-Projekt und klicke darauf. Dann dürfte die App starten und du bekommst die obige Anzeige. (Notfalls musst du den Emulator aus- und wieder einschalten.)

ZUFALLSZAHLEN UND ZEICHENKETTEN

Jetzt haben wir ein ganz passables Layout für unseren kleinen Rechner erstellt. Funktionieren tut das Ganze freilich nur, wenn wir dem Computer nun auch die Spielregeln beibringen. Zuerst brauchen wir jede Menge Variablen. Die vereinbaren wir wieder im Quelltext von *MainActivity.java*.

≫ Wechsle über den gleichnamigen Reiter zum Java-Quelltext unseres Projekts.

Und hier sind die Vereinbarungen aller Variablen, die wir für unsere Komponenten brauchen (→ *Mathe2*):

```
final TextView Anzeige1 =
  (TextView) findViewById(R.id.textView);
final TextView Anzeige2 =
  (TextView) findViewById(R.id.textView2);
final TextView Anzeige3 =
  (TextView) findViewById(R.id.textView2);
Button AddButton = (Button) findViewById(R.id.button);
Button SubButton = (Button) findViewById(R.id.button2);
Button MulButton = (Button) findViewById(R.id.button3);
Button DivButton = (Button) findViewById(R.id.button4);
Button NeuButton = (Button) findViewById(R.id.button5);
```

≫ Und nun hast du einiges einzutippen. Oder auch nicht: Einige Zeilen lassen sich kopieren. Dann musst du nur noch ein paar Zahlen und ein bisschen Text anpassen.

Auch hier benötigen wir einige Bibliotheken, in denen die Komponenten definiert sind:

```
import android.widget.Button;
import android.widget.TextView;
```

Durch Markieren der Wörter TextView und Button und Drücken von Alt Eingabe bittest du Android Studio, die nötigen Bibliotheken zu importieren. (Klappt das nicht, musst du die beiden Zeilen von Hand einfügen.)

Kümmern wir uns nun zuerst um den Button mit der Aufschrift NEU. Wenn man den drückt, soll eine (neue) Mathe-Aufgabe gestellt werden.

≫ Tippe erst mal die komplette Methode für den NEU-Button ein (→ *Mathe2*):

```
NeuButton.setOnClickListener(new View.OnClickListener() {
  @Override
  public void onClick(View v) {
    Random Zufall =  new Random();
    int Zahl1 = Zufall.nextInt(100)+1;
    int Zahl2 = Zufall.nextInt(100)+1;
    Anzeige1.setText(R.string.Rechenart);
    Anzeige2.setText(String.valueOf(Zahl1));
    Anzeige3.setText(String.valueOf(Zahl2));
  }
});
```

Hier wird für View und für Random jeweils eine weitere Bibliothek gebraucht:

```
import android.widget.View;
import java.util.Random;
```

```
 activity_main.xml ×   ⓒ MainActivity.java ×    strings.xml ×
1      package com.example.boss.mathe1;
2
3     import android.support.v7.app.AppCompatActivity;
4     import android.os.Bundle;
5     import android.view.View;
6     import android.widget.Button;
7     import android.widget.TextView;
8     import java.util.Random;
9
```

Klar, dass du jetzt auf einige Erläuterungen wartest. Also folgt nun Zeile für Zeile, was in der Methode passieren soll:

Mit Random haben wir eine Java-Klasse zum Erzeugen von Zufallszahlen. In der folgenden Zeile entsteht ein neues Objekt Zufall – wofür das Schlüsselwort new zuständig ist – und ein »Zufallsgenerator« wird gestartet:

```
Random Zufall =  new Random();
```

Der Computer berechnet nach einer internen Formel zufällige Werte, von denen wir nur die zwei »nächsten« benötigen:

```
int Zahl1 = Zufall.nextInt(100)+1;
int Zahl2 = Zufall.nextInt(100)+1;
```

Dazu vereinbaren wir an Ort und Stelle zwei Variablen Zahl1 und Zahl2 als ganze Zahlen (int) und weisen ihnen jeweils eine ganze Zufallszahl zu, die zwischen 1 und 100 liegt.

Hier sind Vereinbarung und Zuweisung zusammengepackt. Getrennt sähe das so aus:

```
// Vereinbarung der Variablen
int Zahl1, Zahl2;
```

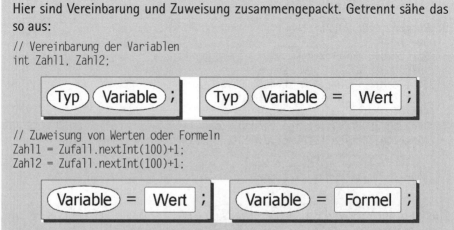

```
// Zuweisung von Werten oder Formeln
Zahl1 = Zufall.nextInt(100)+1;
Zahl2 = Zufall.nextInt(100)+1;
```

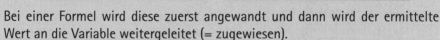

Bei einer Formel wird diese zuerst angewandt und dann wird der ermittelte Wert an die Variable weitergeleitet (= zugewiesen).

Wichtig ist: Eine Zuweisung ist keine Gleichsetzung, wie du sie aus der Mathematik kennst. Eine Zuweisung wie Zahl = Zahl + 1; ist also möglich; mathematisch aber wäre »Zahl gleich Zahl plus 1« unmöglich.

Den Rest der onClick-Methode bilden noch drei Anweisungen, die dafür sorgen, dass die einzelnen Anzeigeflächen auch was zum Zeigen haben:

```
Anzeige1.setText(R.string.Rechenart);
Anzeige2.setText(String.valueOf(Zahl1));
Anzeige3.setText(String.valueOf(Zahl2));
```

In der ersten Zeile wird ein String aus der Ressource gesetzt. Den musst du natürlich auch noch vereinbaren oder direkt in *string.xml* eintippen. (Der String enthält den Text »Rechenart?«)

Ich habe mir erlaubt, einen zusätzlichen Leer-String (mit nur einem Leerzeichen) für die Anzeigefelder (TEXTVIEW2 und TEXTVIEW3) zu vereinbaren, was nicht unbedingt nötig ist. Doch Android mag es lieber, wenn alle Komponenten mit einer Ressource verbunden sind.

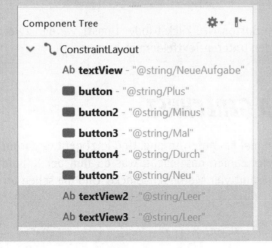

Dann wird es etwas komplizierter: Die Methode setText() erwartet als Parameter eine Zeichenkette (also einen String), Zahl1 und Zahl2 aber sind wie vereinbart Zahlen. Wir brauchen also eine weitere Methode, um aus den Ziffern einer Zahl eine Zeichenkette zu machen:

Das erledigt String.valueOf(): Diese Methode übernimmt eine Zahl als Parameter und gibt eine Zeichenkette zurück. Aus einer ganzen Zahl wie z.B. 34 wird der String "34" (mit dem man natürlich nicht mehr rechnen kann).

≫ Damit du zu sehen bekommst, was passiert, solltest du jetzt das Programm starten.

Sobald du auf den Button NEU klickst (oder tippst), werden zwei zufällig erzeugte Zahlen in den beiden unteren Textfeldern sichtbar.

JETZT WIRD GERECHNET

Das ist doch schon mal ein guter Anfang. Und jetzt geht es darum, dass das Smartphone mit den zwei Zahlen das macht, was du ihm per Knopfdruck sagst. Dazu brauchen wir insgesamt vier Methoden-Blöcke. Und die sehen im Einzelnen so aus (→ *Mathe2*):

```
AddButton.setOnClickListener(new View.OnClickListener() {
  @Override
  public void onClick(View v) {
    int Ergebnis = Zahl1 + Zahl2;
    Anzeige1.setText(String.valueOf(Ergebnis));
  }
});

SubButton.setOnClickListener(new View.OnClickListener() {
  @Override
  public void onClick(View v) {
    int Ergebnis = Zahl1 - Zahl2;
    Anzeige1.setText(String.valueOf(Ergebnis));
```

```
    }
});

MulButton.setOnClickListener(new View.OnClickListener() {
  @Override
  public void onClick(View v) {
    int Ergebnis = Zahl1 * Zahl2;
    Anzeige1.setText(String.valueOf(Ergebnis));
  }
});

DivButton.setOnClickListener(new View.OnClickListener() {
  @Override
  public void onClick(View v) {
    int Ergebnis = Zahl1 / Zahl2;
    Anzeige1.setText(String.valueOf(Ergebnis));
  }
});
```

≫ Tippe die erste der vier Methoden ein. Die anderen kopierst du und passt sie an.

Eigentlich sehen die doch alle gleich aus? Nicht ganz, es gibt einen (kleinen) Unterschied, denn es handelt sich ja jedes Mal um eine andere Rechenart. In der ersten Zeile der Methode wird die jeweilige Rechenoperation durchgeführt:

```
int Ergebnis = Zahl1 + Zahl2;
int Ergebnis = Zahl1 - Zahl2;
int Ergebnis = Zahl1 * Zahl2;
int Ergebnis = Zahl1 / Zahl2;
```

Anschließend bekommt die obere Anzeigefläche wieder neues Futter. Diesmal muss sie für die Anzeige des Rechenergebnisses herhalten:

```
Anzeige1.setText(String.valueOf(Ergebnis));
```

Man nennt diese »Dinger« mit den Symbolen »+«, »-«, »*« und »/« **Operatoren**. Hier sind sie alle und noch ein paar mehr in einer Tabelle zusammengefasst:

Operator	Funktion
+	Addition zweier Zahlen (plus)
–	Subtraktion zweier Zahlen (minus)
*	Multiplikation zweier Zahlen (mal)
/	Division zweier Zahlen (geteilt durch)
=	Zuweisung von Werten oder Formeln (keine Gleichsetzung!)
.	Verbindung von Objekt und Methode

LOKAL-GLOBAL, PRIVAT ODER ÖFFENTLICH?

Eigentlich wären wir mit dem Projekt fertig, oder? Du hast wahrscheinlich selbst schon bemerkt, welchen Haken es gibt.

≫ Wenn nicht, dann versuche, das Programm zu starten.

Und du erntest gleich ein ganzes Bündel von Fehlermeldungen:

Die neuen Methoden wollen Zahl1 und Zahl2 nicht kennen? Dabei haben wir sie doch schön brav in der Methode für den NeuButton vereinbart. Das stimmt, und da funktionieren sie auch. Aber nur dort.

Der Grund dafür ist einfach: Wird eine Variable irgendwo direkt vereinbart, dann gilt sie nur lokal, also an Ort und Stelle. Die Variablen Zahl1 und Zahl2 sind **lokale Variablen**. Ebenso wie übrigens die Variable Ergebnis, die gibt es sogar in vier verschiedenen Exemplaren.

Das Besondere an einer lokalen Variablen ist auch, dass sie mit dem Abschluss einer Methode wieder verschwindet. (Die Variable Ergebnis gibt es viermal, sie taucht aber nur einmal auf, weil immer nur eine Operation ausgeführt wird.)

Wir aber brauchen jetzt zwei Variablen, die in **allen** Methoden gültig sind, uns also über den ganzen Zeitraum zur Verfügung stehen, in dem die App läuft.

Wie lösen wir nun unser Problem? Gibt es so etwas wie **globale Variablen**. Natürlich, so etwas muss es geben:

```
private int Zahl1, Zahl2;
```

Wobei man – wie du siehst – Variablen auch direkt hintereinander vereinbaren kann, wenn sie vom gleichen Typ sind. Doch wo werden diese Variablen vereinbart? Ganz oben, noch oberhalb der Methode onCreate(), direkt unter der Klassenvereinbarung public class MainActivity extends Activity. Hier ist ein kleiner Überblick, wo in der Struktur einer solchen Klasse was steht:

```
public class MainActivity extends Activity {

    ┌─────────────────────────────────┐
    │  Globale Vereinbarungen         │
    └─────────────────────────────────┘

    @Override
    protected void onCreate(Bundle savedInstanceState) {

        super.onCreate(savedInstanceState);
        setContentView(R.layout.activity_main);

        ┌─────────────────────────────────────┐
        │  Komponenten; Startanweisungen      │
        └─────────────────────────────────────┘

        NeuButton.setOnClickListener(new View.OnClickListener() {
            @Override
            public void onClick(View view) {

                ┌──────────────────────────────────┐
                │  Anweisungen                     │
                └──────────────────────────────────┘

            }
        });
    }
}
```

Als Nächstes müssen in der onClick-Methode für den NeuButton die Typbezeichnung int vor Zahl1 und Zahl2 entfernt werden, sodass diese beiden Zeilen nur noch Zuweisungen sind:

```
Zahl1 = Zufall.nextInt(100)+1;
Zahl2 = Zufall.nextInt(100)+1;
```

```
public class MainActivity extends AppCompatActivity {
    ┌──────────────────────────────┐
    │  private int Zahl1, Zahl2;   │
    └──────────────────────────────┘
    @Override
    protected void onCreate(Bundle savedInstanceState) {



        NeuButton.setOnClickListener(new View.OnClickListener() {
            @Override
            public void onClick(View v) {
                Random Zufall = new Random();
                ┌──────────────────────────────────────────┐
                │ Zahl1 = Zufall.nextInt( bound: 100)+1;   │
                │ Zahl2 = Zufall.nextInt( bound: 100)+1;   │
                └──────────────────────────────────────────┘
                Anzeige1.setText(R.string.Rechenart);
                Anzeige2.setText(String.valueOf(Zahl1));
                Anzeige3.setText(String.valueOf(Zahl2));
            }
        });
```

Solltest du das Entfernen der »int-Vorsätze« vergessen, dann läuft die App trotzdem, macht aber nicht das, was du willst:

Bei Klick oder Fingertipp auf NEU werden zwei zufällige Werte erzeugt und in den **lokalen** (!) Variablen Zahl1 und Zahl2 gespeichert. Die außerdem vereinbarten **globalen** Variablen mit den gleichen Namen aber bleiben leer.

Das siehst du, wenn du auf eine der vier anderen Schaltflächen klickst oder tippst: Dann ist und bleibt das oben angezeigte Ergebnis 0.

≫ Ich empfehle, bei dieser Gelegenheit das obere Anzeigefeld sowie die Schrift etwas größer zu machen, damit die Ergebniszahl nicht allzu mickrig daherkommt.

≫ Dann kannst du das Programm laufen lassen und ausprobieren.

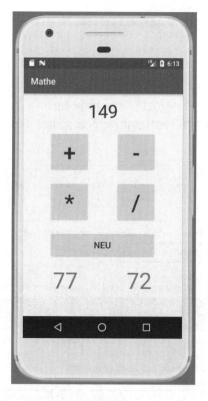

Weil wir bei der Vereinbarung der globalen Variablen den Vorsatz private benutzt haben, möchte ich auch gleich die Bedeutung aller drei Wörter klären: Was also ist public, protected und private? Du hast sie nun schon öfter im Quelltext von *Main-Activity.java* gesehen.

Alle drei sind Schlüsselwörter für den Zugriff auf eine Klasse, Variable oder Methode. Man nennt diese drei Wörter auch Zugriffsmodifizierer. Mit Zugriff ist gemeint: Das Element lässt sich überall oder nur in einem bestimmten Bereich nutzen:

◆ public:

Darauf kann von überall im Projekt aus zugegriffen werden, ein solches Element ist also komplett öffentlich.

Beispiel: Die Hauptklasse public class MainActivity ist überall in der App verfügbar (egal wie groß sie noch werden sollte).

◆ private:

Darauf kann nur innerhalb der Struktur zugegriffen werden, ein solches Element ist also privat (aber gilt global innerhalb der gesamten Struktur).

Beispiel: Die Variablen Zahl1 und Zahl2 sind überall innerhalb der Klasse MainActivity verfügbar (aber nur dort, also nicht in anderen Teilen der App).

◆ protected:

Darauf kann erst mal innerhalb der Struktur zugegriffen werden, ein solches Element ist also privat. Aber: Erzeugt man eine neue Klasse, die von der aktuellen Klasse abgeleitet ist, dann ist das Element auch dort verfügbar.

Beispiel: Die Methode protected void onCreate() ist überall innerhalb der Klasse MainActivity verfügbar. Und solltest du eine weitere Klasse von MainActivity ableiten, dann funktioniert onCreate() auch dort.

Falls du bei der Erläuterung von protected nicht so ganz verstanden hast, was eine abgeleitete Klasse ist, dann schaue mal auf die Vereinbarung von MainActivity:

public class MainActivity extends Activity

Das Schlüsselwort extends besagt, dass MainActivity von der Klasse Activity abgeleitet (und erweitert) wurde. Übrigens ist ActionBarActivity auch eine von Activity abgeleitete Klasse.

Ich möchte noch einmal auf die Begriffe global und lokal zurückkommen. Man kann sagen, dass mit private vereinbarte Variablen global sind. Zahl1 und Zahl2 sind ja auch so vereinbart:

```
private int Zahl1, Zahl2;
```

Wenn man es noch eine Stufe »intimer« haben will, dann lassen sich Variablen so vereinbaren, dass sie innerhalb eines noch kleineren Bereiches gelten (also z.B. nur innerhalb einer einzigen Methode).

Dass dort dann der Einsatz von private nicht erlaubt ist, dürfte klar sein. Du kannst diese Zeile ja mal in deinem Projekt testen:

private int Ergebnis = Zahl1 + Zahl2;

Doch Android Studio meckert dann sofort.

Andererseits könnte man auch die Variable Ergebnis ganz oben global vereinbaren:

private int Zahl1, Zahl2, Ergebnis;

Und dann den Zusatz int in den einzelnen Methoden weglassen (→ Mathe2A).

Wo wir schon mal dabei sind: Jetzt willst du auch wissen, was das Wörtchen final bedeutet. Denn das ziert von Anfang an die Vereinbarungen eines Textfelds.

Zunächst das vorweg: Mit dem Typ TextView hat das nichts zu tun. Den Grund kann Android Studio dir selbst mitteilen.

≫ Entferne jeweils das Wort final in allen drei Vereinbarungen:

```
TextView Anzeige1 =
  (TextView) findViewById(R.id.textView);
TextView Anzeige2 =
  (TextView) findViewById(R.id.textView2);
TextView Anzeige3 =
  (TextView) findViewById(R.id.textView3);
```

≫ Und nun versuche, dein Projekt zu starten.

Es dauert nicht allzu lange, bis dieser Versuch mit einer Unzahl von Fehlermeldungen abbricht:

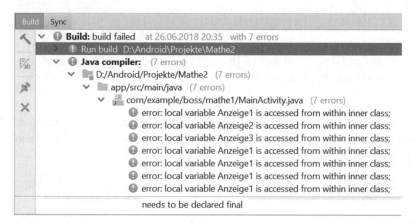

Anscheinend kann innerhalb der OnClickListener-Struktur nicht auf die betreffenden Variablen (bzw. Objekte) zugegriffen werden. Warum genau das so ist, lässt sich nicht einfach erklären. An dieser Stelle wichtig ist auch nur der Vorschlag von

Android Studio, wie man das Problem lösen kann: »needs to be declared **final**«. Und das haben wir ja anfangs auch getan.

> Womit immer noch nicht geklärt ist, was `final` bedeutet. Eigentlich wird damit eine Variable definiert, deren Wert nicht mehr verändert werden kann. In diesem Fall haben wir es aber nicht mit einfachen Variablen wie `Zahl1` und `Zahl2` zu tun, sondern mit Objekten. Da wird die Sache deutlich komplizierter.
>
> Deshalb schlage ich vor, dass wir es hier bei dieser Aussage belassen: Für den Zugriff auf Komponenten, die außerhalb von `onClicklistener`-Strukturen vereinbart wurden, ist der Zusatz `final` nötig.

≫ Sorge nun dafür, dass alles wieder beim Alten ist:

Die Variablen `Zahl1` und `Zahl2` sind ganz oben außerhalb aller Methoden vereinbart. Das `int` vor den Zuweisungen in der `onClick`-Methode für den `NeuButton` wurde entfernt, die drei `TextView`-Vereinbarungen haben ihr `final` (→ *Mathe2*).

≫ Und jetzt starte das Projekt, und wenn es läuft, dann klicke oder tippe zuerst auf Neu und anschließend hintereinander auf jeden der vier Buttons für die Grundrechenarten.

> Wundere dich nicht über die Ergebnisse bei der Division: Weil alle Variablen als ganze Zahlen vereinbart wurden, ist das Ergebnis auch immer ganzzahlig (also wenn nötig gerundet).

ZUSAMMENFASSUNG

Nun hast du dein erstes Mathe-Projekt vollendet und dann hoffentlich auch mit den Zahlen ausgiebig herumgespielt. Dabei ist dein Java-Wortschatz schon wieder ein bisschen gewachsen:

`int`	Variable vom Datentyp »Ganze Zahl«
`Random`	Klasse für Zufallszahlengeneratoren
`nextInt()`	Methode von `Random`: eine ganze Zufallszahl erzeugen
`String.valueOf()`	Methode, um eine Zahl in eine Zeichenkette (String) umzuwandeln
`+, -, *, /`	Rechenoperatoren für Zahlen
`=`	Zuweisungsoperator
`.`	Verbindungsoperator für Objekte und Methoden

private	Zugriff nur innerhalb einer Klasse
protected	Zugriff innerhalb einer Klasse und deren Ableitung
public	Zugriff von überall im ganzen Projekt
final	Hier: Objekt für Zugriff »festlegen«
new	Neues Objekt erzeugen
extends	Neue Klasse von vorhandener ableiten

EIN PAAR FRAGEN ...

1. Was bewirken diese Zuweisungen:

```
Zahl1 = Zufall.nextInt(6);
Zahl1 = Zufall.nextInt(6)+1;
```

2. Welche Operatoren kennst du?

... UND EINE AUFGABE

1. Erweitere das Mathe-Projekt um eine vierte Anzeigefläche, in der dann jeweils der Operator erscheinen soll.

5   BEDINGUNGEN

Nicht für jeden sind Zeugnisse etwas Hässliches. Kommt einfach drauf an, was drinsteht. Wenn du zu viele Fünfen oder gar Sechsen hast, bist du wahrscheinlich recht unzufrieden. Besser wären Zweien und Dreien und vielleicht auch mal eine Eins. In diesem Kapitel bestimmst du mit einem Zensuren-Programm die Noten selbst.

In diesem Kapitel lernst du

◎ die Komponente EditText kennen

◎ was eine Kontrollstruktur ist

◎ die Verwendung von if und else kennen

◎ wie man Werte von Variablen vergleicht

◎ die Verwendung von switch und case kennen

◎ wozu break gut sein kann

◎ wie man Bedingungen verknüpft

VON 1 BIS 6

Auf ein Neues! Dich erwartet nun schon dein drittes Projekt – nach dem Hallo- und dem Mathe-Programm.

Das Programm, das wir jetzt erstellen, soll dir eine Zensur ausgeben, wenn du die Punkte eingibst, die du z.B. in einem schriftlichen Test erreicht hast. Natürlich ist auch Mogeln erlaubt.

Damit es nicht sofort zu kompliziert wird, beginnen wir mit einer einfachen Version, die zu jeder Zahl von 1 bis 6 die entsprechende Zensur als Text anzeigt. Später erweitern wir unser Projekt dann entsprechend.

≫ Falls noch ein Projekt in Android Studio geöffnet ist, schließe es über FILE und CLOSE PROJECT.

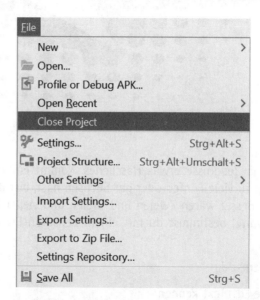

≫ Dann erzeugst du über NEW und NEW PROJECT ein neues Projekt.

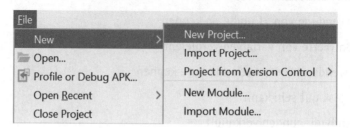

Das Dialogfeld mit dem Titel CREATE NEW PROJECT dürftest du inzwischen gut kennen.

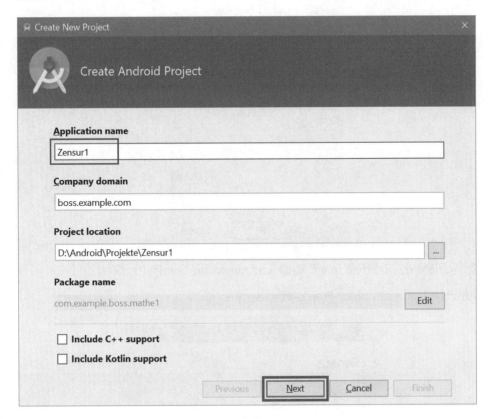

≫ Tippe hinter APPLICATION NAME als neuen Namen *Zensur1* ein. Dann klicke auf NEXT.

≫ In den folgenden Fenstern musst du meistens auf NEXT klicken, zum Schluss auf FINISH.

Das Fenster wird zuletzt geschlossen, einige Zeit später erscheint deine neue App, doch nun haben wir wieder einiges an Arbeit vor uns, um aus einem »Hello World«-Projekt ein eigenes zu machen. Zuerst muss dazu die Anzeigefläche umfunktioniert werden.

Sorge dafür, dass du im DESIGN-Fenster von ACTIVITY_MAIN.XML bist. Erzeuge über TEXT im ATTRIBUTES-Fenster eine neue Ressource. Als Namen käme *Eingabe* und als Inhalt des Strings *Gib deine Zensur ein:* infrage.

⇒ Schiebe das Textfeld in die Mitte und mache die Schrift (TEXTSIZE) größer.

Anschließend sieht unser Projekt etwa so aus:

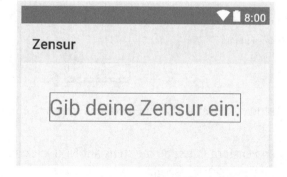

Um eine Zensur von 1 bis 6 einzutippen, könnten wir jetzt sechs Buttons einbauen. Und je nach Buttonklick erscheint dann der entsprechende Klartext. Beispiel: Ein Klick auf 1 erzeugt ein »sehr gut«.

Hier aber wollen wir mit nur einer Schaltfläche auskommen. Du sollst in diesem Projekt eine neue Komponente kennenlernen, damit du auch mal etwas eintippen kannst.

Ich weiß, dass Smartphones nicht vorrangig zum Eintippen von Text oder Zahlen geeignet sind. Dennoch kommst du bei vielen Apps nicht ohne eine Texteingabe aus. Beispiel: SMS oder WhatsApp. Oder beim Telefonieren: Willst du eine Nummer anrufen, die nicht in deiner Kontakte-Liste steht, musst du sie eintippen.

❧ Diesmal musst du beim Suchen im Paletten-Fenster auf der linken Seite von COMMON zu TEXT wechseln. Du findest dort direkt unter TEXTVIEW den Eintrag PLAIN TEXT. Klicke darauf.

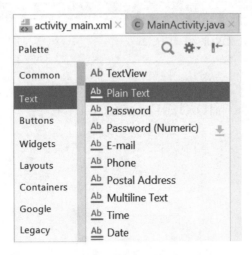

❧ Dann setze das Eingabefeld (editText) mittig unter das Anzeigefeld. Die Schrift (TEXTSIZE) sollte diesmal sehr groß sein. Außerdem soll die Eingabe zentriert angezeigt werden.

Nun fehlt noch eine Schaltfläche, auf die du klickst, wenn du deine Zensur eingetippt hast.

❧ Wechsle wieder zur COMMON-Palette und füge eine BUTTON-Komponente ebenfalls mittig unter das Eingabefeld ein.

≫ Gib dem Button die Aufschrift OK und mache die Schrift deutlich größer. Dann lege auch die Breite und Höhe der Schaltfläche großzügig fest.

Und nun werfen wir einen kurzen Blick in die Ressourcen-Datei *strings.xml*, die bei mir aktuell so aussieht:

```
 activity_main.xml ×    C MainActivity.java ×    strings.xml ×

Edit translations for all locales in the translations editor.

1    <resources>
2        <string name="app_name">Zensur</string>
3        <string name="Eingabe">Gib deine Zensur ein:</string>
4        <string name="Leer" />
5        <string name="OK">OK</string>
6    </resources>
7
```

Auch hier habe ich den Titel-String in Zeugnis geändert und für das Eingabefeld (im DESIGN-Modus) eine Leer-Ressource hinzugefügt.

≫ Starte das Projekt und denke daran, dass es ein neues Projekt-Symbol geben wird. (Wenn du nicht direkt im Programm landest, musst du wahrscheinlich im Hauptmenü erst einmal blättern, um das Symbol zu finden.)

Auf jeden Fall kann man etwas eintippen und den Button anklicken. Dabei lässt sich für den Emulator die Tastatur deines PCs benutzen, was hier auch bequemer ist.

WENN ... DANN ...

Und nun wechseln wir zum Quelltext von *MainActivity.javA*. Dort vereinbaren wir zuerst wieder die benötigten Variablen.

≫ Füge der Methode onCreate() diese Vereinbarungen hinzu (→ *Zensur2*):

```
final TextView Anzeige1 =
   (TextView) findViewById(R.id.textView);
final EditText Eingabe1 =
   (EditText) findViewById(R.id.editText);
Button OkButton = (Button) findViewById(R.id.button);
```

≫ Und sorge gleich dafür, dass die nötigen Bibliotheken eingebunden werden. Diesmal kommt mit import android.widget.EditText; noch eine neue hinzu.

Jetzt müssen wir der App nur noch beibringen, wie sie die von uns eingegebenen Zahlen auswertet. Formulieren wir das erst einmal in unserer Umgangssprache:

```
WENN Zensur = 1, DANN zeige an "Sehr gut";
WENN Zensur = 2, DANN zeige an "Gut";
WENN Zensur = 3, DANN zeige an "Befriedigend";
WENN Zensur = 4, DANN zeige an "Ausreichend";
WENN Zensur = 5, DANN zeige an "Mangelhaft";
WENN Zensur = 6, DANN zeige an "Ungenügend";
```

Daraus müssen nun Java-Anweisungen werden. Eine Übertragung ins Englische beginnt mit einem if, das then kann man sich sparen:

```
if (Zensur == 1) Anzeige1.setText("Sehr gut");
if (Zensur == 2) Anzeige1.setText("Gut");
if (Zensur == 3) Anzeige1.setText("Befriedigend");
if (Zensur == 4) Anzeige1.setText("Ausreichend");
if (Zensur == 5) Anzeige1.setText("Mangelhaft");
if (Zensur == 6) Anzeige1.setText("Ungenügend");
```

Das sollten wir so aber nicht eingeben, sondern zuerst brauchen wir sechs Ressourcen-Strings.

≫ Erzeuge die passenden Strings, danach sollte der Inhalt von *string.xml* so aussehen:

```xml
<resources>
  <string name="app_name">Zensur</string>
  <string name="Eingabe">Gib deine Zensur ein:</string>
  <string name="Leer" />
  <string name="OK">OK</string>
  <string name="Sehr_gut">Sehr gut</string>
  <string name="Gut">Gut</string>
  <string name="Befriedigend">Befriedigend</string>
  <string name="Ausreichend">Ausreichend</string>
  <string name="Mangelhaft">Mangelhaft</string>
  <string name="Ungenuegend">Ungenügend</string>
  <string name="Unsinn">Unsinn</string>
</resources>
```

Der letzte String ist für den Fall, dass jemand etwas anderes als eine der Zahlen von 1 bis 6 eingibt.

Was wir auch noch brauchen: eine Variable Zensur, die den Inhalt des Eingabefelds als Zahl übernimmt. Die eigentliche Zuweisung allerdings ist ziemlich vertrackt, denn es gibt zwar mit getText() eine Methode, um den eingegebenen Inhalt auszulesen, der aber ist nicht vom Typ String. Wir brauchen also zwei Variablen. Zuerst erzeugen wir eine Zeichenkette, was die angehängte Methode toString() erledigt:

```
String Txt = Eingabe1.getText().toString();
```

Und nun machen wir aus dem String eine richtige (ganze) Zahl:

```
int Zensur = Integer.valueOf(Txt);
```

Und die schicken wir dann durch die ganze if-Kette.

> Die valueOf-Methode kann nicht nur Strings in Zahlen umwandeln, es geht auch umgekehrt, also z.B. String.valueOf(Zahl), das wäre dann eine Alternative zur toString-Funktion.

Alles zusammen packen wir in eine neue Klick-Struktur für den OkButton (→ *Zensur2*):

```
OkButton.setOnClickListener(new View.OnClickListener() {
  @Override
  public void onClick(View v) {
    // Zahl übernehmen
    String Txt = Eingabe1.getText().toString();
    int Zensur = Integer.valueOf(Txt);
    // Zahl auswerten
    if (Zensur == 1)
      Anzeige1.setText(R.string.Sehr_gut);
    if (Zensur == 2) Anzeige1.setText(R.string.Gut);
    if (Zensur == 3)
      Anzeige1.setText(R.string.Befriedigend);
    if (Zensur == 4)
      Anzeige1.setText(R.string.Ausreichend);
    if (Zensur == 5)
      Anzeige1.setText(R.string.Mangelhaft);
    if (Zensur == 6)
      Anzeige1.setText(R.string.Ungenuegend);
  }
});
```

> Tippe den gesamten Text so ein (du kannst natürlich jede if-Anweisung komplett in eine Zeile packen).

> Und nun probiere das Projekt aus. Gib also nacheinander jede Zahl von 1 bis 6 ein (und versuche es auch mal mit einer »falschen« Zahl).

```
@Override
protected void onCreate(Bundle savedInstanceState) {
    super.onCreate(savedInstanceState);
    setContentView(R.layout.activity_main);

    // Komponenten-Variablen
    final TextView Anzeige1 =
        (TextView) findViewById(R.id.textView);       ;
    final EditText Eingabe1 =
        (EditText) findViewById(R.id.editText);
    Button OkButton = (Button) findViewById(R.id.button);
    // Klick-Methode
    OkButton.setOnClickListener(new View.OnClickListener() {
        @Override
        public void onClick(View v) {
            // Zahl übernehmen
            String Txt = Eingabe1.getText().toString();
            int Zensur = Integer.valueOf(Txt);
            // Zahl auswerten
            if (Zensur == 1) Anzeige1.setText(R.string.Sehr_gut);
            if (Zensur == 2) Anzeige1.setText(R.string.Gut);
            if (Zensur == 3) Anzeige1.setText(R.string.Befriedigend);
            if (Zensur == 4) Anzeige1.setText(R.string.Ausreichend);
            if (Zensur == 5) Anzeige1.setText(R.string.Mangelhaft);
            if (Zensur == 6) Anzeige1.setText(R.string.Ungenuegend);
        }
    });
}
```

Dann müsste jeweils der passende Text ganz oben im Anzeigefeld erscheinen. (Und bei einer Zahl wie z.B. 7 passiert nichts, die vorige Anzeige bleibt einfach.)

DIE IF-STRUKTUR

Nachdem du die Zensur-App ausgiebig ausprobiert hast, nehmen wir jetzt die ganze if-Struktur genauer unter die Lupe:

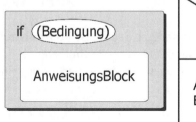 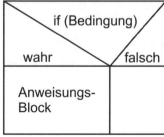

Zu Deutsch heißt das:

> WENN eine bestimmte Bedingung erfüllt ist,
> DANN soll eine Anweisung oder ein Anweisungsblock ausgeführt werden.

Die **Bedingung**, das ist hier z.B.:

```
(Zensur == 1)
```

oder

```
(Zensur == 6)
```

Eine Bedingung hinter if muss grundsätzlich in runden Klammern stehen! Auffällig ist, dass Java hier für den **Vergleichsoperator** ein **doppeltes** Gleichheitszeichen (==) verwendet, um es vom Zuweisungsoperator zu unterscheiden.

Im **Anweisungsblock** stehen die Anweisungen, in diesem Fall nur eine, z.B.:

```
Anzeige1.setText(R.string.Sehr_gut);
```

oder

```
Anzeige1.setText(R.string.Ungenuegend);
```

> In einem Anweisungsblock darf natürlich auch **mehr als eine** Anweisung stehen. Immerhin könnte es ja sein, dass der Computer gleich eine ganze Kette von Aktionen durchführen soll. Dann genügen oft auch ein paar Anweisungen nicht.

Vielleicht soll dein Smartphone ein Bild oder sogar einen kleinen Film anzeigen. Das kann die App nicht alles mit einer einzigen Anweisung lösen.

Hier aber genügt für den Anweisungsblock erst mal nur eine Anweisung. Größere Blöcke mit mehreren Anweisungen lernst du später noch kennen. (Die müssen dann in **geschweifte Klammern** eingefasst werden.)

Das Ganze nennt man if-Struktur. Ein anderer Begriff ist **Kontrollstruktur**. Denn das Smartphone bekommt die Anweisung, etwas zu kontrollieren. Hier ist es das, was als Zensur eingegeben wird. Und davon abhängig reagiert es mit einer Anzeige im Formular.

Allerdings nur, wenn in unserem Beispiel eine ganze Zahl zwischen 1 und 6 eingegeben wurde. Vertippt man sich und gibt irgendeine Zahl ein, dann tut sich nichts: Der Anweisungsblock wird einfach übersprungen, weil die Bedingung **nicht** erfüllt wurde.

Doch was ist, wenn ich eine falsche Eingabe mit einer Bemerkung quittieren will? Denn ich habe ja in meiner Ressourcen-Datei noch einen String mit dem Text »Unsinn« liegen. Den möchte ich auch benutzen.

Und da kommt das Wörtchen else ins Spiel (auf Deutsch »sonst«). Nehmen wir zuerst ein einfaches Beispiel:

```
if (Zensur == 1)
  Anzeige1.setText(R.string.Sehr_gut);
else Anzeige1.setText(R.string.Schlecht);
```

In diesem Falle würde bei einer Eingabe von 1 der Text »Sehr gut« angezeigt, in allen (!) anderen Fällen käme die Meinung »Schlecht« (was sicher zu strenge Maßstäbe wären).

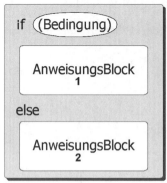
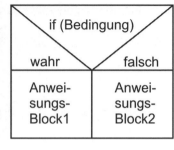

Und das bedeutet es:

> WENN eine bestimmte Bedingung erfüllt ist,
> dann soll ein Anweisungsblock ausgeführt werden.
> WENN sie **nicht** erfüllt ist (= SONST),
> dann soll ein **anderer** Anweisungsblock ausgeführt werden.

Die **Bedingung** ist hier:

```
(Zensur == 1)
```

Und im ersten **Anweisungsblock** steht:

```
Anzeige1.setText(R.string.Sehr_gut);
```

Die führt dein Smartphone aus, wenn die Bedingung erfüllt ist. Wenn **nicht**, kommt der zweite **Anweisungsblock** dran. Dort steht:

```
Anzeige1.setText(R.string.Schlecht);
```

Ebenso wie beim einfachen if spricht man auch hier von **Verzweigung**.

Ohne else müsste es so heißen:

```
if (Zensur == 1)
   Anzeige1.setText(R.string.Sehr_gut);
if (Zensur != 1)
   Anzeige1.setText(R.string.Schlecht);
```

Und hier taucht noch ein **Vergleichsoperator** auf, diesmal ist es eine Kombination aus Ausrufezeichen und Gleichheitszeichen (!=). Das ist der Operator für »ungleich«. Wie setzen wir unsere neuen Erkenntnisse nun im Zeugnis-Projekt um? Etwa so?

```
if (Zensur == 1)
   Anzeige1.setText(R.string.Sehr_gut);
if (Zensur == 2)
   Anzeige1.setText(R.string.Gut);
if (Zensur == 3)
   Anzeige1.setText(R.string.Befriedigend);
if (Zensur == 4)
   Anzeige1.setText(R.string.Ausreichend);
if (Zensur == 5)
   Anzeige1.setText(R.string.Mangelhaft);
if (Zensur == 6)
   Anzeige1.setText(R.string.Ungenuegend);
else Anzeige1.setText(R.string.Unsinn);
```

≫ Probiere es aus und untersuche, was genau passiert.

Ziemlicher Unsinn, denn nur wenn man eine 6 eingibt, kommt auch »Ungenügend« heraus, sonst aber immer nur »Unsinn«.

Wenn du genau hinschaust, dann siehst du, dass das daran liegt, dass der obige Quelltext Unsinn ist. Es ist nicht wirklich falsch, was da steht, denn die App läuft ja. Doch nicht so, wie sie soll.

> Man sagt auch: Die **Syntax** stimmt, das Programm hat keine Syntaxfehler. Das ist so wie in einem Dokument, in dem es keine Rechtschreibfehler gibt. Womit es trotzdem einen blödsinnigen Inhalt haben kann.
>
> Ohne Syntaxfehler läuft ein Programm zwar, aber es kann **logische** Fehler haben: Dann ist irgendwas, das es tut, unsinnig. Logische Fehler sind oft schwer zu finden, vor allem, wenn ein Projekt sehr groß ist.

Das else gehört immer nur zu der if-Struktur, die direkt darüber steht. Sonst käme das Programm durcheinander. Wir müssen unseren Quelltext also schon mit ein paar mehr »elses« würzen (→ *Zensur2A*):

```
if (Zensur == 1)
    Anzeige1.setText(R.string.Sehr_gut);
else if (Zensur == 2)
    Anzeige1.setText(R.string.Gut);
else if (Zensur == 3)
    Anzeige1.setText(R.string.Befriedigend);
else if (Zensur == 4)
    Anzeige1.setText(R.string.Ausreichend);
else if (Zensur == 5)
    Anzeige1.setText(R.string.Mangelhaft);
else if (Zensur == 6)
    Anzeige1.setText(R.string.Ungenuegend);
else Anzeige1.setText(R.string.Unsinn);
```

≫ Passe den Quelltext entsprechend an und starte das Projekt erneut. Gib nacheinander jede Zahl von 1 bis 6 ein und dann auch z.B. 7.

Diesmal wird nur für falsche Zensuren »Unsinn« angezeigt.

VON FALL ZU FALL

So ein ständiges if (und dann vielleicht noch else) kann auch schon mal lästig werden. Aber es gibt in Java eine interessante Alternative, die du dir anschauen solltest (→ *Zensur2B*):

```
switch (Zensur) {
  case 1:
    Anzeige1.setText(R.string.Sehr_gut);
  case 2:
    Anzeige1.setText(R.string.Gut);
  case 3:
    Anzeige1.setText(R.string.Befriedigend);
  case 4:
    Anzeige1.setText(R.string.Ausreichend);
  case 5:
    Anzeige1.setText(R.string.Mangelhaft);
  case 6:
    Anzeige1.setText(R.string.Ungenuegend);
}
```

Das Ganze sieht aus wie eine Aufzählung. Eingeleitet wird sie durch das Wort switch, und jedem Anweisungsblock geht ein case voraus. Und wichtig ist, dass alles in geschweifte Klammern eingeschlossen wird.

Diese Struktur ist auch wieder eine **Kontrollstruktur**. Man spricht bei der switch-Struktur auch von **Fallunterscheidung** oder nennt sie ebenso wie die if-Struktur Verzweigung.

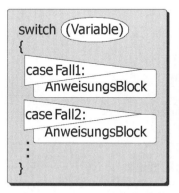
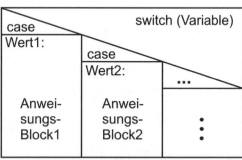

switch ist der Schalter, der eine Variable übernimmt. Und je nach Fall (case) wird zur entsprechenden Anweisung verzweigt.

Das, was ausgewertet wird, heißt hier Zensur (könnte aber auch Wert oder Zahl heißen):

```
switch (Zensur)
```

Es folgt die Liste aller Werte, die ausgewertet werden sollen, jeweils eingeleitet mit case und vom zugehörigen **Anweisungsblock** durch einen Doppelpunkt (**:**) getrennt.

> Auch hier könnten mehrere Anweisungen stehen, die dann mit geschweiften Klammern eingefasst werden müssen.

≫ Ändere das Programm entsprechend, indem du die if-Struktur komplett durch die switch-Struktur ersetzt. Dann lasse das Ganze laufen.

Offenbar gibt es Probleme. Die Tücken dieser Struktur werden in diesem Programmbeispiel sofort sichtbar, wenn du nicht gerade eine 6 wählst: Immerzu gibt es ein »Ungenügend«!

Da rutscht also etwas von Zweig zu Zweig durch. Es helfen also nur ein paar gezielte Bremsungen (→ *Zensur3*):

```
switch (Zensur) {
  case 1:
    Anzeige1.setText(R.string.Sehr_gut); break;
  case 2:
    Anzeige1.setText(R.string.Gut); break;
  case 3:
    Anzeige1.setText(R.string.Befriedigend); break;
  case 4:
    Anzeige1.setText(R.string.Ausreichend); break;
  case 5:
    Anzeige1.setText(R.string.Mangelhaft); break;
  case 6:
    Anzeige1.setText(R.string.Ungenuegend); break;
  default:
    Anzeige1.setText(R.string.Unsinn);
}
```

Mit einem break bleiben wir nun an der richtigen Abzweigung »hängen«. Und dann dürfte auch diese Programmvariante funktionieren.

Bei dieser Gelegenheit sollst du noch eine zusätzliche Möglichkeit kennenlernen, die dem else bei der if-Struktur entspricht: Mit default werden **alle** Werte bedient, die nicht in der case-Liste aufgeführt sind.

PUNKT FÜR PUNKT

Die nächste Version unseres Zensur-Projekts soll dir nun endlich die Möglichkeit geben, für eine eingegebene Punktzahl deine Zensur zu ermitteln. Ich orientiere mich dabei an dieser Aufteilung (und gehe dabei von ganzen Punktwerten aus):

Punkte von	Punkte bis	Zensur (Text)	Zensur (Zahl)
0	24	ungenügend	6
25	44	mangelhaft	5
45	59	ausreichend	4
60	74	befriedigend	3
75	89	gut	2
90	100	sehr gut	1

Du kannst natürlich diese Unterteilung nach Belieben ändern, wenn du willst. Ein neues Projekt ist nicht zwingend nötig. Wir bauen einfach die erste Zensur-App ein wenig um. Die hauptsächlichen Änderungen finden ohnehin nur in der Methode onClick() statt.

Beginnen wir ganz oben. Zuallererst muss dort der Name der Variablen nun Punkte statt Zensur lauten:

```
int Punkte = Integer.valueOf(Txt);
```

Und nun wird es etwas komplizierter, denn es geht ja nicht um eine Zahl, die überprüft werden soll, sondern um einen Zahlbereich. Schauen wir uns das am Beispiel der miesesten Zensur an:

```
WENN die Punktzahl zwischen 0 und 24 liegt,
zeige eine Sechs bzw. "Ungenügend" an.
```

Bequem wäre eine solche Lösung:

```
if (Punkte between 0 and 24)
  Anzeige1.setText(R.string.Ungenuegend);
```

Leider gibt es in Java so etwas wie between direkt nicht. Hier ist also schon wieder die Mathematik gefragt. Versuchen wir's mal so: Auf jeden Fall muss der Punktwert größer oder gleich 0 sein: Als Bedingung formuliert sieht das dann so aus:

```
(Punkte >= 0)
```

Außerdem sind es bei einer Sechs unter 25 Punkte. Das ergibt diese Bedingung:

```
(Punkte < 25)
```

Nun müssen wir beide noch miteinander verknüpfen. Das erledigt der Operator, der dem Wort »and« entspricht:

```
(Punkte >= 0) && (Punkte < 20)
```

Die Klammern sind sinnvoll, damit genau zu erkennen ist, was zur ersten und was zur zweiten Bedingung gehört!

Und jetzt das Ganze noch mal – für alle Zensuren. Damit sieht die onClicklistener-Struktur für den OkButton bei mir jetzt so aus (→ *Zensur4*).

```
OkButton.setOnClickListener(new View.OnClickListener() {
  @Override
  public void onClick(View v) {
    // Zahl übernehmen
    String Txt = Eingabe1.getText().toString();
    int Punkte = Integer.valueOf(Txt);
    // Zahl auswerten
    if ((Punkte >= 90) && (Punkte <= 100))
      Anzeige1.setText(R.string.Sehr_gut);
    if ((Punkte >= 75) && (Punkte < 90))
      Anzeige1.setText(R.string.Gut);
    if ((Punkte >= 60) && (Punkte < 75))
      Anzeige1.setText(R.string.Befriedigend);
    if ((Punkte >= 45) && (Punkte < 60))
      Anzeige1.setText(R.string.Ausreichend);
    if ((Punkte >= 25) && (Punkte < 45))
      Anzeige1.setText(R.string.Mangelhaft);
    if ((Punkte >= 0) && (Punkte < 25))
      Anzeige1.setText(R.string.Ungenuegend);
    if ((Punkte > 100) || (Punkte < 0))
      Anzeige1.setText(R.string.Unsinn);
  }
});
```

≫ Ändere den Text in deiner Datei *MainActivity.java* entsprechend um.

Viel Tipparbeit kannst du sparen, wenn du das EDIT-Menü zur Hilfe nimmst: Mit CUT oder COPY und PASTE erzeugst du so viele neue if-Strukturen wie nötig. Dann musst du nur ein paar Werte ändern.

Das Ganze geht natürlich auch mit den Tastenkombinationen ⌗Strg⌗+⌗X⌗, ⌗Strg⌗+⌗C⌗ und ⌗Strg⌗+⌗V⌗.

UND UND ODER - ODER?

Kriegst du alle Bedingungen zusammen? Schauen wir uns erst einmal die Zeichen an, die bei den verschiedenen Bedingungen neu aufgetaucht sind. Denn es geht ja jetzt nicht mehr um Gleichheit.

Am besten, ich fasse alles, was es an **Vergleichsoperatoren** gibt, in einer Tabelle zusammen:

Operator	Bedeutung	Operator	Bedeutung
==	gleich	!=	ungleich
<	kleiner	>=	größer oder gleich
>	größer	<=	kleiner oder gleich

Dabei stehen immer die Operatoren in einer Zeile, von denen der rechte jeweils das **Gegenteil** des linken ist.

Wenn du noch genauer hinsiehst, entdeckst du neben dem ständigen doppelten »&« (Tasten ⌗Shift⌗ ⌗6⌗) so ziemlich am Programmende noch ein doppeltes »|« (Tasten ⌗AltGr⌗ ⌗<⌗). Den Teil habe ich noch dazu gemogelt.

Diese beiden Symbole werden als **Verknüpfungsoperatoren** bezeichnet. Wie der Name schon sagt, sind sie sozusagen der Klebstoff, mit dem man mehrere Bedingungen zusammenfügen kann. Man sagt dazu auch UND-Operator bzw. ODER-Operator. Dabei haben sie diese Bedeutung:

Symbole	Name	Bedeutung
&&	UND (and)	Hier müssen **alle** Bedingungen erfüllt sein, damit der zugehörige Anweisungsblock ausgeführt wird.
||	ODER (or)	Hier muss **nur eine** Bedingung erfüllt sein, damit der zugehörige Anweisungsblock ausgeführt wird.

Klar ist, dass für alle Zensuren jeweils **beide** Bedingungen erfüllt sein müssen. Aber da ist ja noch eine weitere if-Anweisung:

```
if ((Punkte > 100) || (Punkte < 0))
  Anzeige1.setText(R.string.Unsinn);
```

Die ist für den Fall, dass du bei der Eingabe deiner Punkte mal schummelst: Mehr als 100 Punkte sind nämlich nicht erlaubt, daher die Bedingung

```
(Punkte > 100)
```

Negative Zahlen sind ebenfalls nicht zulässig, denn du sollst dich ja auch nicht schlechter als »Ungenügend« machen! Deshalb diese Bedingung:

```
(Punkte < 0)
```

Eine von beiden Bedingungen kann ja nur gelten. (Oder kennst du eine Zahl, die negativ **und** größer als 100 ist?) Also ist hier das »&&« fehl am Platz und muss dem »||« weichen.

Und jetzt ist es eigentlich an der Zeit, zu sehen, ob das Programm auch wirklich leistet, was es verspricht. Eine Kleinigkeit aber ist zuvor noch zu erledigen (oder ein paar, wenn du willst).

≫ Ändere den String für das Textfeld in *Gib deine Punkte ein:*. Vielleicht willst du auch alles so wie in meiner Datei *string.xml* anpassen (→ *Zensur4*):

activity_main.xml ×	c MainActivity.java ×	strings.xml ×	

Edit translations for all locales in the translations editor.

```
1  <resources>
2      <string name="app_name">Zensur</string>
3      <string name="Eingabe">Gib deine Punkte ein:</string>
4      <string name="Leer" />
5      <string name="OK">OK</string>
6      <string name="Sehr_gut">Sehr gut</string>
7      <string name="Gut">Gut</string>
8      <string name="Befriedigend">Befriedigend</string>
9      <string name="Ausreichend">Ausreichend</string>
10     <string name="Mangelhaft">Mangelhaft</string>
11     <string name="Ungenuegend">Ungenügend</string>
12     <string name="Unsinn">Unsinn</string>
13  </resources>
14
```

≫ Ja, und nun steht einem RUN nichts mehr im Wege. Teste das Programm mit verschiedenen Werten und gib auch mal ein paar Mogelzahlen ein.

ZUSAMMENFASSUNG

Das war's erst mal wieder. Doch ehe du dir eine wohlverdiente Ruhepause gönnst, wollen wir sehen, was von alledem noch hängen geblieben ist.

Zuerst ist da eine weitere Komponente (samt einer neuen Methode) aufgetaucht:

EditText	Eingabefeld, in dem man unter anderem Text oder Zahlen eingeben kann
getText()	Methode, die den Inhalt einer Komponente zurückgibt (ist beim Eingabefeld kein String)

Zum Umwandeln von Strings in Zahlen und umgekehrt kennst du diese Methoden:

Integer. valueOf()	Methode, um eine Zeichenkette (String) in eine Ganzzahl umzuwandeln
toString()	Methode, um eine Zahl in eine Zeichenkette (String) umzuwandeln

Und dann ging es um Bedingungen. Du weißt, dass jede Bedingung ihre runden Klammern benötigt. Aber du kennst auch eine Menge neuer Schlüsselwörter und Operatoren von Java:

if	WENN eine Bedingung erfüllt ist
else	SONST (= wenn eine Bedingung nicht erfüllt ist)
switch	SCHALTE um auf einen Anweisungsblock
case	FALLS eine Variable einen bestimmten Wert hat
break	ABBRUCH, damit eine Variable nicht zu den anderen Zweigen »durchrutscht«
default	ANDERNFALLS (= wenn keine andere Bedingung erfüllt ist)
==	Testen, ob gleich
!=	Testen, ob ungleich
<	Testen, ob kleiner
<=	Testen, ob kleiner oder gleich
>	Testen, ob größer
>=	Testen, ob größer oder gleich
=	Einer Variablen etwas zuweisen (nur zur Erinnerung)
&&	Bedingungen verknüpfen (UND): Alle müssen erfüllt sein.
||	Bedingungen verknüpfen (ODER): Eine muss erfüllt sein.

ZWEI FRAGEN ...

1. Was ist der Unterschied zwischen Vergleichs- und Verknüpfungsoperatoren?

2. Lässt sich die if-Struktur im Projekt *Zensur4* auch durch eine switch-Struktur ersetzen?

... UND EINE AUFGABE

1. Ersetze in einem der Mathe-Projekte die unteren Textfelder durch Eingabefelder (EditText). Beim Programmlauf sollen zwei Zahlen eingetippt werden. Klickt man dann auf einen der Buttons für die Rechenarten, wird die Aufgabe berechnet.

6 GELD UND SPIELE

Wir beginnen hier mit dem Thema Geld. Dabei geht es natürlich auch wieder um Mathe. Reich werden kann man mit ein wenig Programmierung nicht, aber man kann ja mal so tun, als ob. Und dann sollten wir endlich auch spielen. Zwar nichts mit 3D-Grafik und Stereosound, nur ganz einfach. Aber Spaß machen kann es trotzdem.

In diesem Kapitel lernst du

◎ etwas über die Verwendung von do und while

◎ die Komponente SeekBar kennen

◎ etwas über OnSeekBarChangeListener

◎ die Methode onProgressChanged() kennen

◎ wie man setProgress() und getProgress() einsetzt

AUF DEM WEG ZUM MILLIONÄR

Wenn man sein Geld irgendwo anlegt und viele Jahre warten kann, dann kann sich ein ganz schönes Sümmchen ansammeln, vielleicht sogar eine ganze Million. Dein

Smartphone kann dir dabei helfen, herauszufinden, wann es so weit ist. Im nächsten Projekt geht es darum, dass du eine bestimmte Menge Geld anlegst und erfährst, wie lange es dauern kann, bis du mit dieser Investition zum Millionär wirst.

Wie man ein frisches Projekt bekommt, weißt du ja inzwischen. Deshalb die Anleitung in aller Kürze:

≫ Klicke auf CREATE NEW PROJECT, wähle einen Namen wie z.B. *Million1*. Dann klicke mehrmals auf NEXT und schließlich auf FINISH.

Bleiben wir bei der Kombination aus dem letzten Projekt mit Textfeld (TextView), Eingabefeld (EditText) und Schaltfläche (Button). Die folgende Anordnung dürfte dir nicht neu sein:

Im Grunde genommen sieht es aus wie das Zensur-Projekt, nur dass der Titel ein anderer ist und im Anzeigefeld ein anderer Text steht.

≫ Sorge dafür, dass das Textfeld möglichst breit und hoch wird, denn der angezeigte Text darin wird später zweizeilig sein müssen. (Es sei denn, du begnügst dich mit einer kleinen Schrift.)

≫ Als Nächstes erstellst du das Eingabefeld (EditText) und setzt es mittig unter das Textfeld. Breite und Schrift sollten großzügig bemessen sein. Sorge dafür, dass sowohl im Anzeigefeld als auch im Eingabefeld der Text zentriert ist.

≫ Zuletzt setzt du noch den Button fürs OK ein.

Nun kümmern wir uns um den Textanteil in der Datei *strings.xml*. Da müssen wir einiges an Text unterbringen, den wir zum Teil erst später brauchen.

≫ Den Quelltext solltest du dort so anpassen (→ *Million1*):

```
<resources>
  <string name="app_name">Millionärsgenerator</string>
  <string name="Geldanlage">Wie viel Geld willst du anlegen?</string>
  <string name="Leer"> </string>
  <string name="Laufzeit">So viele Jahre muss dein Geld auf der Bank b
raten:</string>
  <string name="OK">OK</string>
</resources>
```

Ich habe hier den Titel etwas länger gemacht. Er muss ja nicht den Namen des Programms tragen. (Alle string-Vereinbarungen müssen in **einer** Zeile stehen!)

Falls du dich über den vereinbarten Leerstring wunderst: Zulässig ist beides:

```
<string name="Leer"> </string>
<string name="Leer" />
```

Dass die Hauptarbeit auch hier wieder bei der onClick-Methode für den Button liegt, dürfte klar sein. Den Anfang machen wir aber mit diesen globalen Vereinbarungen:

```
private float Kapital, Zinsen, Prozent;
private int Laufzeit;
```

Das sind eine Menge Variablen, die da auf dich zukommen. Weil es hier um Euro und Cent geht, brauchen wir für Kapital, Zinsen und Prozent einen neuen Datentyp.

int als Typ für ganze Zahlen kennst du bereits. Der genügt für die Laufzeit, weil wir nur in ganzen Jahren rechnen. float ist der Typ für Dezimalzahlen.

Zuerst wird eingegeben, wie viel Geld du anlegen willst (Kapital). Dann muss der Computer auch noch wissen, wie hoch der Zinssatz ist (Prozent). Den geben wir mal großzügig mit 5% vor.

Erst jetzt können die Zinsen berechnet werden. Dazu ist ein bisschen Zinsrechnung nötig. Falls du das noch nicht im Matheunterricht gehabt (oder wieder vergessen) hast, ist das nicht weiter schlimm. Glaube mir einfach, dass meine Formel stimmt. Was passiert nun im Einzelnen?

Zunächst werden die Zinsen berechnet, die in einem Jahr anfallen:

```
Zinsen = Kapital * Prozent / 100;
```

Dann werden sie zum Kapital dazugezählt:

```
Kapital = Kapital + Zinsen;
```

Hier siehst du, dass Zuweisung (=) und Gleichheit (==) nichts miteinander zu tun haben müssen: Hier wird nämlich auf der rechten Seite der aktuelle Wert einer Variablen geändert und dann an die Variable neu zugewiesen.

Als Gleichung könnte man Kapital = Kapital + Zinsen; nur bezeichnen, wenn Zinsen == 0 wäre.

Diese Anweisungen soll der Computer nun so lange wiederholen, bis er die Million erreicht hat. Und weil es bei jeder Wiederholung ein Jahr mehr wird, muss die Laufzeit dabei um 1 erhöht werden:

```
Laufzeit++;
```

Das ist die Kurzform von

```
Laufzeit = Laufzeit + 1;
```

WHILE ODER DO-WHILE?

Wiederholen? Brauchen wir dazu nicht eine ganz neue Struktur? Mit den bisherigen Mitteln kriegen wir das nicht hin. Eine Wiederholung in Java sieht so aus:

```
while (Kapital < 1000000) {
  Zinsen = Kapital * Prozent / 100;
  Kapital = Kapital + Zinsen;
  Laufzeit++;
}
```

Nehmen wir das gleich mal unter die Lupe:

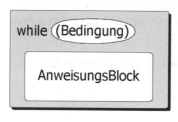
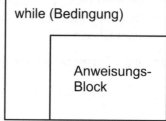

Zu Deutsch heißt das:

> SOLANGE eine bestimmte Bedingung erfüllt ist,
> soll der Computer einen Anweisungsblock WIEDERHOLEN.

Hier heißt die **Bedingung**:

```
(Kapital < 1000000)
```

Im **Anweisungsblock** stehen die Anweisungen zur Zins- und Kapitalberechnung. Und weil das hier gleich mehrere sind, müssen wir dem Computer klarmachen, wo genau der Anweisungsblock aufhört, indem wir ihn in geschweifte Klammern setzen:

```
{
  Zinsen = Kapital * Prozent / 100;
  Kapital = Kapital + Zinsen;
  Laufzeit++;
}
```

> Diese Klammerung ist vergleichbar mit der mehrzeiligen if-Struktur. So wird eindeutig markiert, wo ein Anweisungsblock beginnt und wo er endet.

Das Ganze nennt man while-Struktur. Eine weitere **Kontrollstruktur** – ebenso wie die folgende. Womit wir das Thema gleich in einem Abwasch erledigen:

```
do {
  Zinsen = Kapital * Prozent / 100;
  Kapital = Kapital + Zinsen;
  Laufzeit++;
}
while (Kapital < 1000000);
```

Ebenso wie bei while spricht man auch hier von einer **Schleife**. Sieht im ersten Moment doch fast genauso aus wie die while-Struktur. Aber eben nur fast.

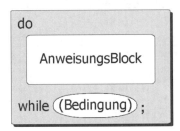

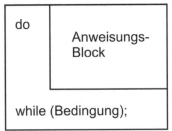

Und das heißt zu Deutsch:

> Der Computer soll einen Anweisungsblock WIEDERHOLEN,
> SOLANGE eine bestimmte Bedingung erfüllt ist.

Der einzige Unterschied besteht darin, dass im einen Fall (while) die Bedingung am **Anfang** der Schleife steht, im anderen Fall (do-while) am **Ende**.

Und hier ist der komplette Quelltext für die Button-Struktur (→ *Million1*):

```java
OkButton.setOnClickListener(new View.OnClickListener() {
  @Override
  public void onClick(View v) {
    // Startwerte setzen
    String Txt = Eingabe1.getText().toString();
    Kapital = Float.valueOf(Txt);
    Prozent = 5;
    Laufzeit = 0;
    // Jahr für Jahr berechnen
    while (Kapital < 1000000) {
      Zinsen = Kapital * Prozent / 100;
      Kapital = Kapital + Zinsen;
      Laufzeit++;
    }
    Anzeige1.setText(R.string.Laufzeit);
    Eingabe1.setText(Integer.toString(Laufzeit));
  }
});
```

Den Zinssatz habe ich hier großzügig auf 5% festgelegt. Und wie du siehst, haben wir für die Umwandlung eines Strings in eine Dezimalzahl mit Float.valueOf() eine neue Methode verwendet.

≫ Tippe die Definition der Klick-Struktur für den OK-Button im Quelltext von *MainActivity.java* ein.

≫ Vergiss nicht die Vereinbarung der Variablen Kapital, Prozent, Zinsen und Laufzeit!

≫ Und weil wir es ja hier wieder mit von uns neu hinzugefügten Komponenten zu tun haben, musst du auch deren Vereinbarungen mit ins Boot nehmen (→ *Million1*):

```java
final TextView Anzeige1 =
  (TextView) findViewById(R.id.textView);
final EditText Eingabe1 =
  (EditText) findViewById(R.id.editText);
Button OkButton = (Button) findViewById(R.id.button);
```

≫ Starte das Programm und teste es mit beliebig vielen Werten für Kapital (natürlich kannst du auch den Zinssatz nach Belieben ändern, hier aber nur direkt im Quelltext).

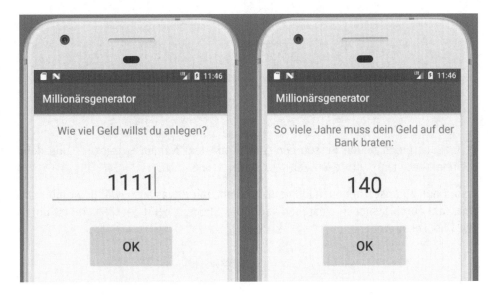

ICH DENKE MIR EINE ZAHL

Und nun nach der Arbeit mit dem Geld endlich ein Spiel: Das Smartphone denkt sich eine Zahl aus – sagen wir, zwischen 1 und 1000. Und du hast die Aufgabe, diese Zufallszahl mit möglichst wenigen Versuchen zu erraten. Dabei muss dein Smartphone eigene Entscheidungen treffen, natürlich unter deiner Kontrolle.

≫ Schließe das alte Projekt und erzeuge ein neues, dem du einen Namen wie z.B. *Raten1* gibst.

Was brauchen wir jetzt? Ein Textfeld für Informationen, einen Button für das OK, wenn wir unsere Zahl eingegeben haben. Und ein Eingabefeld?

Damit hätte das Ganze eine gewisse Ähnlichkeit mit den beiden letzten Projekten. Aber warum probieren wir nicht mal eine neue Komponente aus? Welche, das wirst du bald sehen.

≫ Sorge dafür, dass das Anzeigefeld auch hier möglichst breit und hoch wird, denn wir brauchen von Anfang an zwei Zeilen.

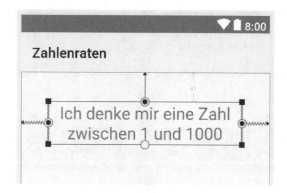

≫ Erzeuge einen neuen Ressourcen-String mit dem Namen Spielstart und dem Inhalt Ich denke mir eine Zahl zwischen 1 und 1000.

Ja und nun zu unserem neuen Element. Ich habe mir etwas ausgewählt, womit man eine Zahl durch Schieben einstellen kann. Das Element heißt SeekBar und ist unter den WIDGETS zu finden.

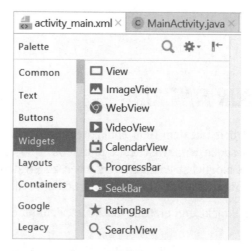

≫ Klicke also auf den Eintrag SEEKBAR und setze im Display die Komponente (mittig) ein. Lege für LAYOUT_WIDTH den Wert MATCH_CONSTRAINT fest, damit die Komponente die ganze Breite ausfüllt.

Für LAYOUT_WIDTH und LAYOUT_HEIGHT legst du mit MATCH_CONSTRAINT fest, dass die Größe einer Komponente sich nach der Größe des jeweiligen Displays richtet und sie in Breite oder Höhe weitgehend ausfüllt (abhängig davon, ob du zusätzliche Ränder über das Symbol darüber definierst).

Man kann also auch sagen: MATCH_CONSTRAINT bedeutet maximal groß. Das Gegenteil ist WRAP_CONTENT, damit bekommt eine Komponente die minimal mögliche Breite oder Höhe.

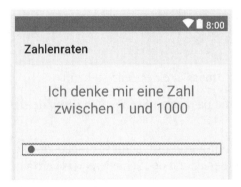

Damit man weiß, was man mit diesem Schieberegler anfangen kann, sollte darunter ein weiterer Text stehen.

≫ Erzeuge eine weitere Anzeigefläche (TextView) und dazu einen Ressourcen-String mit dem Namen Rate_Mal und dem Inhalt »Rate mal!«

Und zu guter Letzt fügst du noch einen Button hinzu.

≫ Sorge dafür, dass der Text in den beiden Anzeigefeldern zentriert ist.

Damit hätten wir eigentlich alles zusammen. Fast. Es fehlen noch ein paar Strings. So sollte die Datei *string.xml* aussehen (→ *Raten1*):

```
<resources>
  <string name="app_name">Zahlenraten</string>
  <string name="Spielstart">Ich denke mir eine Zahl zwischen 1 und 100
0</string>
  <string name="Rate_mal">Rate mal!</string>
  <string name="Zu_gross">Zu groß!</string>
  <string name="Zu_klein">Zu klein!</string>
  <string name="Richtig">Richtig!</string>
```

```
    <string name="Leer"> </string>
    <string name="OK">OK</string>
</resources>
```

(Der Text zu Spielstart **muss** in einer Zeile stehen!)

≫ Und nun erzeuge die passenden Strings und verbinde sie soweit nötig mit den Komponenten.

Wenn du mit dem Design fertig bist, solltest du das Projekt schon einmal starten, auch um dich mit der Bedienung des Schiebereglers vertraut zu machen.

ZU GROSS, ZU KLEIN

Jetzt geht es weiter im Quelltext von *MainActivity.javA*. Dort gibt es zuerst einige Variablen zu vereinbaren.

≫ Ergänze die Methode onCreate() um diese Vereinbarungen (→ *Raten2*):

```
final TextView Anzeige1 =
  (TextView) findViewById(R.id.textView);
final TextView Anzeige2 =
  (TextView) findViewById(R.id.textView2);
final SeekBar Schieber =
  (SeekBar) findViewById(R.id.seekBar);
Button OkButton = (Button) findViewById(R.id.button);
```

≫ Und auch hier musst du dafür sorgen, dass alle benötigten Bibliotheken eingebunden sind. Neu ist android.widget.SeekBar.

Als Nächstes binden wir wieder die uns schon vertraute `OnClickListener`-Struktur für den Button ein:

```
OkButton.setOnClickListener(new View.OnClickListener() {
  @Override
  public void onClick(View v) {
    // Wert übernehmen
    int Wert = Schieber.getProgress();
    // Wert anzeigen
    Anzeige2.setText(String.valueOf(Wert));
  }
});
```

Mehr nicht? Nein, fürs Erste reicht das.

≫ Tippe das Ganze ein und lasse dann das Programm laufen. Und bewege den Schieberegler, dann klicke auf OK.

Wie du siehst, wird eine Zahl angezeigt, die von der Position des Schiebers abhängt. Das Maximum ist derzeit 100, doch das wollen wir gleich ändern:

≫ Ergänze direkt unter den Variablenvereinbarungen:

```
Schieber.setMax(1000);
```

Mit `setMax()` setzt du den Maximalwert, den der Schieberegler erzeugen kann.

Schauen wir uns jetzt an, was die `onClick`-Methode zu bieten hat. Es sind ja nur diese zwei Zeilen:

```
int Wert = Schieber.getProgress();
Anzeige2.setText(String.valueOf(Wert));
```

Zuerst wird über getProgress() der Wert zurückgegeben, den der Regler aktuell hat. Da das eine Zahl ist, brauchen wir in der ersten Zeile noch keine Umwandlungsfunktionen zu bemühen. Doch für die Anzeige brauchen wir wieder einen String (das erledigt die zweite Zeile).

> Hier hast du nun ein Beispiel, wie man mit valueOf() aus einer Zahl einen String macht.

Wir wollen natürlich schon noch ein bisschen mehr. Die App soll uns sagen, ob wir mit unserer Zahl richtig liegen. Dazu brauchen wir eine weitere variable Zahl, die global vereinbart werden muss:

```
private int Zahl;
```

```
public class MainActivity extends AppCompatActivity {

    private int Zahl;

    @Override
    protected void onCreate(Bundle savedInstanceState) {
        super.onCreate(savedInstanceState);
        setContentView(R.layout.activity_main);
```

Um zu ermitteln, ob wir unsere Zahl gegebenenfalls verkleinern oder vergrößern müssen, brauchen wir eine Zusatzinformation. Die könnten diese drei Zeilen liefern:

```
if (Wert < Zahl)  Anzeige1.setText(R.string.Zu_klein);
if (Wert > Zahl)  Anzeige1.setText(R.string.Zu_gross);
if (Wert == Zahl) Anzeige1.setText(R.string.Richtig);
```

≫ Erweitere die onClick-Methode entsprechend und füge ganz oben die Vereinbarung von Zahl ein.

```
OkButton.setOnClickListener(new View.OnClickListener() {
    @Override
    public void onClick(View v) {
        // Wert übernehmen
        int Wert = Schieber.getProgress();
        // Wert anzeigen
        Anzeige2.setText(String.valueOf(Wert));
        if (Wert < Zahl)  Anzeige1.setText(R.string.Zu_klein);
        if (Wert > Zahl)  Anzeige1.setText(R.string.Zu_gross);
        if (Wert == Zahl) Anzeige1.setText(R.string.Richtig);
    }
});
```

Doch das ist noch nicht alles, zusätzlich muss das Smartphone sich ja noch eine Zahl ausdenken, bevor das Spiel losgehen kann:

```
Random Zufall =  new Random();
Zahl = Zufall.nextInt(1000)+1;
Schieber.setMax(1000);
```

Während Zahl weiter oben außerhalb vereinbart werden muss, gehören diese drei Zeilen in die Methode onCreate() – aber nicht in onClick()!

```java
@Override
protected void onCreate(Bundle savedInstanceState) {
    super.onCreate(savedInstanceState);
    setContentView(R.layout.activity_main);
    // Komponenten
    final TextView Anzeige1 =
            (TextView) findViewById(R.id.textView);
    final TextView Anzeige2 =
            (TextView) findViewById(R.id.textView2);
    final SeekBar Schieber =
            (SeekBar) findViewById(R.id.seekBar);
    Button OkButton = (Button) findViewById(R.id.button);

    // Zufallszahl
    Random Zufall =  new Random();
    Zahl = Zufall.nextInt( bound: 1000)+1;
    Schieber.setMax(1000);
```

≫ Lasse das Spiel jetzt mal so laufen und probiere aus, ob du die richtige Zahl herauskriegst.

FEINTUNING

Also, mir ist es erst gar nicht und dann wohl eher mit viel Glück gelungen, eine Zahl zu erraten. Die Einstellung ist für mich einfach zu grob. Man müsste zusätzlich noch eine Feinjustierung an der Zahl vornehmen können, also sozusagen in Einzelschritten rauf- oder runterzählen können.

Wie wäre es mit zwei zusätzlichen Schaltflächen? Womit das Layout so aussehen könnte (→ *Raten3*):

≫ Ergänze das Projekt um zwei Buttons, die mit diesen Strings verknüpft sind (*strings.xml*):

```
<string name="Plus">+</string>
<string name="Minus">-</string>
```

≫ Erweitere in *MainActivity.java* die Vereinbarungen um die zwei neuen Elemente:

```
Button MinusButton =
   (Button) findViewById(R.id.button2);
Button PlusButton =
   (Button) findViewById(R.id.button3);
```

Und nun kommen die OnClickListener-Strukturen, für jeden neuen Button eine (→ *Raten3*):

```
MinusButton.setOnClickListener
   (new View.OnClickListener() {
   @Override
   public void onClick(View v) {
      // Wert runterzählen und setzen
      Wert--;
      Anzeige2.setText(String.valueOf(Wert));
      Schieber.setProgress(Wert);
   }
});

PlusButton.setOnClickListener
```

```
(new View.OnClickListener() {
@Override
public void onClick(View v) {
    // Wert raufzählen und setzen
    Wert++;
    Anzeige2.setText(String.valueOf(Wert));
    Schieber.setProgress(Wert);
  }
});
```

≫ Tippe auch diese Zeilen ein.

Und schon sieht Android Studio wieder mal rot? Eigentlich klar, dass die Variable
Wert unbekannt ist, oder? Sie wurde ja nur lokal in der onClick-Methode von
OKButton vereinbart. Das Problem aber lässt sich leicht und schnell lösen.

≫ Vereinbare auch Wert ganz oben, dort, wo du schon Zahl vereinbart hast:

```
private int Wert, Zahl;
```

≫ Dann lösche in OkButton.setOnClickListener das int vor dieser Zuweisung:

```
Wert = Schieber.getProgress();
```

Was bewirkt jetzt ein Klick auf die beiden neuen Komponenten? Beim PLUSBUTTON
passiert das:

```
Wert++;
```

Der Wert der Variablen wird um eins erhöht, also z.B. wird aus 368 die Zahl 369
usw. Das Umgekehrte passiert beim MINUSBUTTON:

```
Wert--;
```

Natürlich muss der neue Wert in den onClick-Methoden nicht nur angezeigt, sondern auch der Schiebregler angepasst werden. Das geschieht mit der Methode set-
Progress():

```
Schieber.setProgress(Wert);
```

≫ Wenn du das jetzt alles zusammenbekommen hast, dann musst du das Programm nur noch starten. Und natürlich spielen. Erst mit dem Schieberegler, um
die Gegend zu finden, in der die gesuchte Zahl liegt. Dann kannst du sie mit den
Schaltflächen für Plus und Minus »einkreisen«.

SCHIEBUNGEN

Wo wir schon beim Tunen sind: Warum muss man eigentlich erst auf den OK-Button klicken, ehe man zu sehen bekommt, was man mit dem Schieberegler eingestellt hat? Ist es nicht möglich, den betreffenden Wert direkt beim Schieben anzuzeigen?

So etwas wie onClick() wäre hier nicht angebracht. Während diese Methode auf das Anklicken bzw. Antippen einer Komponente reagiert, brauchen wir eine Methode, die Veränderungen aufnimmt und auswertet. Zum Beispiel beim Schieben eines Schiebereglers.

Beim Stöbern nach geeigneten Methoden stößt man auf ein passendes Exemplar namens onProgressChanged(). Auch hier gibt es ein Listener-Interface, das den langen Namen OnSeekBarChangeListener trägt.

Eine Struktur für unser Schieber-Objekt könnte dann eigentlich so aussehen wie bei den Buttons. Schauen wir uns deren Form ohne Inhalt noch einmal an:

```
Button.setOnClickListener(new View.OnClickListener() {
  @Override
  public void onClick(View v) {
  }
});
```

Und das wäre dann die Entsprechung für die SeekBar:

```
Schieber.setOnSeekBarChangeListener
(new OnSeekBarChangeListener() {
  @Override
```

```
    public void onProgressChanged
      (SeekBar s, int progress, boolean b) {
    }
  }):
```

Sieht doch ziemlich ähnlich aus, oder? Die Methode übernimmt gleich einige Parameter, von denen für uns der mittlere wichtig ist: progress ist der Wert, den der Schieber aktuell hat.

Wenn wir nun die Methode füllen und damit vervollständigen wollen, müssen wir uns nur bei der onClick-Methode von OkButton bedienen. Die lässt sich nun so kürzen (→ *Raten4*):

```
public void onClick(View v) {
  // Zahl auswerten
  if (Wert < Zahl) Anzeige1.setText(R.string.Zu_klein);
  if (Wert > Zahl) Anzeige1.setText(R.string.Zu_gross);
  if (Wert == Zahl) Anzeige1.setText(R.string.Richtig);
}
```

Damit hat diese Methode nur noch die Aufgabe, den vom Spieler eingestellten Wert mit der Zufallszahl des Smartphones zu vergleichen. Und die neue Methode sieht dann so aus:

```
public void onProgressChanged
  (SeekBar s, int progress, boolean b) {
  Wert = progress;
  Anzeige2.setText(String.valueOf(progress));
}
```

Weil wir den Schieberwert direkt abgreifen können, ist diese Zuweisung **nicht** mehr nötig:

```
Wert = Schieber.getProgress();
```

≫ Ergänze den Quelltext um die OnSeekBarChangeListener-Struktur und kürze die onClick-Methode entsprechend.

Das neue Interface benötigt eine Extra-Import-Zeile (obwohl die SeekBar-Bibliothek schon importiert wurde):

```
import android.widget.SeekBar.OnSeekBarChangeListener;
```

≫ Ergänze die import-Anweisungen entsprechend!

≫ Und nun solltest du versuchen, das Programm zu starten.

Stimmt irgendetwas nicht? Haben wir etwas falsch gemacht?

```
 activity_main.xml ×     © MainActivity.java ×      strings.xml ×
49              Schieber.setOnSeekBarChangeListener
50                  (new SeekBar.OnSeekBarChangeListener() {
51                      @Override
52                      public void onProgressChanged
53                          (SeekBar s, int progress, boolean b) {
54                          Wert = progress;
55                          Anzeige2.setText(String.valueOf(progress));
56                      }
57                  });
```

```
Build   Sync
    ✓  ❗ Build: build failed    at 01.07.2018 18:24  with 1 error
    ✓  ❗ Java compiler:   (1 error)
        ✓   ▌ D:/Android/Projekte/Raten4  (1 error)
            ✓   ▌ app/src/main/java  (1 error)
                ✓   ▌ com/example/boss/raten1/MainActivity.java   (1 error)
                    ❗ error: <anonymous com.example.boss.raten1.MainActivity$2> is not abstract
```

Dass sich die seltsame Fehlermeldung auf unsere neue Struktur bezieht, ist wohl offensichtlich. Aber was genau ist da gemeint?

Wenn du das Wort OnSeekBarChangeListener markierst und mit der Maus darauf zeigst, dann bekommst du ein paar genauere Informationen, die ich mal völlig frei übersetzen will: Die Klasse, die wir benutzen wollen, muss von uns vollständig definiert sein, darf also nicht nur die Methode onProgressChanged(), sondern muss alle Methoden von OnSeekBarChangeListener enthalten. Das sind glücklicherweise nur drei und die beiden anderen sind auch schon aufgeführt.

```
    🔦       Schieber.setOnSeekBarChangeListener(new OnSeekBarChangeListener() {
 Class 'Anonymous class derived from OnSeekBarChangeListener' must either be declared abstract or implement abstract
 method 'onStartTrackingTouch(SeekBar)' in 'OnSeekBarChangeListener'
                 Wert = progress;
                 Anzeige2.setText(String.valueOf(progress));
             }
```

```
    🔦       Schieber.setOnSeekBarChangeListener(new OnSeekBarChangeListener() {
  Implement Methods   ride
             public void onProgressChanged(SeekBar s, int progress, boolean b) {
                 Wert = progress;
                 Anzeige2.setText(String.valueOf(progress));
             }
```

≫ Wenn es dir gelingt, klicke auf das kleine Lampen-Symbol links und dann auf IMPLEMENT METHODS. Wenn nicht, musst du diese Vereinbarungen selber eintippen.

Und hier ist die komplette Schieber-Struktur (→ *Raten4*):

```
Schieber.setOnSeekBarChangeListener
  (new OnSeekBarChangeListener() {
  @Override
  public void onProgressChanged
    (SeekBar s, int progress, boolean b) {
    // Zahl übernehmen und anzeigen
    Wert = progress;
    Anzeige2.setText(String.valueOf(progress));
  }

  @Override
  public void onStartTrackingTouch(SeekBar seekBar) {

  }

  @Override
  public void onStopTrackingTouch(SeekBar seekBar) {

  }
});
```

Grundsätzlich muss ein `Listener`-Interface, wie wir es bis jetzt verwendet haben, als komplette Einheit eingesetzt (implementiert) werden. Das heißt mit allen Methoden, auch wenn man nur eine einzige braucht. Bei `OnClickListener` gibt es **nur eine** Methode namens `onClick()`, deshalb klappte das in den bisherigen Projekten so gut.

Bei `OnSeekBarChangeListener` haben wir schon drei Methoden. Und wenn ein solches Interface oder eine solche Klasse zwölf Methoden hätte, dann müssten wir sie alle mit vereinbaren. Schwacher Trost: Es wird jeweils nur die »Hülle« der nicht benötigten Methoden definiert.

➤ Und nun ist es an der Zeit, das Spiel erneut zu spielen. Starte das Projekt. Wenn du den Schieber verschiebst, siehst du den eingestellten Wert sofort.

Und erst nachdem du die Zahl (zusätzlich mithilfe der Zusatz-Buttons für Plus und Minus) gewählt hast, die du für die richtige hältst, klickst du auf OK.

NEUES SPIEL?

Dass diese App jedes Mal neu gestartet werden muss, wenn eine Zahl geraten wurde, das möchte ich hier nicht hinnehmen. Deshalb setzen wir auch gleich ein Zeichen, indem wir den OK-Button etwas verkleinern und nach rechts setzen und das Ganze durch einen weiteren Button ergänzen.

≫ Füge den NEU-Button ein (*activity_main.xml*) und ergänze die String-Ressourcen um einen passenden Neu-String (*string.xml*).

Weiter geht es in der Datei *MainActivity.java*: Dort muss der neue Button vereinbart werden und zusätzlich seine Klick-Struktur erhalten (→ *Raten5*):

```
Button NeuButton = (Button) findViewById(R.id.button4);

NeuButton.setOnClickListener(new View.OnClickListener() {
  @Override
  public void onClick(View v) {
    // Neue Zufallszahl erzeugen
    Zahl = Zufall.nextInt(1000)+1;
    Anzeige1.setText(R.string.Leer);
    Anzeige2.setText(R.string.Rate_mal);
  }
});
```

Mehr nicht? Nein, denn es geht ja nur um eine neue Zufallszahl, die geraten werden muss. Allerdings bringt die neue Zuweisung wieder eine Veränderung bei der Vereinbarung von Zufall mit sich.

Diese Zeile muss nun nach ganz oben zu den globalen Variablen verschoben und um ein »Vorwort« erweitert werden:

```
private Random Zufall =  new Random();
```

≫ Passe den Quelltext von *MainActivity.java* entsprechend an (→ *Raten5*).

```java
public class MainActivity extends AppCompatActivity {

    private int Wert, Zahl;
    private Random Zufall = new Random();

    @Override
    protected void onCreate(Bundle savedInstanceState) {
        super.onCreate(savedInstanceState);
        setContentView(R.layout.activity_main);
```

≫ Dann probiere das Spiel erneut aus. Diesmal darfst du so oft raten, wie du willst.

Muss ich noch erwähnen, dass du das Projekt Zahlenraten in all seinen Versionen von dieser Seite herunterladen kannst:

http://www.mitp.de/899

Und wenn du deine erste Spiele-App auf dem Smartphone ausprobieren willst, dann schau mal in **Anhang B**. Dort wird erklärt, wie man seine Apps von Android Studio aufs Smartphone bekommt.

ZUSAMMENFASSUNG

Nun hast du endlich dein erstes Spiel programmiert. An professionelle Produkte reicht es zwar nicht heran, doch es ist selbst gemacht – und das ist doch schon was! Und dabei gibt es einiges an Neuigkeiten.

Da wäre zuerst ein weiteres Interface, das gleich drei Methoden hat, von denen wir aber nur eine brauchen:

OnSeekBar ChangeListener	Interface für das Verändern von Schieberwerten
setOnSeekBar ChangeListener()	ein OnSeekBarChangeListener-Interface installieren
onProgressChanged()	Methode, die bei Veränderung einer Schiebeposition ausgeführt wird

Und eine neue Komponente ist dir über den Weg gelaufen (ebenfalls mit ein paar Methoden):

SeekBar	Schieberegler, mit dem man Zahlwerte einstellen kann
setMax()	Methode, um den Maximalwert eines Schiebereglers festzulegen
setProgress()	Methode, um den eingestellten Schieberwert zu setzen
getProgress()	Methode, um den eingestellten Schieberwert zu ermitteln

Du kennst jetzt schon drei Datentypen:

int	Ganze Zahl
float	Dezimalzahl
string	Zeichenkette

Zum Umwandeln von Strings in Zahlen kennst du eine Methode mehr:

Float.valueOf()	Methode, um eine Zeichenkette (String) in eine Dezimalzahl umzuwandeln
String.valueOf()	Methode, um eine Zahl in eine Zeichenkette (String) umzuwandeln

Auch in diesem Kapitel ging es um Bedingungen. Und dabei hast du noch mehr Java-Kontrollstrukturen kennengelernt:

while	SOLANGE eine Bedingung erfüllt ist, WIEDERHOLE etwas (Anweisungsblock).
do-while	WIEDERHOLE etwas (Anweisungsblock), SOLANGE eine Bedingung erfüllt ist.

EIN PAAR FRAGEN ...

1. Was ist der Unterschied zwischen while und do-while?

2. Wird der Anweisungsblock in einer while-Schleife immer ausgeführt?

3. Was passiert im Million-Projekt bei einer Eingabe von null als Startkapital?

4. Was geschieht beim Raten-Projekt, wenn wir die Zufallszahl direkt in onClick() erzeugen lassen?

... UND EIN PAAR AUFGABEN

1. Ersetze im Million-Projekt die while-Schleife durch eine do-while-Schleife.

2. Erweitere das Million-Projekt um ein zweites Eingabefeld für den Zinssatz. (Sinnvoll wäre auch eine zusätzliche Anzeige, die nach dem Zinssatz fragt.)

1. Programmiere das Raten-Projekt so um, dass man auf den OK-Button ganz verzichten kann.

2. Programmiere ein Raten-Projekt mit einem **Eingabefeld**, womit der Schieberegler und die zwei Zusatzbuttons (+/-) wegfallen.

7 ES BEWEGT SICH WAS

Bis jetzt kennst du von den vielen Komponenten nur wenige, aber die wichtigsten. Oder? Was ist mit Bildern? Damit haben wir uns bisher noch nicht beschäftigt, also wird es höchste Zeit. Deshalb erstellen wir hier ein Projekt, das Bilder nicht nur anzeigen, sondern auch mit bewegten Bildern umgehen kann.

In diesem Kapitel lernst du

◎ die Komponente ImageView kennen

◎ die Komponente ToggleButton kennen

◎ wie man Bilddateien in den Projekt-Ressourcen unterbringt

◎ wie man eine Figur auftauchen und verschwinden lässt

◎ die Klasse AnimationDrawable kennen

◎ etwas über das Bewegen einer Figur

◎ wie man ein Animations-»Drehbuch« schreibt

NEUE KOMPONENTEN

Bevor es ein Bild anzuzeigen gibt, muss es erst mal vorhanden sein. Möglichkeiten, an irgendein Bild zu kommen (und hier ist es zuerst egal, was für ein Bild du einsetzt), gibt es viele. Dabei sollte man allerdings auf das **Bildformat** achten.

Grundsätzlich akzeptiert Android mehrere Dateiformate. Du erkennst den Typ an der Kennung hinter dem Dateinamen:

BMP	Abkürzung von »Bitmap« inzwischen nur noch wenig verbreitetes Dateiformat, kann viele Millionen verschiedene Farben haben, lässt sich verlustfrei komprimieren, benötigt aber (sehr) viel Speicherplatz.
GIF	Abkürzung von »Graphics Interchange Format« im Internet verbreitet, kann nur 256 Farben haben, aber die Dateigröße ist (sehr) klein.
JPG	eigentlich JPEG, Abkürzung von »Joint Photographic Experts Group« sehr vielseitig einsetzbar, kann viele Millionen verschiedene Farben haben, fast beliebig komprimierbar (auch verlustfrei).
PNG	Abkürzung von »Portable Network Graphics« im Internet verbreitet, kann viele Millionen verschiedene Farben haben, verlustfrei komprimierbar, unterstützt auch Transparenz.

Ich empfehle das PNG-Format, denn da lässt sich eine sogenannte transparente Farbe festlegen, sodass Teile des Bildes dann durchsichtig sind. Das ist besonders nützlich, wenn beispielsweise eine Figur über einen Hintergrund wandern soll.

Für unser erstes Projekt auf diesem Gebiet ist es aber nicht wichtig, ob du ein Bild im PNG-Format verwendest. Genauso gut ist JPG. Auf andere Formate würde ich verzichten.

Besorgen wir uns also ein Bild. Das kannst du selber malen oder zeichnen. Oder du holst dir eines aus dem Internet.

Natürlich kannst du dir auch eines aus der Download-Datei und dort dem Ordner *Projekte\Bilder* holen. Das Paket zum Buch bekommst du unter
http://www.mitp.de/899

≫ Verlasse Android Studio (ohne es zu schließen).

Nun muss das Bild für unser Movie-Projekt in den Ordner kopiert werden, der bei mir *Movie1* heißt. Aber nicht direkt, sondern du musst dich erst zu einem ganz bestimmten Unterordner durchklicken:

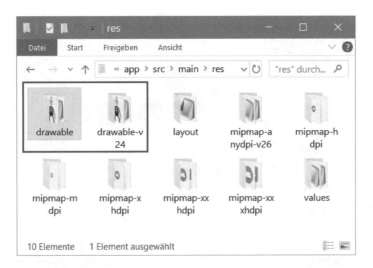

Zuerst kommt der Ordner *app*, dann *src*, dann *main*, dann *res*. Dort findest du Unterordner, deren Namen mit *drawable* beginnen.

≫ Kopiere dein Bild (oder deine Bilder) in den ersten Ordner. Du kannst es aber auch in allen *drawable*-Ordnern unterbringen.

Wie du siehst, heißt meine Bild-Datei *figur01.png*.

Damit hätten wir die Vorarbeiten abgeschlossen.

≫ Erzeuge nun ein neues Projekt und gib ihm den Namen *Movie1*.

Die Komponente, die wir hier brauchen, nennt sich ImageView und ist ein **Bildfeld**, das zunächst noch völlig leer ist.

≫ Suche im Paletten-Fenster links unter COMMON den Eintrag IMAGEVIEW und klicke darauf. Dann setze die Komponente (mittig) im Display ein.

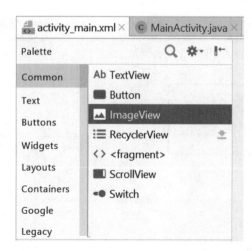

Das scheint nicht gleich zu klappen, denn erst einmal öffnet sich ein Fenster, das eine Ressource einfordert. (Etwas Ähnliches kennst du bereits, denn du hast ja bereits zahlreiche Strings für *strings.xml* erzeugt.)

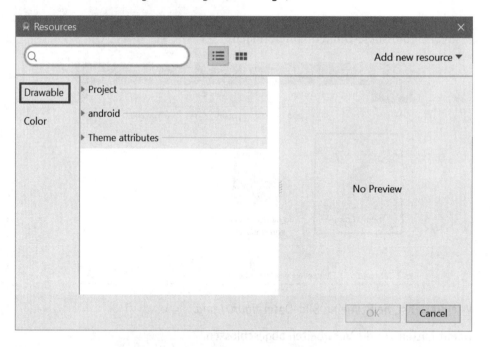

Wir haben unser Bild als Ressource im *drawable*-Ordner abgelegt, also sollten wir diese Option auch ganz links oben wählen.

≫ Klicke auf PROJECT und suche die passende Bild-Datei.

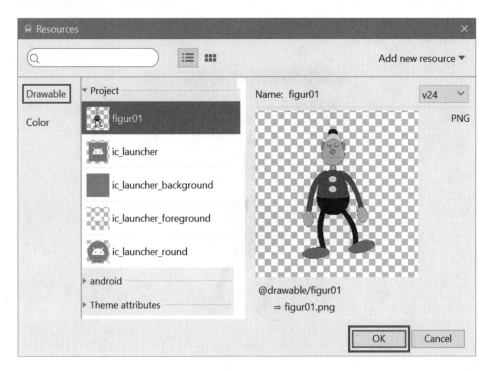

≫ Markiere die Datei (bei mir FIGUR01) und klicke dann auf OK.

≫ Weil wir ganz unten noch Platz für ein paar Buttons brauchen, verkleinerst du das Bild ein bisschen. Dann schiebst du es nach oben.

Nun fehlen uns noch zwei Schaltflächen, die sich den Platz in der unteren Reihe teilen müssen. Der eine Button soll das Bild quasi an- und ausschalten, also dafür sorgen, dass ein Bild erscheint oder verschwindet, der andere soll eine Animation starten oder stoppen.

Weil es für eine Aufschrift mit langen deutschen Wörtern ein bisschen eng wird, habe ich mich in diesem Fall für englische Begriffe entschieden. Wenn du deutsche Wörter willst, musst du die Schriftgröße entsprechend verkleinern. Später könnten wir aber auch Text durch Symbole ersetzen.

Auch hier möchte ich wieder einen neuen Komponententyp nutzen: Es geht mit normalen Buttons, aber Android bietet mit dem ToggleButton einen passenden **Ein-Aus-Schalter**, dessen Eigenschaften wir auch nutzen sollten.

≫ Suche im PALETTEN-Fenster unter BUTTONS den Eintrag TOGGLEBUTTON und klicke darauf. Dann füge die Komponente unten links ein.

≫ Setze einen weiteren Schalter rechts daneben. Lege dann die Maße und die Schriftgröße fest.

Nun brauchen wir einige Strings. Kümmern wir uns also um die Datei *strings.xml*, die so aussehen sollte (→ *Movie1*):

```
<resources>
  <string name="app_name">Movie</string>
  <string name="Show_it">Show</string>
  <string name="Hide_it">Hide</string>
  <string name="Move_it">Move</string>
  <string name="Stop_it">Stop</string>
</resources>
```

Wie erwähnt: Du kannst auch Wörter wie »Erscheinen«, »Verschwinden«, »Bewegen«, »Anhalten« benutzen.

≫ Passe den Quelltext in *strings.xml* entsprechend an.

Und nun kümmern wir uns wieder um unsere beiden neuen Komponenten.

≫ Dort suchst du nun im rechten ATRRIBUTES-Fenster die Einträge TEXTOFF und TEXTON und verknüpfst sie mit diesen Strings:

ToggleButton	Zustand	String-Name	Anzeigetext
SCHALTER1	textOff	Show_it	Show
	textOn	Hide_it	Hide
SCHALTER2	textOff	Move_it	Move
	textOn	Stop_it	Stop

≫ Wenn du willst, kannst du dein Projekt schon mal starten und auf die beiden Schalter klicken (oder tippen).

Bei jedem Klick ändern die beiden Komponenten ihre Aufschrift, darum müssen wir uns also nicht mehr kümmern.

SHOW AND HIDE

Nun müssen wir die Methoden für die neuen Umschalter definieren. Beginnen wir mit den Vereinbarungen für die Komponenten (→ *Movie 1*):

```
final ImageView Bild1 =
  (ImageView) findViewById(R.id.imageView);
ToggleButton Schalter1 =
  (ToggleButton) findViewById(R.id.toggleButton);
ToggleButton Schalter2 =
  (ToggleButton) findViewById(R.id.toggleButton2);
```

≫ Tippe das im Quelltext von *MainActivity.java* ein.

Beachte, dass wir hier zwei neue Bibliotheken benötigen:

```
import android.widget.ImageView;import android.widget.ToggleButton;
```

Für den ersten ToggleButton geht es darum, dass ein Bild gezeigt wird und wieder verschwindet. Die passende Struktur könnte dann so aussehen (→ *Movie 1*):

```
Schalter1.setOnClickListener(new View.OnClickListener() {
  @Override
  public void onClick(View view) {
    boolean An = ((ToggleButton) view).isChecked();
    if (An)
      Bild1.setVisibility(View.VISIBLE);
    else
      Bild1.setVisibility(View.INVISIBLE);
  }
});
```

≫ Tippe auch diesen Text komplett ein.

Es sind ja nicht viele Zeilen in der onClick-Methode, aber die muss man erst mal verstehen. Als Erstes lernst du hier gerade einen neuen Datentyp kennen:

```
boolean An = ((ToggleButton) view).isChecked();
```

Weil wir nur zwei Schaltzustände haben, ist boolean gerade richtig: Eine Variable dieses Typs kann nur die beiden Werte true oder false annehmen. Mehr brauchen wir hier auch nicht:

Wert	(auf Deutsch)	Bedeutung
true	wahr	eingeschaltet
false	falsch	ausgeschaltet

Man kann mit dieser Anweisung den Wert einer solchen Schaltvariablen quasi umschalten:

An = !An:

Das Ausrufezeichen (!) kehrt den Wert einer boolean-Variable um und kann übrigens auch eine Bedingung umkehren:

So bedeutet !(Nr == 5) dasselbe wie Nr != 5.

Man kann also auch von einem Nicht-Operator sprechen.

Den Schaltzustand unserer ToggleButtons übermittelt uns die Funktion isChecked(). Dazu wird der Parameter ausgewertet, den onClick() übernimmt. Der hat den Namen view, ist vom allgemeinen Typ View und wird durch (ToggleButton) view als Schalter erkennbar gemacht. (Ein bloßes An = view.isChecked() würde also nicht reichen.)

Weil ja in Java zwischen Groß- und Kleinschreibung unterschieden wird, sind view und View zwei verschiedene Wörter bzw. Namen. Ein View ist eine Basis-Komponente, TextView, Button und auch ToggleButton sind Verwandte, die nicht nur alles von View geerbt haben, sondern darüber hinaus noch weitere eigene Fähigkeiten besitzen. Deshalb muss klargestellt werden, um welchen View es sich jeweils handelt. Das geschieht mit der in Klammern davor gesetzten Typangabe.

Nachdem wir den Schalt-Wert der Variablen An zugewiesen haben, setzen wir das Bild auf sichtbar oder unsichtbar:

```
if (An)
  Bild1.setVisibility(View.VISIBLE);
```

```
else
  Bild1.setVisibility(View.INVISIBLE);
```

Das erledigt die Methode setVisibility(). Die beiden Wörter in Großbuchstaben sind die vordefinierten **Konstanten**: VISIBLE und INVISIBLE. (Zwei andere Konstanten kennst du schon: true und false.)

> Es gibt auch noch einen Zustand GONE. Dadurch verschwindet die Figur ebenfalls, doch im Unterschied zu INVISIBLE wird damit auch der Speicherplatz für das zugehörige Bild wieder freigegeben.

≫ Nun starte dein Projekt, um zu sehen, ob die Figur tatsächlich auch verschwindet und wieder auftaucht.

So ganz zufriedenstellend ist es aus meiner Sicht noch nicht, denn am Anfang wird SHOW angeboten, obwohl die Figur bereits sichtbar ist. Das lässt sich so beheben:

◇ Entweder wir machen die Figur beim Start erst mal unsichtbar, dazu müsstest du weiter oben unter den Komponenten-Vereinbarungen diese Zeile einfügen:

```
Bild1.setVisibility(View.INVISIBLE);
```

◇ Oder wir setzen den ersten Schalter anfangs auf HIDE:

```
Schalter1.setChecked(true);
```

```
// Komponenten
final ImageView Bild1 = (ImageView) findViewById(R.id.imageView);
ToggleButton Schalter1 = (ToggleButton) findViewById(R.id.toggleButton);
ToggleButton Schalter2 = (ToggleButton) findViewById(R.id.toggleButton2);

Schalter1.setChecked(true);
//Bild1.setVisibility(View.INVISIBLE);

// Methoden
Schalter1.setOnClickListener(new View.OnClickListener() {
    @Override
    public void onClick(View view) {
        boolean An = ((ToggleButton) view).isChecked();
        if (An)
            Bild1.setVisibility(View.VISIBLE);
        else
            Bild1.setVisibility(View.INVISIBLE);
    }
});
```

Ich bevorzuge die zweite Lösung, denn man sollte die Figur bereits am Anfang sehen können.

Und so sieht das Ganze dann aus, wenn die App auf dem Emulator läuft. Bei einem Klick auf HIDE verschwindet die Figur, bei erneutem Klick (auf SHOW) taucht sie wieder auf.

 Sind die Buttons nicht da, wo du sie gern hättest? Dann musst du gegebenenfalls die Verbindungen (CONSTRAINTS) zwischen den Komponenten lösen, diese neu ordnen und die Verbindungen neu herstellen.

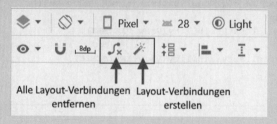

ANIMATION-XML

Kommen wir nun zum zweiten Button bzw. Schalter. Hier brauchen wir zwei Bilder, die abwechselnd gezeigt werden sollen, damit der Eindruck einer Bewegung entsteht.

Kopiere also zuerst ein passendes Bild in dieselben *drawable*-Ordner, in denen das andere liegt (über den Pfad *app\src\main\res*).

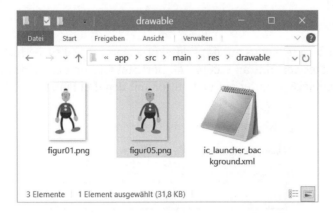

Ich gehe mal davon aus, dass du aktuell Elemente aus meiner Figuren-Reihe benutzt. Die erste Bilddatei hat den Namen *figur01.png*. Dazu passt die Datei *figur05.png*. Die Figur dort hat eine etwas andere Beinstellung. Wenn man beide Figuren mehrmals hintereinander anzeigt, dann sieht das nach einer Laufbewegung aus.

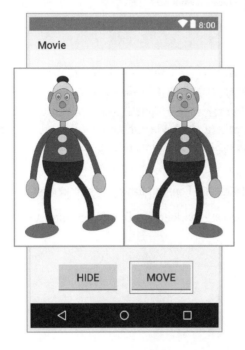

Wie kriegen wir nun diese beiden Bilder **abwechselnd** aufs Display? Eine Lösung finden wir in einer Klasse namens `AnimationDrawable`. Ein Objekt dieses Typs braucht eine Art Drehbuch (wie bei Film oder Fernsehen) und natürlich ein paar Bilder (mindestens zwei).

Die Bilder haben wir ja schon, das Drehbuch müssen wir noch schreiben. Der Text kommt in eine XML-Datei und die wird als Ressource in einem Ordner (z.B. *drawable*) abgelegt.

Bei der Erzeugung dieser Datei können wir so vorgehen:

> Klicke im DESIGN-Modus auf das Bildfeld (`ImageView`) und suche rechts im ATTRIBUTES-Fenster den Eintrag SRCCOMBAT. Dort steht schon der Name der aktuellen Bilddatei. Klicke dahinter auf den Button mit den drei Pünktchen.

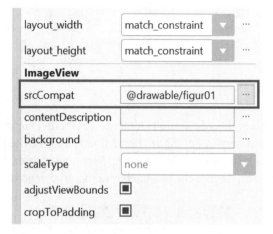

Willst du wissen, was das Kürzel **src** bedeutet? Das ist eine Abkürzung für **Source**. Das ist der englische Begriff für »Quelle«.

Im Ordner *src* sind unter anderem die Dateien mit unseren Programmtexten zu finden, z.B. *MainActivity.JAVA* oder *activity_main.xml*. Aber eben auch andere Ressourcen (wie zum Beispiel Strings oder Bilder).

Es öffnet sich das RESOURCES-Fenster, das du schon kennst.

Sorge dafür, dass DRAWABLE markiert ist. Dann klicke auf ADD NEW RESOURCE und NEW DRAWABLE FILE.

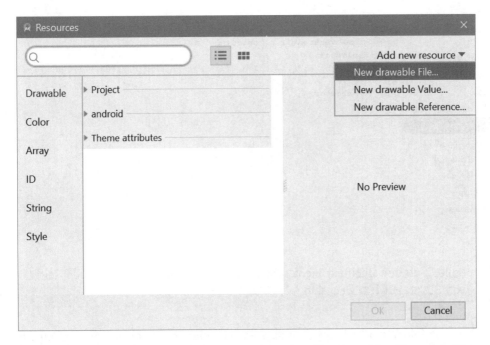

Im nächsten Dialogfeld trägst du ganz oben den Namen *animation* ein. Alles andere beachtest du nicht, sondern klickst auf OK.

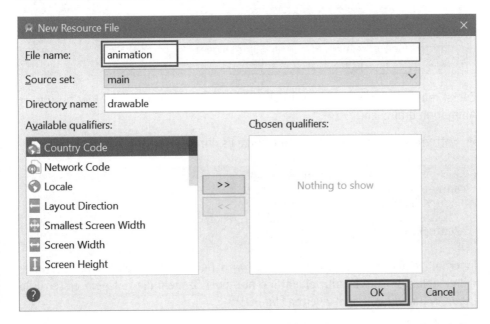

Und schon gibt es im Projekt mit *animation.xml* eine Datei mehr. Und die liegt im Ordner *drawable*.

 Solltest du den Quelltext nicht sehen, dann musst du über den unteren Reiter von DESIGN auf TEXT wechseln.

Aus dem folgenden Text, aus dem du wahrscheinlich nicht schlau wirst, sollen wir jetzt also ein Drehbuch für eine Animation machen:

```xml
<?xml version="1.0" encoding="utf-8"?>
<selector
  xmlns:android=
  "http://schemas.android.com/apk/res/android">
</selector>
```

Zuerst müssen wir den selector durch ein Element ersetzen, das wir hier für unsere Animation brauchen.

≫ Entferne das Wort selector und ersetze es durch animation-list:

```xml
<?xml version="1.0" encoding="utf-8"?>
<animation-list
  xmlns:android=
  "http://schemas.android.com/apk/res/android">
</animation-list>
```

Innerhalb einer solchen animation-list wird nun näher beschrieben, wie unser »Film« ablaufen soll. Es gibt eigentlich nur zwei Szenen, die mit dem ersten Bild (*figur01*) und die mit dem zweiten (*figur05*):

```xml
<item
  android:drawable="@drawable/figur01"
  android:duration="150" />
<item
```

```
    android:drawable="@drawable/figur05"
    android:duration="150" />
```

Wobei mit drawable das Bild gemeint ist (drawable bezeichnet eigentlich alles, was grafisch darstellbar ist). Und duration gibt die Dauer der Anzeige in Millisekunden an. Jedes der beiden Bilder wird also hintereinander für den Bruchteil einer Sekunde angezeigt. (Du kannst das später ändern, wenn dir die Animation zu schnell oder zu langsam erscheint.)

Etwas Wichtiges fehlt noch, nämlich diese Zeile, die ganz an den Anfang gehört:

```
    android:oneshot="false"
```

oneshot bestimmt, ob eine Szenenfolge nur einmal gezeigt oder immerzu wiederholt werden soll:

oneshot="true"	Bildfolge läuft einmal ab.
oneshot="false"	Bildfolge wiederholt sich.

Wichtig ist, dass die spitze Klammer vom Ende der oberen Zeile in die neue verschoben wird:

```
<animation-list
    xmlns:android="http://schemas.android.com/apk/res/android"
    android:oneshot="false">
    <item
```

Womit der gesamte Quelltext dann so aussieht (→ *Movie2*):

```
<?xml version="1.0" encoding="utf-8"?>
<animation-list
  xmlns:android=
    "http://schemas.android.com/apk/res/android"
    android:oneshot="false">
    <item
      android:drawable="@drawable/figur01"
      android:duration="150" />
    <item
      android:drawable="@drawable/figur05"
      android:duration="150" />
</animation-list>
```

≫ Tippe alles ein und beachte, dass die Zeilen vor dem ersten item zusammengehören.

FILM AB!

Und nun geht es im Quelltext von *MainActivity.JAVA* weiter. Dort wartet ja die onClick-Methode des zweiten Schalters auf ihren Einsatz. Hier kommt die komplette Struktur in einem Rutsch (→ *Movie2*):

```
Schalter2.setOnClickListener(new View.OnClickListener() {
  @Override
  public void onClick(View view) {
    boolean An = ((ToggleButton) view).isChecked();
    // Bildfolge zuordnen
    AnimationDrawable Animation1 =
    (AnimationDrawable) Bild1.getDrawable();
    // Animation starten oder stoppen
    if (An)
      Animation1.start();
    else
      Animation1.stop();
  }
});
```

Schauen wir uns das Ganze genauer an. Die Ressource ist diesmal kein Bild, sondern der Inhalt eines »Drehbuchs«:

Dazu brauchen wir als »Regisseur« ein Objekt vom Typ AnimationDrawable, der das »Drehbuch« übernimmt:

```
AnimationDrawable Animation1 =
  (AnimationDrawable) Bild1.getDrawable();
```

Die Methode getDrawable() sorgt dafür, dass die Bildfläche (Bild1) ihre Informationen an das Objekt Animation1 weiterreicht.

Auch die Animations-Klasse ist in einer Bibliothek definiert, die noch eingebunden werden muss:

import android.graphics.drawable.AnimationDrawable;

Ja, und dann heißt es je nach Lage »Film ab« oder »Film stopp«:

Schalter2	isChecked()	Aktion
MOVE	true	Animation1.start();
STOP	false	Animation1.stop();

Die Funktion isChecked() kennst du bereits. In der if-Struktur wird geregelt, dass die Animation bei jedem Knopfdruck abwechselnd startet und stoppt:

```
if (An)
  Animation1.start();
else
  Animation1.stop();
```

Du hast recht, wenn du jetzt sagst, dafür hätte auch ein normaler Button gereicht. Aber da hättest du selbst dafür sorgen müssen, dass die Aufschrift ständig wechselt. Diesen Aufwand nimmt dir der ToggleButton ab.

≫ Erweitere jetzt die Struktur von Schalter2 entsprechend.

≫ Und jetzt endlich solltest du das Ganze starten. Die Figur ist beim Start ja schon vorhanden (sonst klicke auf SHOW). Mit einem Klick auf MOVE müsste die Figur loslaufen.

GEHEN ODER DREHEN?

Wie wäre es, wenn wir jetzt die Animationsmöglichkeiten für unsere Figur etwas erweitern? Voraussetzung ist natürlich, dass du als Bildmaterial eine Figur benutzt und nicht z.B. einen Sonnenuntergang. (Obwohl auch da natürlich eine Animation möglich ist: wenn du bei einem Abendspaziergang eine Bildserie mit deinem Smartphone gemacht hast und die hier einsetzen willst.)

Ich möchte jetzt die Figur nicht nur gehen lassen (WALK), sondern sie soll sich auch mal im Kreis drehen können (TURN). Beide gelten ja auch als Übungen für die Gesundheit.

≫ Mache die beiden vorhandenen Schalter etwas schmaler und spendiere der App einen dritten ToggleButton.

≫ Den Schalter verknüpfst du mit diesen Strings, die du natürlich auch als Ressource anlegen musst:

ToggleButton	Zustand	String-Name	Anzeigetext
Schalter3	textOff	Walking	WALK
	textOn	Turning	TURN

Ich habe mich mit der Anordnung von WALK und TURN erst etwas schwergetan.
Bei den anderen Buttons wird immer das angezeigt, was kommt, wenn man
darauf klickt. Der letzte ToggleButton zeigt nun den aktuellen Bewegungsmo-
dus an:

SHOW	Figur ist unsichtbar	HIDE	Figur ist sichtbar
MOVE	Figur steht	STOP	Figur bewegt sich
WALK	Gehen-Modus	TURN	Drehen-Modus

Wenn dir das nicht passt, dann kannst du diese Einstellungen beliebig vertau-
schen, damit sie dir logisch erscheinen.

Bei mir sieht die Datei in *strings.xml* inzwischen so aus:

```
1   <resources>
2       <string name="app_name">Movie</string>
3       <string name="Show_it">Show</string>
4       <string name="Hide_it">Hide</string>
5       <string name="Move_it">Move</string>
6       <string name="Stop_it">Stop</string>
7       <string name="Walking">Walk</string>
8       <string name="Turning">Turn</string>
9       <string name="Empty"> </string>
10  </resources>
11
```

Als Nächstes brauchen wir mehr Bilder. Und zwar je eines für jede Richtung. Dazu stehen auf der DVD im Ordner *Projekte\Bilder* diese Dateien zur Verfügung:

figur01.png	*figur02.png*	*figur03.png*	*figur04.png*
vorn	rechts	hinten	links

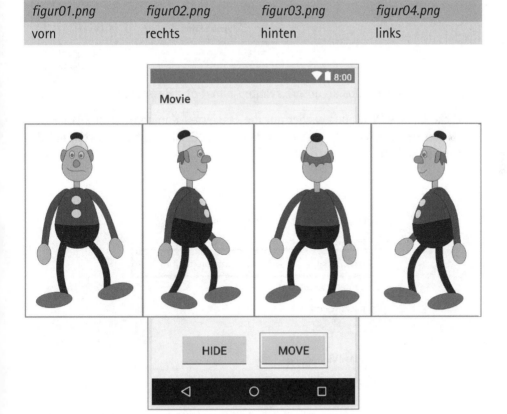

≫ Kopiere die passenden Bilder in die *drawable*-Ordner (*app\src\main\res*). Wenn du willst, kannst du dich dafür beim Download-Angebot zu diesem Buch bedienen.

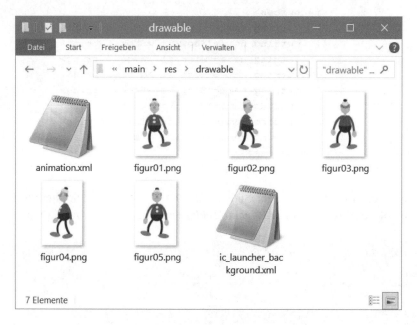

Und nun machen wir uns an unsere zweite Animations-Ressource.

≫ Klicke im DESIGN-Modus wieder auf die `ImageView`-Komponente. Im ATTRIBUTES-Fenster rechts klickst du hinter dem Eintrag SRCCOMBAT auf den Button mit den drei Pünktchen.

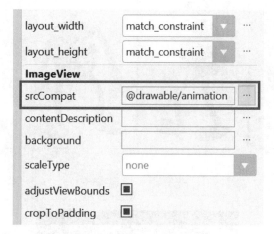

≫ Im RESOURCES-Fenster sorgst du dafür, dass DRAWABLE markiert ist, und klickst auf ADD NEW RESOURCE und NEW DRAWABLE FILE.

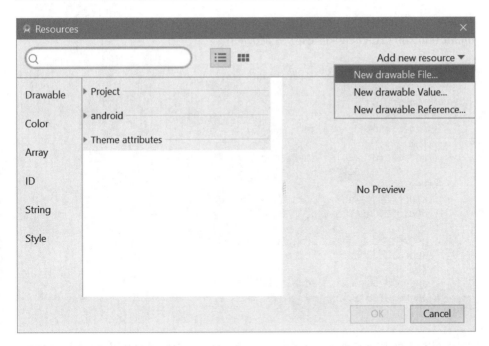

≫ Ins nächste Dialogfeld kommt diesmal ein neuer Name wie *animation2*. Klicke dann auf OK.

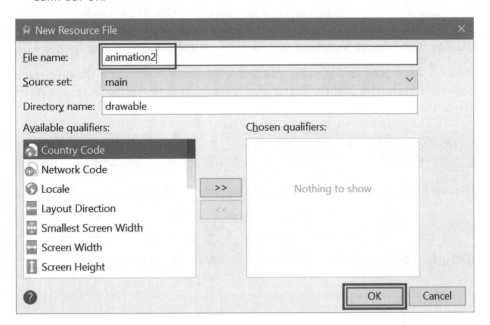

Das wäre dann die zweite *xml-D*atei für ein Animations-Drehbuch (ebenfalls im Ordner *drawable*).

Ändere den Quelltext so um, wobei du dich ruhig bei der bereits vorhandenen Datei *animation.xml* bedienen solltest (→ *Movie3*):

```xml
<?xml version="1.0" encoding="utf-8"?>
<animation-list
  xmlns:android=
    "http://schemas.android.com/apk/res/android"
    android:oneshot="false">
    <item
      android:drawable="@drawable/figur01"
      android:duration="50" />
    <item
      android:drawable="@drawable/figur02"
      android:duration="50" />
    <item
      android:drawable="@drawable/figur03"
      android:duration="50" />
    <item
      android:drawable="@drawable/figur04"
      android:duration="50" />
</animation-list>
```

Dazu gibt es nicht viel zu sagen. Diesmal sind es vier statt zwei Bilder, die hintereinander angezeigt werden.

Doch welcher Schalter ist nun wofür verantwortlich? Ich schlage vor, dem mittleren ToggleButton (Move-Stop) seine Steuerfunktion zu lassen. Er sorgt also dafür, dass die Figur sich bewegt oder dass sie stillsteht – ob das nun Gehen oder Drehen ist.

Und der neue Schalter ist dafür zuständig, welche gymnastische Übung gerade dran ist: Gehen oder Drehen. Zuerst aber muss auch diese Komponente vereinbart werden:

```java
ToggleButton Schalter3 =
  (ToggleButton) findViewById(R.id.toggleButton3);
```

Darüber hinaus brauchen wir eine globale Variable für den aktuellen Schaltzustand:

```java
private boolean Gehen = true;
```

(Die gehört ganz oben hin, noch über die onCreate-Vereinbarung.)

```java
public class MainActivity extends AppCompatActivity {
    //Globalvereinbarung
    private boolean Gehen = true;
    @Override
    protected void onCreate(Bundle savedInstanceState) {
        super.onCreate(savedInstanceState);
        setContentView(R.layout.activity_main);
        // Komponenten
        final ImageView Bild1 = (ImageView) findViewById(R.id.imageView);
        ToggleButton Schalter1 = (ToggleButton) findViewById(R.id.toggleButton);
        ToggleButton Schalter2 = (ToggleButton) findViewById(R.id.toggleButton2);
        ToggleButton Schalter3 = (ToggleButton) findViewById(R.id.toggleButton3);
        Schalter1.setChecked(true);
```

≫ Ergänze die neuen Vereinbarungen im Quelltext von *MainActivity.java*.

Kommen wir nun zur Klick-Struktur für Schalter3 (→ *Movie3*):

```java
Schalter3.setOnClickListener(new View.OnClickListener() {
  @Override
  public void onClick(View view) {
    Gehen = !Gehen;
  }
});
```

Mehr nicht? Nein, denn dieser Schalter soll nur von Gehen zu Nicht-Gehen umschalten (was hier dem Drehen entspricht):

```java
Gehen = !Gehen;
```

Das Ausrufezeichen (!) direkt vor Gehen auf der rechten Seite ist ein **Operator**, der den Wert umkehrt. Man kann dazu auch Verneinung sagen und das Zeichen »!« auch als »nicht« übersetzen. So wird aus true false und umgekehrt.

Hier könntest du ebenfalls mit einem einfachen Button auskommen. Aber warum, wenn dir der ToggleButton das Wechseln der Aufschrift abnimmt?

≫ Tippe die neue Struktur komplett ab.

Damit der Schalter fürs Bewegen nun weiß, was für eine Geh-Dreh-Übung gerade dran ist, muss er den Wert der Variablen Gehen kennen. Das bauen wir jetzt in die onClick-Methode ein (→ *Movie3*):

```java
Schalter2.setOnClickListener(new View.OnClickListener() {
  @Override
  public void onClick(View view) {
    // passende Animations-Ressource laden
```

```
    boolean An = ((ToggleButton) view).isChecked();
    if (Gehen)
      Bild1.setImageResource(R.drawable.animation);
    else
      Bild1.setImageResource(R.drawable.animation2);
    // Bilder zuordnen
    AnimationDrawable Animation1 =
      (AnimationDrawable) Bild1.getDrawable();
    // Animation starten oder stoppen
    if (An)
      Animation1.start();
    else
      Animation1.stop();
  }
});
```

Schauen wir uns nun die entscheidende if-Struktur an:

```
if (Gehen)
  Bild1.setImageResource(R.drawable.animation);
else
  Bild1.setImageResource(R.drawable.animation2);
```

setImageResource() sorgt dafür, dass aus der Ressource, in der du dein Bild abgelegt hast, geschöpft wird. Dabei durchsucht die Methode alle *drawable*-Ordner und pickt sich dann die passende Bild- oder Animations-Datei heraus.

Je nachdem, ob die Schaltvariable auf Gehen oder Drehen steht, wird die zugehörige Ressource geladen (und später abgearbeitet).

≫ Passe den Quelltext von *MainActivity.java* entsprechend an.

≫ Ja, und dann starte das »Ding« und probiere es aus.

Im Prinzip kannst du alle Buttons beliebig anklicken. Doch eine gewisse Schalt-Disziplin wäre schon sinnvoll: Wähle zuerst die Bewegungsart, dann klickst du auf MOVE. Und wenn du von Gehen auf Drehen oder zurück wechseln willst, bringe die Figur erst mal wieder mit STOP zum Stehen (und lasse sie ganz kurz verschnaufen). Ansonsten kann auch was durcheinandergeraten.

ZUSAMMENFASSUNG

Ist nicht mal wieder eine dieser Pausen fällig, in denen man Getränke und geschmierte Brote zu sich nimmt? Damit kannst du dich für die nächste Schaffensphase stärken. In diesem Kapitel hast du einen Weg kennengelernt, wie man Bilder und Animation in seine App einbaut.

Dabei sind dir auch wieder ein paar neue Komponenten begegnet, eben so wie eine Klasse, die Bilder in Bewegung bringen kann:

ImageView	Anzeigefläche für Bilder
setImage Resource()	Methode, die ein Bild oder eine Beschreibungs-Datei (Ressource) holt
setVisibility()	Methode, um ein Bild sichtbar oder unsichtbar zu machen
getDrawable()	Methode, um das aktuelle Bild oder die aktuelle Beschreibungsdatei zu ermitteln
ToggleButton	Button zum Ein- und Ausschalten
isChecked()	Methode, die den aktuellen Schaltzustand ermittelt
Animation Drawable	Klasse für das Verwalten und Ausführen von Animationen
start()	Methode, um die Animation zu starten
stop()	Methode, um die Animation zu stoppen
isRunning()	Methode, die ermittelt, ob die Animation läuft

Du weißt, dass für die Animation eine XML-Datei benötigt wird, in der der »Film« beschrieben wird, und kennst dazu auch einige Hilfswörter:

animation-list	Erstes Element, sozusagen die »Überschrift«
item	Element Einzelbildfolge
drawable	Anzuzeigendes Bild
duration	Anzeigedauer (ms)
oneshot	true = einmalige Bildfolge; false = Wiederholung der Bildfolge

Und zu guter Letzt sind noch je ein Datentyp und ein Operator neu aufgetaucht:

boolean	Wahrheitswert (kann nur zwei Werte annehmen)
true	Wert oder Bedingung ist wahr (erfüllt).
false	Wert oder Bedingung ist falsch (nicht erfüllt).
!	Verneinungs- oder Umkehroperator (= nicht)

EIN PAAR FRAGEN ...

1. Was ist der Unterschied zwischen Button und ToggleButton?

2. Wie wird ein Bild sichtbar und wie unsichtbar?

3. Was passiert, wenn man in der Animations-Datei oneshot auf "true" setzt?

4. Lässt sich der Umkehroperator auch auf Bedingungen anwenden? Zum Beispiel:

```
if (!Gehen)  // oder
if (!(Zahl == 0))
```

... JEDOCH NUR EINE AUFGABE

1. Erweitere das Movie-Projekt um eine Tanz-Animation. Bilder findest du im Download-Angebot. Oder du erstellst eigene.

8 ANIMATIONEN

Nun weißt du, wie man Bilder zum Laufen bringt. Aber es gibt da noch einiges mehr, was sich animieren lässt. Sogar mit nur einem einzigen Bild. Hier lassen wir eine Figur langsam auftauchen und verschwinden, bringen eine Kugel in Bewegung und steuern sie per Mausklick bzw. Fingertipp.

In diesem Kapitel lernst du

◎ etwas übers Einblenden und Ausblenden

◎ die Komponente ImageButton kennen

◎ wie man ein Objekt verschiebt

◎ wie man die Displaymaße ermittelt

◎ etwas über OnTouchListener

◎ die Methode OnTouch() kennen

◎ wie man eigene Methoden vereinbart

BUTTONS MIT BILD

Kehren wir zurück zur ersten Fassung unseres Movie-Projekts, in der sich eigentlich noch gar nichts bewegt hat. Eine Figur konnte erscheinen und verschwinden, das war alles. Daraus möchte ich jetzt eine Animation machen.

Wie das? Nun, zuerst lassen wir die Figur sanft aus dem Nichts auftauchen und ebenso sanft wieder verschwinden. Man nennt das **Fading**. Dazu brauchen wir nur eine Figur (*PNG*) und nicht mal eine Animations-Ressourcendatei (*XML*). Außerdem wollen wir die Figur in ihrer Größe ändern (lassen).

Die ToggleButtons ließen sich zwar weiterbenutzen, aber warum sollten wir uns nicht wieder etwas Neues gönnen?

≫ Du kannst das neue Projekt auch aus einer Kopie von *Movie1* ableiten. Dann entfernst du alle ToggleButtons. Oder du erstellst ein komplett neues Projekt und verpasst ihm ein Bildfeld (ImageView).

≫ Denke aber daran, vorher eine Datei mit einer Figur im *drawable*-Ordner (APP\SRC\MAIN\RES\) abzulegen.

Außer der Figur für das Bildfeld benötigen wir jetzt noch zwei weitere Bild-Dateien.

Auch dazu findest du im Download-Paket zwei passende Angebote (namens *Fading.png* und *Growing.png*), wenn du keine eigenen Bilder benutzen willst. Es geht dabei um Symbole, die die neuen Button-Komponenten bekommen sollen.

≫ Sorge dafür, dass alle nötigen Dateien im *drawable*-Ordner liegen.

≫ Suche nun im PALETTEN-Fenster unter BUTTONS den Eintrag IMAGEBUTTON und erzeuge damit zwei Elemente auf dem Display.

≫ Jedes Mal musst du dabei wieder eine Verknüpfung mit einer Bild-Ressource vornehmen.

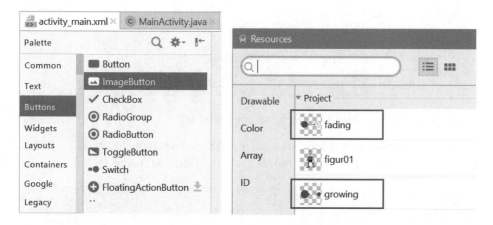

Eine solche Bildschaltfläche oder Bild-Button darf anstelle einer Aufschrift ein kleines Bild oder Symbol haben. Deshalb müssen dafür die passenden Dateien als Ressource vorliegen.

Schließlich könnte das Layout so aussehen:

Widmen wir uns jetzt dem Quelltext in *MainActivity.java*. Je nachdem, ob du dein Projekt neu erstellt oder ein altes übernommen hast, müssen die Komponenten dort jetzt so vereinbart sein (→ *Movie5*):

```
final ImageView Bild1 =
   (ImageView) findViewById(R.id.imageView);
ImageButton Schalter1 =
   (ImageButton) findViewById(R.id.imageButton);
ImageButton Schalter2
   = (ImageButton) findViewById(R.id.imageButton2);
```

≫ Sorge dafür, dass alles entsprechend angepasst ist.

Für unsere Animationen vereinbaren wir zusätzlich zwei globale Variablen (direkt unter der Zeile mit public class MainActivity extends Activity {):

```
private float Fading = 1f;
private float Growing = 1f;
```

Beide Variablen sind als Dezimalzahlen vereinbart und ihnen wurde auch gleich ein Startwert zugewiesen. Das kleine »f« direkt hinter der Zahl ist eine Abkürzung für »float« und besagt, dass die beiden Nullen als Dezimalzahlen zu gelten haben.

 Wenn du meinst, man hätte doch auch 1.0 schreiben können, dann hast du nur teilweise recht. Was Android Studio hier durchgehen lässt, tut es nicht mehr, wenn man an bestimmte Methoden eine Zahl ohne »f« übergibt. Man hätte korrekt dann also 1.0f schreiben müssen. (Eigentlich könnte man auch hier von Typisierung sprechen.)

Wozu brauchen wir die beiden Variablen? Sie geben den Zustand des Bildes an:

◇ Wenn Fading den Wert 0 hat, dann ist das Bild unsichtbar, hat Fading den Wert 1, dann ist es komplett sichtbar.

◇ Wenn Growing den Wert 0 hat, dann ist das Bild 0 Pixel hoch und 0 Pixel breit, bei einem Wert von 1 für Growing hat das Bild seine volle Größe (0 bedeutet also auch 0%, und 1 entspricht 100%).

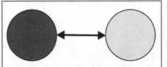 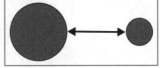

Die beiden Variablen benutzen wir als Schaltvariablen, sie nehmen nur einen der beiden Werte 0f und 1f an. Für das Ein- und Ausblenden bzw. das Vergrößern und Verkleinern der Figur greifen wir auf entsprechende Methoden zurück. Die arbeiten natürlich mit Zwischenwerten.

Für das Fading wird der sogenannte Alpha-Wert eines Bildes verändert: Das erledigt die Methode setAlpha(). Bei einem Wert wie z.B. 0.5 wäre das Bild »halb sichtbar«, also noch oder schon ziemlich blass.

Für das Wachsen und Schrumpfen werden zwei Methoden benötigt: setScaleX() ist für die Breite und setScaleY() für die Höhe zuständig. Bei einem Wert wie z.B. 0.5 wäre das Bild jeweils halb so hoch und breit wie normal.

> Ich komme noch mal auf das kleine »f« für »float« zurück: Wenn man diesen Methoden eine Zahl wie z.B. 0.5 als Parameter übergeben möchte, produziert das eine Fehlermeldung, die Methoden verlangen ihr »f«, also wären sie dann z.B. mit 0.5f zufrieden.

KOMMEN UND GEHEN

Und jetzt folgen in einem Rutsch die beiden Klick-Strukturen, die für das Erscheinen und Verschwinden der Figur sorgen sollen.

≫ Tippe das alles komplett in den Quelltext von *MainActivity.java* ein (→ *Movie5*):

```
Schalter1.setOnClickListener(new View.OnClickListener() {
  @Override
  public void onClick(View view) {
    // Bild unsichtbar oder sichtbar machen
    Bild1.setAlpha(Fading);
    // Fading umschalten
    if (Fading == 0f) Fading = 1f; else Fading = 0f;
    // Bild animieren
    Bild1.animate().alpha(Fading).setDuration(2000);
  }
});

Schalter2.setOnClickListener(new View.OnClickListener() {
  @Override
  public void onClick(View view) {
    // Bild winzig oder groß machen
    Bild1.setScaleX(Growing);
    Bild1.setScaleY(Growing);
    // Growing umschalten
    if (Growing == 0f) Growing = 1f; else Growing = 0f;
    // Bild animieren
    Bild1.animate().scaleX(Growing).scaleY(Growing)
      .setDuration(1000);
  }
});
```

Und prompt folgen die Erläuterungen. Zuerst für das Fading. Zuerst wird der Alpha-Wert gesetzt:

```
Bild1.setAlpha(Fading);
```

Da Fading am Anfang den Wert 1 hat, bleibt das Bild zunächst sichtbar. Dann wird der Wert für die Schaltvariable gewechselt, was wir mit einer if-else-Kombination erledigen:

```
if (Fading == 0f) Fading = 1f; else Fading = 0f;
```

Und nun startet das Bildfeld seine eigene Animationsmethode. Allerdings hängt da noch einiges dran. Würde man animate allein starten, so bekäme man abwechselnd die Figur oder nichts zu sehen – je nach dem Wert von Fading.

Die beiden Zusätze bestimmen, **was genau** während der Animation noch passieren soll:

```
Bild1.animate().alpha(Fading).setDuration(2000);
```

Mit alpha() wird der Fading-Wert übernommen und verändert und mit setDuration() wird die Dauer (hier 2 Sekunden) festgelegt, die die ganze Animation braucht.

Und nun löst die Figur sich beim ersten Klick oder Tipp auf den linken Button quasi in nichts auf. Die Methode animation() sorgt dafür, dass sich der Alpha-Wert des Bildes langsam von 1 bis 0 ändert.

Klickt (oder tippt) man erneut auf den Button, dann taucht die Figur langsam wieder auf. Denn diesmal beginnt ja die Animation bei 0 und fährt hoch auf 1.

Im zweiten Fall, für den die Variable Growing mitverantwortlich ist, ist die Figur zuerst in voller Größe sichtbar. Dazu müssen jeweils Breite und Höhe gesetzt werden:

```
Bild1.setScaleX(Growing).setScaleY(Growing);
```

Bekommt dann später Growing den Wert 0, wird das Bild praktisch zu einem Nichts geschrumpft, Breite und Höhe werden auf 0 gesetzt.

Nun kommt die gleiche Umschaltung wie beim Fading:

```
if (Growing == 0f) Growing = 1f; else Growing = 0f;
```

Die Animation umfasst die Breite und die Höhe gemeinsam (hier reicht mir eine Sekunde):

```
Bild1.animate().scaleX(Growing).scaleY(Growing)
.setDuration(1000);
```

Die Figur wird beim ersten Klick oder Tipp auf den rechten Button immer kleiner, bis sie im Nichts verschwindet. Klickt (oder tippt) man erneut auf den Button, dann kommt die Figur quasi langsam wieder näher (und wird größer).

≫ Was hindert dich jetzt noch daran, das Projekt zu starten – falls du das nicht längst getan hast? Beachte beim Ausprobieren, dass auch eine unsichtbare Figur sich vergrößern kann, und auch eine winzige Figur ihren Alpha-Wert verändert, nur sieht man es eben nicht. Benutze deshalb die Buttons weise.

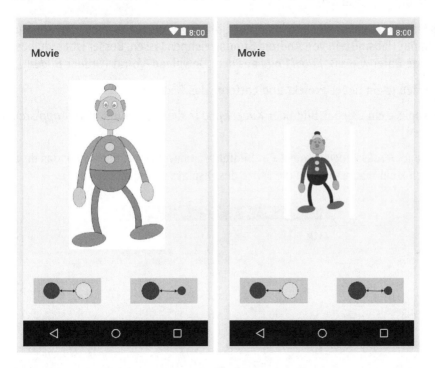

Das Ein- und Ausblenden, das du hier kennengelernt hast, lässt sich auch gut für Vor- und Nachspann bei Filmen oder Spielen nutzen, man kann ja auch statt eines Bildes Text einsetzen – oder beides.

animate() scheint so etwas wie eine Alleskönner-Methode zu sein. Das verdankt sie einem Objekt vom Typ ViewPropertyAnimatorObjekt, das bei ihrem Aufruf erzeugt wird. Dieses Objekt liefert die ganzen Zusatzmethoden wie alpha(), scaleX(), scaleY() und eine ganze Reihe mehr, die einfach – durch einen Punkt verbunden – hintereinander eingehängt werden dürfen.

Leider lassen sich mit der Methode animate() keine Figurenfolgen darstellen. Dafür ist AnimationDrawable zuständig.

DIE KUGEL ROLLT

Bis jetzt hat sich eine Figur in einem Bildfeld – also einem Anzeigefeld für Bilder – bewegt. Oder sie ist aufgetaucht und verschwunden, wurde größer oder kleiner. In vielen Spielen jedoch geht es auch darum, dass eine Figur oder ein Objekt sich über die gesamte Displayfläche bewegen kann.

Probieren wir das erst einmal mit einer Kugel oder einem Ball. Auch dafür benötigen wir ein Bildfeld. Diesmal verzichten wir (zum ersten Mal) auf einen Button. Denn klicken oder tippen kann man auch auf das Bildfeld – wie auf jede Komponente der View-Familie.

Als Erstes brauchen wir eine Kugel, ein einfacher Kreis tut es auch. Den könnte man auch mit Hausmitteln von Android Studio zeichnen lassen. Besser ist es, du besorgst dir eine Datei wie z.B. *Kugel1.png* aus dem Download-Vorrat (Ordner *Bilder*).

≫ Erzeuge ein neues Projekt und entferne das Textfeld.

≫ Kopiere ein eigenes Bild oder *Kugel1.png* in die *drawable*-Ordner (*app\src\main \res*).

≫ Dann verpasse dem Projekt ein Bildfeld (ImageView) mit der Kugel, das du ziemlich klein machst und in die Mitte des Displays verlegst.

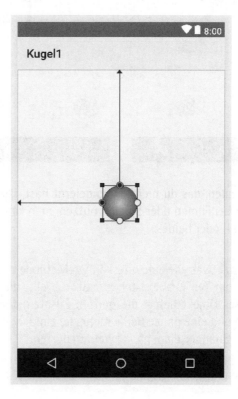

Wenden wir uns jetzt wieder der Java-Datei *MainActivity* zu. Und dort beginnen wir mit der Vereinbarung der Komponenten (→ *Kugel1*):

```
ImageView Kugel =
  (ImageView) findViewById(R.id.imageView);
```

≫ Ergänze schon mal die onCreate-Methode um diese Vereinbarung.

Was soll als Nächstes passieren? Lassen wir die Kugel oder den Ball einfach mal über das Display rollen. Wohin? Irgendwohin. Die Zielposition könnten wir per Zufall bestimmen.

Die Bewegung lässt sich auch mit der dir schon bekannten animate-Methode des Bildfelds erledigen:

```
Kugel.animate().x(xZiel).y(yZiel).setDuration(300);
```

Weil sich ja die Position des Bildfelds sowohl in die x-Richtung als auch die y-Richtung ändert, braucht die animate-Anweisung die beiden »Anhängsel« x() und y(). Sie beziehen sich auf die linke obere Ecke des Bildfelds. Die Position dieses Rechtecks am Anfang der Bewegung könnte man auch als xStart und yStart bezeichnen. Das wären die gerade aktuellen Koordinaten in der Displaymitte. Und da, wo die Kugel dann hinsoll, das legen die Werte von xZiel und yZiel fest.

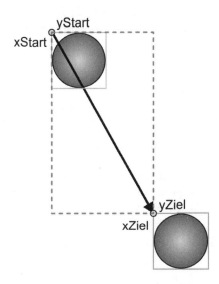

Die Position unserer Kugel wird stets über die linke obere Ecke (also nur einen einzigen Punkt des gesamten Bildfelds) kontrolliert. Und dieser Punkt ist hier nicht Bestandteil der Kugel, sondern nur des sie umgebenden Bildfelds.

Nun brauchen wir Variablen. Weil die Start-Koordinaten bereits durch die aktuelle Position der Kugel gegeben sind, müssen wir nur xZiel und yZiel definieren. Vereinbart werden beide global (also ganz oben in der MainActivity-Klasse):

```
private int xZiel, yZiel;
```

≫ Tippe auch diese Vereinbarungen gleich (ganz oben) ein.

ZUFALLSZIELE

Was jetzt noch fehlt, ist die Klick-Struktur. Die gehört diesmal nicht zu einem Button, wie wir es bisher gewohnt waren, sondern wir wollen ja auf die Kugel klicken. Hier ist ein erster Versuch:

```
Kugel.setOnClickListener(new View.OnClickListener() {
  @Override
  public void onClick(View view) {
    Kugel.setImageResource(R.drawable.kugel1);
    Kugel.animate().x(xZiel).y(yZiel).setDuration(300);
  }
});
```

Hier haben wir zunächst ein Problem: Das Objekt, in das die Klick-Struktur »eingehängt« wird, ist dasselbe, das auch mittendrin vorkommt. Und das gleich dreimal. Deshalb bekommen wir so auch eine Fehlermeldung wie diese:

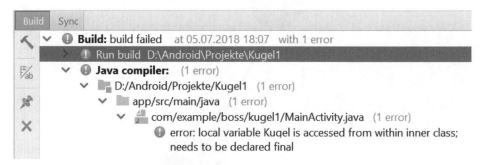

≫ Übernimm also den Vorschlag von Android Studio, Kugel gleich als final zu definieren:

```
final ImageView Kugel =
  (ImageView) findViewById(R.id.imageView);
```

Und jetzt funktioniert es.

Stimmt, man hätte das bei den Schaltern im Movie-Projekt auch so machen können, z.B.:

```
final ToggleButton Schalter1 =
  (ToggleButton) findViewById(R.id.toggleButton);
```

Womit dann die Zuweisung mit der Variablen An auch so hätte aussehen können:

```
boolean An = Schalter1.isChecked();
```

Für alle Fälle ist in der onClick-Methode auch die Anweisung mit drin, die dafür sorgt, dass auch wirklich eine Kugel im Bildfeld ist.

Wie aber bekommen wir die Werte von xZiel und yZiel? Ja, da wird es jetzt ein bisschen kompliziert. Denn nicht auf jedem Smartphone ist das Display gleich groß, außerdem haben sogar gleichgroße Displayflächen verschiedene Auflösungen.

Eigentlich müssten wir schon die Größe der Kugel von den jeweiligen Display-Eigenschaften abhängig machen, denn auf einem kleinen Handy wird die Kugel ziemlich riesig, während sie auf einem Tablet eher mickrig aussieht. Das nehmen wir jetzt (erst mal) in Kauf und kümmern uns nur um die Position, an die die Kugel hinsoll. Was wir brauchen, ist die verfügbare Breite und Höhe in Pixeln. Dazu ermitteln wir zuerst die tatsächliche Breite und Höhe der gesamten Anzeigefläche. Dafür kommt gleich eine ganze Kette von Methoden zum Einsatz:

```
// für die Breite (width)
getResources().getDisplayMetrics().widthPixels;
// für die Höhe (height)
getResources().getDisplayMetrics().heightPixels;
```

Mit dieser Kombination gleich dreier Methoden erhalten wir die echten Maße in Pixeln. Mit getResources() greifen wir auf die Ressource zu, in der die Informationen abgelegt sind, getDisplayMetrics() liefert eine Struktur, die zahlreiche Informationen über das Display enthält, unter anderem eben die Maße in Pixeln, die man mit den beiden Methoden widthPixels() und heightPixels() jetzt direkt ermitteln kann. Womit wir dann eigentlich hätten, was wir bräuchten. Aber noch nicht wirklich haben. Denn der Bereich, in dem sich die Kugel sichtbar bewegen kann, ist deutlich kleiner. Das Display hat Ränder, oben und unten sind Bereiche für Anzeigen und Android-Steuerbuttons. Außerdem muss der Durchmesser der Kugel berücksichtigt werden, denn verschoben wird ja die obere linke Ecke.

Man könnte das mit einer aufwendigen Formel genau berechnen, ansonsten hilft erst mal nur Ausprobieren. Bei mir hat es mit dieser Anpassung geklappt ($\rightarrow$ *Kugel1*):

```
xDisplay = (int)
  (getResources().getDisplayMetrics().widthPixels
  * 0.75f);
```

```
yDisplay = (int)
  (getResources().getDisplayMetrics().heightPixels
  * 0.71f);
```

Der jeweilige Wert für die Breite und die Höhe wird mit einem Dezimalfaktor multipliziert, der bei dir auch anders sein kann. Anschließend muss das Ganze (in Klammern gesetzt) über den Vorsatz int zu einer ganzen Zahl gemacht werden.

≫ Setze diese beiden Anweisungen direkt unter die Vereinbarung der Kugel.

Ebenso wie schon die ganze Zeit bei der Vereinbarung der Komponenten handelt es sich auch hier um einen Fall von Typisierung oder Typumwandlung.

Ich habe zwei verschiedene Faktoren benutzt, du kannst ja selber mal testen, was passiert, wenn du die Werte änderst oder ganz weglässt. Möglicherweise passen dann deine Werte besser. Mit einer globalen Vereinbarung beider Variablen stellen wir sicher, dass sie auch in der Klick-Struktur benutzbar sind. (Sonst kriegst du eine Fehlermeldung wie die oben schon gezeigte.)

≫ Vereinbare zwei neue globale Variablen (direkt unter der von xZiel und yZiel):

```
private int xDisplay, yDisplay;
```

```
public class MainActivity extends AppCompatActivity {

    // Global
    private int xZiel, yZiel;
    private int xDisplay, yDisplay;

    @Override
    protected void onCreate(Bundle savedInstanceState) {
        super.onCreate(savedInstanceState);
        setContentView(R.layout.activity_main);

        // Komponente
        final ImageView Kugel = (ImageView) findViewById(R.id.imageView);

        // Display-Maße ermitteln
        xDisplay = (int)(getResources().getDisplayMetrics().widthPixels * 0.75f);
        yDisplay = (int)(getResources().getDisplayMetrics().heightPixels * 0.71f);
```

Und nun zu unserem nächsten Versuch, der Komponente Kugel eine Klick-Struktur zu verpassen, die das möglich macht, was wir wollen (→ *Kugel1*):

```
Kugel.setOnClickListener(new View.OnClickListener() {
    @Override
    public void onClick(View view) {
        // Zufallsposition ermitteln
        Random Zufall = new Random();
        xZiel = Zufall.nextInt(xDisplay)+35;
```

```
    yZiel = Zufall.nextInt(yDisplay)+35;
    // Kugel holen und verschieben
    Kugel.setImageResource(R.drawable.kugel1);
    Kugel.animate().x(xZiel).y(yZiel).setDuration(300);
  }
});
```

Es ist schon eine (kleine) Weile her, seit wir zum letzten Mal mit dem Zufall zu tun hatten. Deshalb werfen wir noch mal einen Blick auf die folgenden Zeilen:

```
Random Zufall =  new Random();
xZiel = Zufall.nextInt(xDisplay)+35;
yZiel = Zufall.nextInt(yDisplay)+35;
```

Mit Random erstellen wir ein Objekt Zufall, ein Zufallsgenerator sorgt dafür, dass wir mit der Methode nextInt() zwei zufällige ganze Zahlen erhalten. Mit xDisplay und yDisplay wird jeweils die obere Grenze gesetzt.

Meine Kugel ist 60 dp hoch und breit, daher habe ich die zusätzlichen 35 benutzt, damit die Kugel nicht zu weit nach links und nach oben gerät (und damit dann nicht mehr ganz zu sehen ist). Möglicherweise passen bei dir andere Werte besser.

≫ Und nun passe auch die onClick-Methode an, dann lasse das Programm laufen.

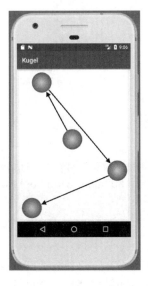

Und tatsächlich: Bei einem Klick oder Fingertipp auf die Kugel bewegt sich diese zufällig irgendwohin.

DAS ZIEL SELBST BESTIMMEN

So richtig zufrieden bist du nicht? Denn nach einigen Klicks (oder Tipps) wird das Spielchen öde. Wie wäre es, wenn man die Kugel dorthin lenken könnte, wohin man klickt? Das könnte man dann auch mit etwas anderem als einer Kugel tun, z.B. einer Figur oder einem Krabbeltier. Probieren wir aus, was geht.

Du kannst das aktuelle Projekt weiterverwenden und es um ein zweites Bildfeld erweitern. Das wird unser Hintergrund zum Drauftippen oder -klicken.

≫ Du brauchst hier nur ein Bild mit einer durchgehend einfarbigen Fläche. Das Bildfeld sollte sich auf dem Display möglichst breitmachen.

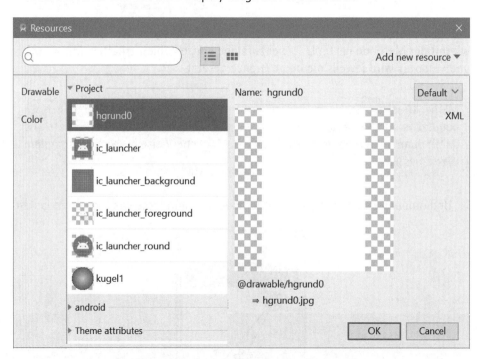

Ich habe einfach eine Bilddatei namens *hgrund0.jpg* benutzt, die nicht mehr als eine weiße Fläche zeigt. Wenn du lieber Grün oder Rot oder etwas anderes Buntes magst, nur zu!

Notfalls geht auch die bereits vorhandene Ressource IC_LAUNCHER_BACKGROUND.

Wo ist der Ball bzw. die Kugel geblieben? Dieses Element ist weiterhin da, aber nun liegt das neue Bildfeld direkt darüber. Kann man da nichts machen? Doch, man kehrt die Reihenfolge einfach so um:

≫ Markiere links im Fenster mit der Komponentenliste (COMPONENT TREE) den Eintrag IMAGEVIEW (für das erste Bildfeld mit der Kugel). Ziehe ihn mit der Maus nach unten, sodass der andere Eintrag nach oben rutscht.

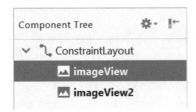 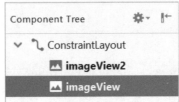

Damit dürfte auch die Kugel wieder zu sehen sein.

≫ Nun ergänze in *MainActivity* den Quelltext um diese Vereinbarung (→ *Kugel2*):

```
final ImageView Hgrund =
  (ImageView) findViewById(R.id.imageView2);
```

Kommen wir nun gleich zu der Struktur, mit der wir den Mausklick verarbeiten. Die brauchen wir jetzt für den Hintergrund, nicht mehr für die Kugel. Das ist aber nicht alles. Wenn die Kugel dorthin rollen soll, wohin wir geklickt oder getippt haben, dann brauchen wir die Koordinaten dieser Stelle.

Das OnClickListener-Interface reicht da nicht mehr, wir brauchen eine modernere Variante, die mehr Informationen liefert als nur die, dass eine View-Komponente angeklickt (oder angetippt) wurde.

Mit setOnTouchListener() wird ein OnTouchListener installiert. Auch dieses Interface ist zuständig für das Antippen oder Anklicken einer View-Komponente. Doch nicht nur das: Es verarbeitet auch Wischbewegungen und das Benutzen mehrerer Finger (Multi-Touch).

Die zugehörige Methode trägt den passenden Namen onTouch():

```
public boolean onTouch(View view, MotionEvent event) {
}
```

Das Besondere gegenüber onClick() ist, dass diese Methode mit event einen Parameter mehr hat. Und genau der liefert die Informationen, die wir nun zusätzlich brauchen. Dazu schauen wir uns doch gleich die gefüllte Struktur an (→ *Kugel2*):

```
Hgrund.setOnTouchListener(new View.OnTouchListener() {
  @Override
  public boolean onTouch
    (View view, MotionEvent event) {
    // Klick-Touch-Position ermitteln
    xZiel = (int)event.getX();
```

```
    yZiel = (int)event.getY();
    // Kugel holen und verschieben
    Kugel.setImageResource(R.drawable.kugel1);
    Kugel.animate().x(xZiel).y(yZiel).setDuration(300);
    return false;
  }
});
```

Hier gibt es wieder eine Bibliothek zum Einbinden:

import android.view.MotionEvent;

```
protected void onCreate(Bundle savedInstanceState) {
    super.onCreate(savedInstanceState);
    setContentView(R.layout.activity_main);

    // Komponenten
    final ImageView Kugel = (ImageView) findViewById(R.id.imageView);
    final ImageView Hgrund = (ImageView) findViewById(R.id.imageView2)

    Hgrund.setOnTouchListener(new View.OnTouchListener() {
        @Override
        public boolean onTouch
                (View view, MotionEvent event) {
            // Klick-Touch-Position ermitteln
            xZiel = (int)event.getX();
            yZiel = (int)event.getY();
            // Kugel holen und verschieben
            Kugel.setImageResource(R.drawable.kugel1);
            Kugel.animate().x(xZiel).y(yZiel).setDuration(300);
            return false;
        }
    });
}
```

≫ Entferne die komplette Struktur Kugel.setOnClickListener, denn die brauchen
wir hier nicht mehr. Ersetze sie durch die neue Struktur Hgrund.setOnTouchLis-
tener für den Hintergrund.

Dich stört es, dass die neue Struktur so seltsam gelb unterlegt bzw. markiert ist?
Bei genauerem Hinschauen (Wandern mit der Maus über den Text) bekommst
du einen solchen oder ähnlichen Hinweis:

```
Hgrund.setOnTouchListener(new View.OnTouchListener() {

        Custom view `ImageView` has setOnTouchListener called on it
        but does not override performClick more... (Strg+F1)
```

Und was soll das? Klicke doch mal auf die kleine Lampe links, die da auftaucht (oder drücke [Alt]+[Eingabe]).

```
            Hgrund.setOnTouchListener(new View.OnTouchListener() {
                @Override
                public boolean onTouch
                        (View view, MotionEvent event) {
 💡▼
 ✕  Suppress: Add @SuppressLint("ClickableViewAccessibility") annotation
```

Hier bekommst du ein Angebot, das du ablehnen oder annehmen kannst. Bei mir hat das Programm trotz der gelben Untermalung funktioniert. Solltest du auf das Angebot klicken, dann verschwindet der gelbe Untergrund sofort. Dafür steht aber oben eine zusätzliche Zeile.

```
public class MainActivity extends AppCompatActivity {

    // Global
    private int xZiel, yZiel;

    @SuppressLint("ClickableViewAccessibility")

    @Override
    protected void onCreate(Bundle savedInstanceState) {
```

Die musst du nicht verstehen, sie ändert aber die Lage so, dass der übrige Quelltext jetzt als »in Ordnung« durchgeht. (Aber wie gesagt: Das Programm funktioniert im Emulator auch ohne diese Zeile.)

Schauen wir uns die neue Struktur näher an. Du hast sofort entdeckt, was neu und für uns wichtig ist:

```
xZiel = (int)event.getX();
yZiel = (int)event.getY();
```

Mit den Methoden getX und getY ermitteln wir die Koordinaten der Stelle, die berührt wurde (der sogenannte »Touch-Point«). Mit event ist hier die Berührung gemeint (und die hat ja die onTouch-Methode aktiviert).

Dass das Zufall-Objekt nicht mehr nötig ist, dürfte klar sein. Denn wir brauchen ja jetzt keine rein zufälligen Werte mehr, sondern die Positionen, auf die du gewollt (oder zufällig) klickst oder tippst.

Dir ist noch eine andere Sache aufgefallen? Eigentlich hast du doch so etwas erwartet:

public void onTouch(View view, MotionEvent event)

Denn auch bei der Verwandtschaft hieß es ja:

```
public void onClick(View view)
```

Zeit, endlich mal das Wörtchen void zu erläutern: Jede Methode, die mit diesem »Vorwort« gekennzeichnet ist, verrichtet einfach ihre Arbeit und macht dann Schluss. Man nennt solche Methoden auch typlos. void ist demnach sozusagen das Symbol für »Methoden ohne Typ«. Solche Methoden sind uns eigentlich bisher fast nur begegnet.

Anders ist das jetzt bei onTouch(), denn dort taucht statt void das Wörtchen boolean auf, das du auch schon kennst. Damit ist diese Methode nicht mehr typlos, sondern vom Typ boolean. Und damit ändert sie auch ihren Charakter: Jede Methode, die mit einem anderen »Vorwort« als void gekennzeichnet ist, verrichtet ihre Arbeit und gibt am Schluss einen Wert zurück.

Und damit erklärt sich auch das return:

```
return false;
```

Hier wird zum Schluss der Wert false zurückgegeben. Das passt für uns, weil hier jeweils nur ein Touch-Ereignis abgefragt wird. (Du wirst in einem späteren Kapitel ein Beispiel kennenlernen, in dem wir den Rückgabewert true brauchen.)

Bei einer Methode, die z.B. als Ganzzahltyp vereinbart wurde, könnte das so aussehen:

```
public int Multi(int zahl1, int zahl2) {
  return zahl1 * zahl2;
}
```

Man nennt eine solche »typische« oder typisierte Methode auch **Funktion**, weil sie wie eine Funktion in der Mathematik eine Art Ergebnis zurückgibt.

≫ Starte jetzt dein Projekt.

Nun kannst du die Kugel selbst steuern. Sie bewegt sich an die Stelle, auf die du klickst oder tippst.

GRENZKONTROLLEN

Es gibt da einige Unschönheiten an den Rändern und in den Ecken der Anzeigefläche: Die Kugel verschwindet ein Stück, Teile von ihrem Bildfeld werden abgeschnitten. Um das zu verhindern, brauchen wir wieder die korrekten Display-Werte.

Genauer: Wir brauchen sogar vier Werte, also vier Variablen, mit deren Hilfe wir kontrollieren können, ob die Kugel über den sichtbaren Bereich hinausschießen würde. Dann müssen die angeklickten oder angetippten Positionen gegebenenfalls korrigiert werden, damit die Kugel immer komplett sichtbar bleibt. Und hier sind meine Grenzwerte, wobei ich xDisplay und yDisplay durch xRechts und yUnten ersetzt habe (→ *Kugel3*):

```
xLinks = 35;
yOben = 35;
xRechts = (int)
  (getResources().getDisplayMetrics().widthPixels
  * 0.79f);
yUnten = (int)
  (getResources().getDisplayMetrics().heightPixels
  * 0.74f);
```

Wie du siehst, haben sich die Korrekturfaktoren ein bisschen geändert, die 35 Rand-Pixel wurden dort bereits eingearbeitet. (Auch hier bleibt dir wohl etwas eigenes Experimentieren nicht erspart.)

≫ Passe auch gleich die Vereinbarung der globalen Variablen an:

```
private int xLinks, yOben, xRechts, yUnten;
```

```
public class MainActivity extends AppCompatActivity {

    // Global
    private int xZiel, yZiel;
    private int xLinks, yOben, xRechts, yUnten;

    @Override
    protected void onCreate(Bundle savedInstanceState) {
        super.onCreate(savedInstanceState);
        setContentView(R.layout.activity_main);

        // Komponenten
        final ImageView Kugel = (ImageView) findViewById(R.id.imageView);
        final ImageView Hgrund = (ImageView) findViewById(R.id.imageView2);

        // Grenzen
        xLinks = 35;
        yOben = 35;
        xRechts = (int) (getResources().getDisplayMetrics().widthPixels * 0.79f);
        yUnten = (int) (getResources().getDisplayMetrics().heightPixels * 0.74f);
```

Die if-Strukturen, mit deren Hilfe wir die Zielkoordinaten nun kontrollieren und gegebenenfalls korrigieren, gehören allesamt natürlich in die onTouch-Methode (→ *Kugel3*):

```
public boolean onTouch
  (View view, MotionEvent motionEvent) {
  // Klick-Touch-Position ermitteln
  xZiel = (int)motionEvent.getX();
  yZiel = (int)motionEvent.getY();
  // Position ggf. korrigieren
  if (xZiel < xLinks) xZiel = xLinks;
  if (yZiel < yOben) yZiel = yOben;
  if (xZiel > xRechts) xZiel = xRechts;
  if (yZiel > yUnten) yZiel = yUnten;
  // Kugel holen und verschieben
```

```
Kugel.setImageResource(R.drawable.kugel1);
Kugel.animate().x(xZiel).y(yZiel).setDuration(300);
// Rückgabewert
return false;
}
```

Nehmen wir die Bedingungen unter die Lupe. Für den linken und den oberen Rand gibt es eine Untergrenze. Der Wert von xZiel und yZiel darf nicht kleiner als diese sein:

```
if (xZiel < xLinks) xZiel = xLinks;
if (yZiel < yOben) yZiel = yOben;
```

Gleiches gilt für die Ränder rechts und unten. Dort darf der Wert von xZiel und yZiel eine Obergrenze nicht überschreiten:

```
if (xZiel > xRechts) xZiel = xRechts;
if (yZiel > yUnten) yZiel = yUnten;
```

Damit bleibt die Kugel immer in einem bestimmten Bereich, egal wohin du klickst. Man kann diesen Bereich natürlich auch noch enger ziehen, zum Beispiel, wenn man zusätzlich Text anzeigen will. Denn die Kugel läuft ja nicht nur über den Hintergrund, sondern über das ganze Display.

≫ Baue die Erweiterungen in dein Projekt ein und starte es dann. Teste die Grenzen.

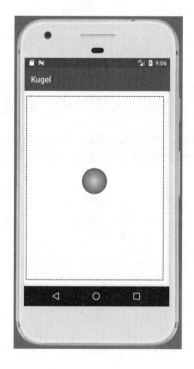

Ich finde, da fehlt jetzt noch was: Der Hintergrund bräuchte noch etwas Farbe. Das lässt sich aber ganz leicht regeln, indem du einfach eine Bilddatei verwendest, die zum Beispiel grün statt weiß ist.

> Dazu gibt es im Download-Paket weitere *Hgrund*-Dateien.

≫ Bringe deinem Projekt mehr Farbe bei und lasse es erneut laufen.

Bei mir tummelt sich nun eine rote Kugel auf einem grünen Spielfeld herum.

EINE EIGENE METHODE

Wenn man sich die onTouch-Methode so anschaut, dann ist die doch inzwischen ziemlich »dick« geworden. Noch kein Grund zu irgendeiner Beunruhigung. Aber wenn aus diesem Projekt ein Spiel werden soll, dann muss man damit rechnen, dass noch eine Menge Anweisungen in diese Methode gepackt werden könnten. So wie auch das ganze Projekt allmählich immer kräftiger wachsen würde.

Noch ist es nicht so weit, aber wir sollten doch schon einmal daran denken, wie man verhindert, dass unser Quelltext unübersichtlich werden könnte. Das kann eben dann geschehen, wenn eine Methode aus zahlreichen Anweisungen besteht und länger und länger wird. Wie aber kürzt man eine lange (und vielleicht unübersichtliche) Methode? Indem man neue Methoden schafft und Teile aus der zu »dicken« Methode dorthin schiebt. Probieren wir das an unserem Kugel-Projekt aus.

Da greife ich mir jetzt die Zeilen heraus, die die Zielposition für die Kugel mit den Grenzen des Anzeigebereichs abgleicht, und backe mir damit eine eigene Methode (→ *Kugel4*):

```
private void controlPosition() {
   if (xZiel < xLinks) xZiel = xLinks;
   if (yZiel < yOben) yZiel = yOben;
   if (xZiel > xRechts) xZiel = xRechts;
   if (yZiel > yUnten) yZiel = yUnten;
}
```

controlPosition() heißt diese Methode, die du natürlich auch z.B. Grenzkontrolle() nennen kannst. In unserem Fall ist die Methode so aufgebaut:

```
void Name ( )

   Anweisungen
   ausführen
```

≫ Entferne die Anweisungen aus der onTouch-Methode und mache daraus eine neue Methode. Die Vereinbarung gehört ganz oben unter die der globalen Variablen.

```
public class MainActivity extends AppCompatActivity {

    // Global
    private int xZiel, yZiel;
    private int xLinks, yOben, xRechts, yUnten;

    // Grenzkontrolle
    private void controlPosition() {
        if (xZiel < xLinks) xZiel = xLinks;
        if (yZiel < yOben) yZiel = yOben;
        if (xZiel > xRechts) xZiel = xRechts;
        if (yZiel > yUnten) yZiel = yUnten;
    }
```

Natürlich genügt eine bloße Vereinbarung nicht, denn eine Methode muss auch aktiviert werden. Das muss dort geschehen, woher die Anweisungen stammen. Womit onTouch() jetzt nur noch so aussieht (→ *Kugel4*):

```
public boolean onTouch
  (View view, MotionEvent motionEvent) {
  // Klick-Touch-Position ermitteln/korrigieren
  xZiel = (int)motionEvent.getX();
  yZiel = (int)motionEvent.getY();
  controlPosition();
  // Kugel holen und verschieben
  Kugel.setImageResource(R.drawable.kugel1);
  Kugel.animate().x(xZiel).y(yZiel).setDuration(300);
  // Rückgabewert
  return false;
}
```

Dort, wo vorher noch die vier Zeilen mit den if-Strukturen standen, findest du jetzt nur noch eine Anweisung:

```
controlPosition();
```

≫ Ergänze die onTouch-Methode um diese eine Anweisung. Dann teste deine App, ob sie genauso läuft wie vorher.

```
public class MainActivity extends Activity {

    private void controlPosition()  {
        if (xZiel < xLinks) xZiel = xLinks;
        if (yZiel < yOben) yZiel = yOben;          vereinbaren
        if (xZiel > xRechts) xZiel = xRechts;
        if (yZiel > yUnten) yZiel = yUnten;
    }

    @Override
    protected void onCreate(Bundle savedInstanceState) {

        super.onCreate(savedInstanceState);
        setContentView(R.layout.activity_main);

        Hgrund.setOnTouchListener(new View.OnTouchListener() {
            @Override
            public boolean onTouch(View view, MotionEvent motionEvent) {

                controlPosition();                 aufrufen

            }
        });
    }
}
```

ZUSAMMENFASSUNG

Zu einem echten Spiel hat es jetzt noch nicht gereicht, doch das, was du hier dazu-gelernt hast, wird dir die Programmierung eines Spiels weiter erleichtern. An Neuem hat sich einiges angesammelt. Du weißt jetzt, dass und wie man auch eigene Methoden vereinbaren kann (auch wenn es bis jetzt nur eine einzige war).

Und du kennst ein weiteres Interface mit seiner einzigen Methode:

OnTouchListener	Interface für das Berühren von Komponenten (Klicken oder Tippen)
setOnTouchListener()	Methode, um ein OnTouchListener-Interface zu installieren
onTouch()	Methode, die bei einem »Druck« auf eine Komponente ausgeführt wird (mit Informationen unter anderem über Position und Touch-Typ)
getX() getY()	Methoden, die die Koordinaten einer »Druck-Stelle« ermitteln

Eine bekannte Komponente bietet dir eine weitere Methode an:

ImageView	Anzeigefläche für Bilder
animate()	Methode, um Bilder zu animieren (unter anderem ein/ausblenden, Größe ändern, verschieben)
setAlpha()	Methode, um die Transparenz eines Bildes zu ändern
setScaleX() setScaleY()	Methoden, um die Breite und Höhe eines Bildes zu ändern
setDuration()	Methode, um die Animationszeit (ms) einzustellen

Und es gibt noch eine neue Komponente:

ImageButton	Schaltfläche mit Bild statt Aufschrift

Du kennst auch Methoden zum Ermitteln der tatsächlichen Displaymaße:

getResources()	Methode, um auf Ressourcen zuzugreifen
getDisplayMetrics()	Methode, die Informationen über das Display liefert
heightPixels() widthPixels()	Methoden, um die Breite und Höhe in Pixeln zu ermitteln

Und zu guter Letzt weißt du wieder ein bisschen mehr über Methoden und Typen:

void	Die Methode ist typlos.
return	Rückgabewert für eine Methode z.B. vom Typ int oder float oder boolean

EIN PAAR FRAGEN ...

1. Was ist der Unterschied zwischen onClick() und onTouch()?

2. Was weißt du von animate()?

3. Warum sind die wirklichen Displaymaße in Pixeln wichtig?

4. Wie wird eine selbst vereinbarte Methode aktiviert?

... UND EIN PAAR AUFGABEN

1. Erweitere das letzte Movie-Projekt: Die Figur soll zusätzlich nur über die Breite (ScaleX) oder nur über die Höhe (ScaleY) wachsen oder schrumpfen.

2. Erstelle ein Projekt, in dem statt eines Bildes ein Text ein- und ausgeblendet werden kann.

3. Erweitere das letzte Kugel-Projekt um noch eine Methode setLimits(), die die Grenzwerte für die Ränder des »Spielfelds« setzt.

9 EIN KÄFER KRABBELT SICH FREI

Wir bleiben in Bewegung. Um zu einem richtigen Spiel zu kommen, brauchen wir noch ein paar Zutaten mehr. Und da haben die Android-Bibliotheken schon eine Menge zu bieten. Hier wollen wir einen Käfer über das Display scheuchen. Und dazu setzen wir einige besondere Werkzeuge ein.

In diesem Kapitel lernst du

◎ wie man ein Bildobjekt dreht

◎ etwas über Winkelfunktionen

◎ etwas über Handler und Runnables

◎ wie man eine eigene Klasse vereinbart

◎ was ein Konstruktor ist

BUG ODER KÄFER?

Für unser nächstes Projekt bleiben wir beim alten Spielfeld, lassen jetzt aber statt einer Kugel einen bunten Käfer darüber laufen. Du kannst aber auch ein anderes Objekt wie z.B. ein kleines Auto über den Hintergrund fahren lassen (und der wiederum könnte dafür vielleicht eher straßengrau aussehen).

Eigentlich ist das Projekt, das du jetzt bearbeiten sollst, das letzte Kugel-Projekt. Der einzige Unterschied ist zunächst, dass wir das Bild austauschen.

> Auch hier empfehle ich dir wieder eine Datei aus dem Download-Paket (zu finden im Ordner *Projekte\Bilder*).

≫ Kopiere *Insekt1.png* (oder ein eigenes Bild) in die *drawable*-Ordner (*app\src\main\res*).

≫ Anschließend kannst du die Verknüpfung des entsprechenden Bildfelds mit dem Insekt aus der Ressource auch gleich aktualisieren.

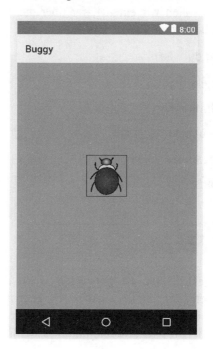

Wenn du aus diesem Projekt ein neues machen willst, kannst du dein altes auch kopieren. In Kapitel 3 wurde das schon erklärt, aber hier ist noch mal die Kurzform:

◇ Der Hauptname des Projekts muss markiert sein. Mit einem Klick auf REFACTOR und COPY im Hauptmenü wird der Kopiervorgang eingeleitet.

◇ Im COPY-Dialogfeld gibst du den neuen Namen ein und klickst dann auf OK.

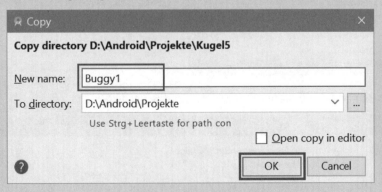

◇ Dann solltest du das aktuelle Kugel-Projekt über FILE und CLOSE PROJECT schließen.

◇ Im Startfenster von Android Studio klickst du nun auf OPEN AN EXISTING ANDROID STUDIO PROJECT.

◇ Dann suchst und markierst du deine Kopie mit dem neuen Namen (bei mir BUGGY1) und klickst auf OK.

Das neue Projekt wird importiert und du kannst daran weiterarbeiten.

Zusätzlich lässt sich auch noch das Package umbenennen, das ja noch den alten Namen trägt – was aber nicht zwingend sein muss:

◇ Klicke dazu links in der Projektliste auf das kleine graue Dreieck vor dem Projektnamen, dann weiter auf APP, SRC, MAIN und JAVA, um schließlich auf einen Eintrag zu stoßen, der bei mir mit COM.EXAMPLE anfängt.

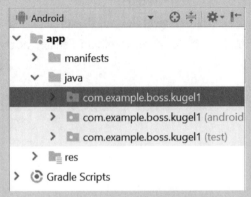

◇ Markiere den Eintrag und klicke mit der rechten Maustaste darauf.

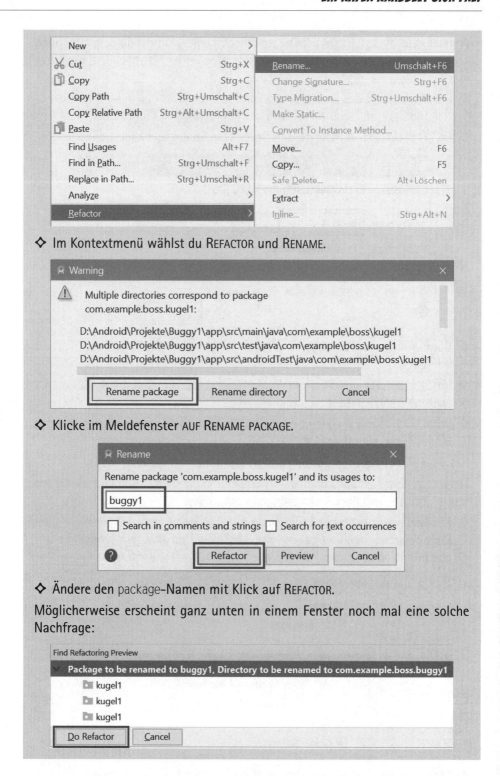

◇ Im Kontextmenü wählst du REFACTOR und RENAME.

◇ Klicke im Meldefenster AUF RENAME PACKAGE.

◇ Ändere den package-Namen mit Klick auf REFACTOR.

Möglicherweise erscheint ganz unten in einem Fenster noch mal eine solche Nachfrage:

◇ Klicke dort auf Do Refactor.

Womit sich schließlich die Liste links im App-Fenster entsprechend ändert:

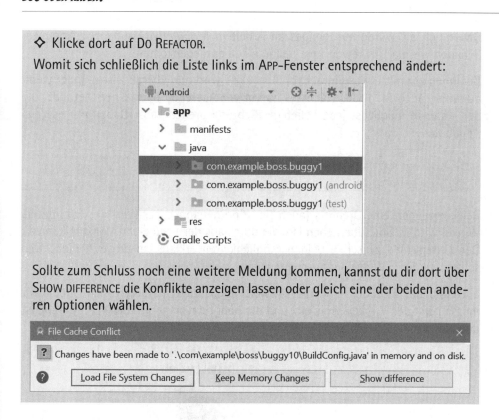

Sollte zum Schluss noch eine weitere Meldung kommen, kannst du dir dort über Show difference die Konflikte anzeigen lassen oder gleich eine der beiden anderen Optionen wählen.

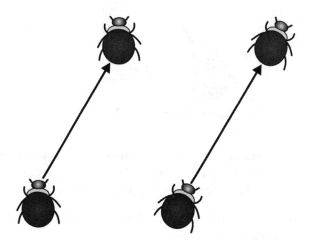

≫ Lasse die App mit dem Käfer ruhig schon mal laufen, dann siehst du auch gleich, welche Aufgabe auf dich zukommt.

Der Käfer krabbelt schön dorthin, wo wir ihn per Mausklick (oder Fingertipp) haben wollen. Aber in einer etwas seltsamen Gangart. Eigentlich sollte er sich erst mal in die Richtung drehen, in die er laufen will.

Das klingt, als würde nun einiges an Arbeit in *MainActivity* auf uns zukommen. Schauen wir mal, inwieweit uns ImageView da entgegenkommt.

Beginnen wir mit etwas Einfachem. Aus Kugel wird nun überall Insekt (oder wenn du willst, auch Bild). Als Nächstes halten wir Ausschau nach einer Methode, die den Käfer in möglichst jede beliebige Richtung drehen kann. Dabei gibt es zwei Angebote:

```
Insekt.setRotation(Winkel);
Insekt.animate().rotation(Winkel);
```

Beide erzeugen eine Drehung (auch Rotation genannt). Der Wert des Parameters Winkel wird in Grad übergeben (so wie du es aus der Schule von Winkeln kennst). Den Unterschied zwischen beiden Möglichkeiten erkläre ich dir jetzt nicht, den solltest du dir später selber anschauen.

Ein einfaches Einfügen einer der Anweisungen reicht natürlich nicht, denn wir müssen erst den Winkel ermitteln, und der hängt davon ab, wo der Käfer gerade ist und wo er hinwill.

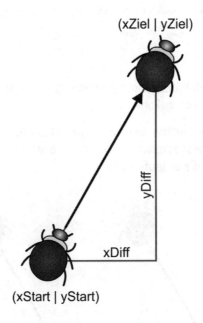

(xZiel | yZiel)

yDiff

xDiff

(xStart | yStart)

Schauen wir da genauer hin: xDiff und yDiff sind zwei Streckenabschnitte. In diesem Fall heißt das: Der Käfer wird um xDiff Pixel nach rechts und um yDiff Pixel nach oben verschoben. (Kann aber auch mal nach links oder unten sein.)

Wie berechnet man diese beiden Strecken? Zuerst einmal erweitern wir die Vereinbarung von globalen Variablen:

```
private int xStart, yStart, xZiel, yZiel;
```

Die Startposition des Käfers besteht aus den Koordinaten xStart und yStart. Und die Stelle, zu der er krabbeln will, wird durch die Koordinaten xZiel und yZiel bestimmt. Was wir brauchen, ist die Differenz zwischen den jeweiligen x- und y-Werten:

```
int xDiff = xZiel - xStart;
int yDiff = yZiel - yStart;
```

DER RICHTIGE WINKEL

Was fangen wir nun mit den beiden Strecken an? Klar ist, dass der Drehwinkel für die Rotation etwas mit dem Verhältnis dieser beider Strecken zu tun hat. Und die Math-Bibliothek von Java bietet dazu auch gleich die passende »Wunderformel« an, die uns den richtigen Winkel berechnet:

```
Winkel = Math.atan2(xDiff, -yDiff);
```

Für die Erklärung der Methode atan2() aus der Math-Klasse muss ich ein bisschen ausholen. Um den Winkel eines Dreiecks zu berechnen, kann man die sogenannten Winkelfunktionen benutzen. Eine davon heißt **Tangens** und ist auf einem Taschenrechner über die TAN-Taste verfügbar. In Java heißt die entsprechende Methode tan().

Wenn man die Tangens-Formel auf unseren Fall anwendet, sieht das so aus:

Tangens = yDiff / xDiff;

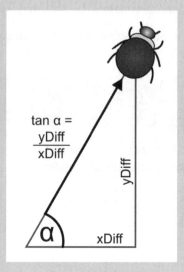

Das Ergebnis dieser Division ist aber noch nicht der Winkel, den wir suchen (bezeichnet mit dem griechischen Buchstaben Alpha). Den liefert uns eine weitere Funktion, **Arkustangens** genannt. Auf dem Taschenrechner heißt sie TAN^{-1}. In Java hat sie den Namen atan().

Normalerweise müssten wir erst den Tangens und daraus dann den Winkel berechnen. Nun kommt die Methode oder Funktion atan2() ins Spiel, sie erledigt gleich alles in einem Aufwasch: Sie liefert uns direkt einen Winkel, wenn wir ihr zwei passende Parameter übergeben. Und das sind die beiden Streckenabschnitte xDiff und yDiff.

Einen Haken gibt es noch: Den Ergebniswinkel bekommen wir im sogenannten Bogenmaß (das hat was mit der Zahl Pi zu tun). Wir müssen den Wert in das hier benötigte Gradmaß umrechnen. Das erledigt diese Anweisung:

Winkel = Math.toDegrees(Winkel);

toDegrees() wandelt einen Winkel vom Bogenmaß ins Gradmaß um (und toRadians() macht es umgekehrt).

Vielleicht ist dir aufgefallen, dass hier vor dem zweiten Parameter ein Minuszeichen steht: (xDiff, -yDiff). Das hat etwas damit zu tun, dass die y-Achse im Koordinatenkreuz, wie du es aus dem Matheunterricht kennst, von unten nach oben verläuft, auf dem Display ist es umgekehrt.

Natürlich muss Winkel vereinbart werden, hier aber nicht als float. Weil die meisten mathematischen Funktionen von möglichst hoher Genauigkeit sein sollen (also möglichst viele Stellen hinter dem Komma bzw. Dezimalpunkt), verwenden sie mit double einen doppeltgenauen Dezimaltyp. Da passen wir uns an.

≫ Erweitere die aktuelle Variablen-Vereinbarung entsprechend, sodass es dort jetzt so aussieht (→ *Buggy1*):

```
private int xStart, yStart, xZiel, yZiel;
private int xLinks, yOben, xRechts, yUnten;
private double Winkel;
```

Als Nächstes brauchen xStart und yStart einen Startwert. Und das noch **vor** dem ersten Anklicken oder Antippen des Hintergrundes:

```
xStart = xRechts/2;
yStart = yUnten/2;
```

Da unser Käfer in der Mitte sitzt, habe ich einfach jeweils die Hälfte der Breite und Höhe des vorher ermittelten Anzeigebereichs genommen.

≫ Diese beiden Anweisungen gibst du direkt unter dem Aufruf unserer selbst vereinbarten Methode setLimits() ein (also noch über der OnTouchListener-Struktur).

```java
@Override
protected void onCreate(Bundle savedInstanceState) {
    super.onCreate(savedInstanceState);
    setContentView(R.layout.activity_main);

    // Komponenten
    final ImageView Insekt = (ImageView) findViewById(R.id.imageView);
    final ImageView Hgrund = (ImageView) findViewById(R.id.imageView2);
    // Display-Grenzen
    setLimits();
    // Start in der Mitte
    xStart = xRechts/2;
    yStart = yUnten/2;
```

Ich habe in diesem Projekt die neue Methode setLimits() aus der letzten Aufgabe des vorigen Kapitels vereinbart. Das muss nicht sein, aber wenn du sie auch übernehmen willst, hier ist sie (→ *Buggy1*):

```java
private void setLimits() {
    xLinks = 35;
    yOben = 35;
    xRechts = (int)(getResources()
        .getDisplayMetrics().widthPixels * 0.74f);
    yUnten = (int)(getResources()
        .getDisplayMetrics().heightPixels * 0.74f);
}
```

Damit die folgende Struktur nun nicht zu einem Riesenbrocken wird, packen wir das Nächste in einer weiteren eigenen Methode zusammen (→ *Buggy1*):

```java
private void getDirection() {
    // Distanz ermitteln
    int xDiff = xZiel - xStart;
    int yDiff = yZiel - yStart;
    // Winkel berechnen
    Winkel = Math.atan2(xDiff, -yDiff);
    Winkel = Math.toDegrees(Winkel);
}
```

Die tippst du oben bei den bereits selbst vereinbarten Methoden setLimits() und controlPosition() ein.

```
private void controlPosition() {
    if (xZiel < xLinks) xZiel = xLinks;
    if (yZiel < yOben) yZiel = yOben;
    if (xZiel > xRechts) xZiel = xRechts;
    if (yZiel > yUnten) yZiel = yUnten;
}
```

```
private void getDirection() {
    // Distanz ermitteln
    int xDiff = xZiel - xStart;
    int yDiff = yZiel - yStart;
    // Winkel berechnen
    Winkel = Math.atan2(xDiff, -yDiff);
    Winkel = Math.toDegrees(Winkel);
}
```

Womit die OnTouch-Methode deutlich weniger »fett« ist und überschaubar bleibt (→ *Buggy1*):

```
public boolean onTouch
  (View view, MotionEvent motionEvent) {
  // Klick-Touch-Position ermitteln
  xZiel = (int) motionEvent.getX();
  yZiel = (int) motionEvent.getY();
  // Position ggf. korrigieren
  controlPosition();
  // Richtung ermitteln
  getDirection();
  // Objekt holen und drehen und verschieben
  Insekt.setImageResource(R.drawable.insekt1);
  Insekt.setRotation((float)Winkel);
  Insekt.animate().x(xZiel).y(yZiel).setDuration(500);
  // Startpunkt neu setzen
  xStart = xZiel;
  yStart = yZiel;
  // Rückgabewert
  return false;
}
```

Das meiste in dieser Methode kennst du schon. Erst wird die Stelle ermittelt, auf die geklickt oder getippt wurde (xZiel, yZiel), diese wird dann gegebenenfalls an den Displayrändern angepasst:

```
controlPosition();
```

Dann bekommt das Insekt seine Richtung. xStart und yStart haben bereits einen Wert, also werden xDiff und yDiff ermittelt, daraus lässt sich dann der Winkel berechnen:

```
getDirection();
```

Und nun kann das Objekt gedreht werden:

```
Insekt.setRotation((float)Winkel);
```

Weil setRotation() einen float-Wert als Parameter braucht, muss die double-Variable umgewandelt werden.

Danach kommt die Animation. Und während der Käfer sich bewegt, schaut er in die richtige Richtung.

Damit das auch beim nächsten Mal klappt, muss schließlich der Startpunkt neu gesetzt werden:

```
xStart = xZiel;
yStart = yZiel;
```

≫ Bringe dein Projekt auf den aktuellen Stand und starte es. Und bringe den Käfer durch häufiges Klicken (oder Tippen) auf Trab.

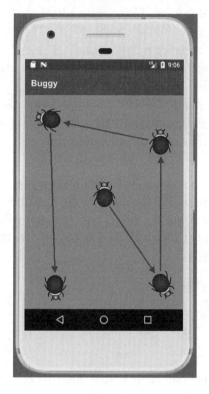

Und was ist nun mit animate.rotation? Probiere das doch selbst mal aus, indem du diese Zeile

```
Insekt.setRotation((float)Winkel);
```

durch die folgende ersetzt:

```
Insekt.animate().rotation((float)Winkel);
```

Wenn dir diese Version besser gefällt, dann übernimm sie. Spaßig ist sie allemal.

NOCH MEHR METHODEN

Bis jetzt bewegt sich unser Käfer auf Mausklick oder Fingertipp. Aber nur einmal, dann bleibt er wieder stehen. Besser wäre es, das Tierchen startet durch und krabbelt und krabbelt immer weiter. Bis wir es durch einen erneuten Klick (oder Tipp) wieder zum Stehen bringen.

> Sofort fällt dir die Klasse AnimationDrawable ein, die wir ja schon einmal erfolgreich in Kapitel 7 eingesetzt haben. Allerdings ging es da sozusagen ums Laufen auf der Stelle. Ein Objekt dieser Klasse kann also nützlich sein, wenn es darum geht, dass der Käfer beim Krabbeln die Beinchen bewegt.
>
> Hier geht es aber nur darum, ein Objekt vom Typ ImageView über das Display zu schieben. Eigentlich also keine Animation in dem Sinne, denn es wird ja nur ein Rechteck mit einem Bild darin herumgeschoben.
>
> Und das haben wir ja mit der animate-Methode von ImageView hingekriegt. Wir müssten jetzt nur erreichen, dass die Aktion sich ständig **wiederholt**, ohne dass wir dazu dauernd irgendwohin klicken müssen.

Schauen wir zuerst, was am aktuellen Projekt bleiben kann und was nicht. Die auffälligste Änderung ist diese: Die Richtung, in die der Käfer loskrabbelt, soll unabhängig von der Stelle sein, auf die geklickt oder getippt wird. Am besten ist es, die Werte von xZiel und yZiel wieder zufällig zu bestimmen, was uns zu dieser neuen Methode bringt (→ *Buggy2*):

```
private void setDestination() {
  Random Zufall = new Random();
  xZiel = Zufall.nextInt(xRechts);
  yZiel = Zufall.nextInt(yUnten);
}
```

≫ Tippe die Methode ein und achte darauf, dass die Zeile import java.util.Random; eingefügt wird.

Außerdem könnte man die ganzen Anweisungen, die das Objekt Insekt und seine Bewegung betreffen, ebenfalls in eine Methode packen, die dann so aussehen würde (→ *Buggy2*):

```
private void moveObject(ImageView view) {
    // Ziel-Position setzen
    setDestination();
    // Richtung ermitteln
    getDirection();
    // Objekt holen und drehen und verschieben
    view.setImageResource(R.drawable.insekt1);
    view.setRotation((float)Winkel);
    view.animate().x(xZiel).y(yZiel).setDuration(500);
    // Startpunkt neu setzen
    xStart = xZiel;
    yStart = yZiel;
}
```

Das Besondere bei dieser Methode ist zum einen, dass sie einen Parameter hat: moveObject() übernimmt ein Bild vom Typ ImageView. Wie genau das bei der Aktivierung der Methode aussieht, wirst du gleich sehen.

Zum anderen werden hier (alte) selbst vereinbarte Methoden innerhalb der (neuen) Methode moveObject() aufgerufen. Die Abbildung soll zeigen, wie der Mechanismus funktioniert.

Die Methode controlPosition() ist hier eigentlich überflüssig, sie wird in moveObject() nicht mehr aufgerufen. Dennoch könnten wir die Definition dieser Methode behalten, wir wissen ja jetzt noch nicht, ob und wann wir sie wieder gebrauchen können. Android Studio bindet eine Methode nur in die fertige App ein, wenn sie dort benutzt wird.

Du kannst sie aber auch so einklammern: Ganz an den Anfang der Methode setzt du /* ein und ganz am Ende */. Damit gilt die Methode als (langer) Kommentar.

Nun bleibt von der onTouch-Methode nicht mehr viel übrig, weshalb sie sich jetzt wirklich sehr schlank nennen darf (→ *Buggy2*):

```
public boolean onTouch
  (View view, MotionEvent motionEvent) {
  // Objekt bewegen
  moveObject(Insekt);
  // Rückgabewert
  return false;
}
```

Du hast natürlich gleich bemerkt, dass man hier die onTouchListener-Struktur eigentlich gar nicht mehr bräuchte und durch einen onClickListener ersetzen könnte. Tun wir aber nicht, denn woher sollen wir jetzt schon wissen, was wir alles noch gebrauchen (könnten)?

≫ Baue die neuen Methoden (oben) in dein Projekt ein und passe (unten) die onTouch-Struktur an.

Was leistet diese Version unseres Buggy-Projekts jetzt? Sobald du irgendwo auf den Hintergrund klickst oder tippst, läuft der Käfer irgendwo anders hin. Schön wäre es, wenn er dann einfach weiterlaufen würde.

DER »RUNNABLE-HANDLER«

Wie es aussieht, stecken wir hier in einer Sackgasse. Und wir müssen einen neuen Weg suchen. Wir brauchen ein Instrument, das die animate-Anweisung ständig wiederholt, bis sie per Mausklick oder Fingertipp wieder gestoppt wird.

In Java gibt es dazu einen Timer, den wir hier für Android aber nicht einsetzen wollen, weil er Probleme bringen kann. Aber auch die Klasse Handler wäre im Angebot. »handle« ist das englische Wort für handhaben, ausführen. Ein **Handler** kann Nachrichten verarbeiten und mit einem ausführbaren Element verknüpfen.

Dafür gibt es auch eine Klasse, die Runnable heißt. Die einzige Methode dieser Klasse ist run(). Erzeugst du ein Objekt vom Typ Runnable und packst unsere Animation dort in die run-Methode, dann wird diese ausgeführt, sobald ein Handler sich ihrer annimmt. Dazu bekommt er von uns eine Nachricht, z.B. per Mausklick. Er »handhabt« dann die Ausführung der Animation. So kann ein Prozess quasi parallel zum sonstigen Programm-Geschehen ausgeführt werden.

Probieren wir es also mal mit einem solchen Handler (→ *Buggy3*):

```
private Handler handler = new Handler();
```

Und dazu gehört dann diese Runnable-Struktur:

```
private Runnable runnable = new Runnable() {
  @Override
  public void run() {
    moveObject(Insekt);
    handler.postDelayed(this, 500);
  }
};
```

Die Methode postDelayed() führt eine Runnable-Aufgabe verzögert aus. Die Zeitangabe erfolgt (auch hier) in Millisekunden.

> Hier hat man zwei zusätzliche Bibliotheken zur Auswahl, ich empfehle diesen Import:
>
> import android.os.Handler;

≫ Tippe das neue Objekt samt Struktur unter den globalen Vereinbarungen ein.

Schauen wir uns das obige Gebilde aus Runnable und run einmal genauer an:

Auch hier ist das Schlüsselwort new mit im Spiel. Im Objekt wird eine Methode vereinbart und in dieser wird zuerst moveObject() aufgerufen, womit der Käfer eigentlich nur **einmal** läuft.

```
public void run() {
  moveObject(Insekt);
  handler.postDelayed(this, 500);
}
```

Die nachfolgende Zeile sorgt dafür, dass dieser Prozess erneut angestoßen wird. Das this verweist auf die Struktur (runnable) selbst, die damit zum Parameter-Objekt für den Prozess wird: So ruft die ganze Struktur sich immer wieder quasi selbst auf. Natürlich muss das Ganze von außen durch einen separaten Aufruf ausgelöst werden, doch dazu später.

Weil der Käfer auf Mausklick oder Fingertipp laufen oder stehen bleiben soll, brauchen wir jetzt noch eine globale Schaltvariable:

```
private boolean An = true;
```

Und damit landen wir schon bei der onTouch-Methode, die wieder ein bisschen dicker geworden ist (→ *Buggy3*):

```
public boolean onTouch
  (View view, MotionEvent motionEvent) {
  // Auftrag übernehmen/ausführen
  if (An)
    handler.post(runnable);
  // Auftrag beenden
  else
    handler.removeCallbacks(runnable);
  // Umschalten
  An = !An;
  // Rückgabewert
  return false;
}
```

Wenn der Schalter an ist, hat der Käfer freie Bahn. Genauer: Die Handler-Methode post() startet den runnable-Prozess, hier verzögerungsfrei. Die Wiederholung erfolgt dann jede halbe Sekunde innerhalb der run-Methode.

Ist der Schalter aus, dann sorgt removeCallbacks() dafür, dass auch das Ganze »herunterfährt« und der Handler seinen Job beendet. Beachte, dass der Wert von An auch umgeschaltet werden muss:

```
An = !An;
```

Du erinnerst dich: Das Ausrufezeichen (!) kehrt den Wert einer Schaltvariablen um.

So gut das Programm jetzt aussieht, funktionieren kann es leider noch nicht. Ein Startversuch führt zu dieser Fehlermeldung:

Build   Sync

▲   ⌄ ❗ Run build D:\Android\Projekte\Buggy3
     ⌄ ❗ **Java compiler:** (1 error)
        ⌄ ▪ D:/Android/Projekte/Buggy3 (1 error)
           ⌄ ▪ app/src/main/java (1 error)
              ⌄ ▪ com/example/boss/buggy1/MainActivity.java (1 error)
                    ❗ error: cannot find symbol variable Insekt

Android Studio kann die Variable Insekt nicht finden. Klar, denn die wird erst weiter unten in der Methode onCreate() erzeugt und gilt dann nur innerhalb dieser Methode. Aus dieser Klemme kommen wir nur heraus, wenn wir Insekt global vereinbaren (ganz oben bei den anderen »Globalen«):

```
private ImageView Insekt;
```

Das reicht noch nicht, denn weiter unten gibt es ja noch ein Insekt. Damit das dasselbe ist, muss dort das final entfernt werden, damit die betreffende Zuweisung (in onCreate()) nun so aussieht:

```
Insekt = (ImageView) findViewById(R.id.imageView);
```

```
private int xZiel, yZiel;
private int xLinks, yOben, xRechts, yUnten;
private double Winkel;

// Schalt-Variable fürs Krabbeln
private boolean An = true;

// "Globales Insekt"
private ImageView Insekt;



// "Insekt" und Hintergrund
ImageView Insekt = (ImageView) findViewById(R.id.imageView);
final ImageView Hgrund = (ImageView) findViewById(R.id.imageView2);
```

≫ Passe alles an und lasse dann das Programm laufen.

Und wenn du nichts übersehen hast, dann startet der Käfer auf den ersten Mausklick durch und krabbelt immer weiter, bis du dem Handler über einen weiteren Mausklick eine neue Nachricht schickst, er solle doch bitte wieder aufhören.

EINE EIGENE KLASSE

Die App läuft – und der Käfer krabbelt. Dazu waren einige Handgriffe nötig, aber auch ein paar Verrenkungen. Was mir gar nicht gefällt: Das Bildfeld Insekt ist inzwischen zu einem globalen Objekt geworden. Im Idealfall aber versucht man alles zu vermeiden, was allzu global ist. Denn die meisten Variablen und Objekte benötigt man nicht überall im Projekt (das schließlich auch ganz schön groß sein kann); sondern nur an einigen Stellen, in bestimmten Bereichen.

Das Objekt Insekt zum Beispiel wird eigentlich nur an zwei Stellen benutzt: einmal in onCreate(), wenn ihm eine ID zugewiesen wird, um es mit einer sichtbaren Komponente zu verknüpfen, und einmal in moveObjekt().

In unserem letzten Projekt-Beispiel mussten wir Insekt zu einem globalen Objekt machen, weil wir sonst die move-Methode nicht zum Laufen gekriegt hätten. Somit könnte man im gesamten Programm darauf zugreifen. Und könnte natürlich auch Werte verändern (oft eher ungewollt).

Stelle dir ein Projekt vor, in dem es Hunderte von Methoden gibt und noch mehr Variablen. In vielen Spiele-Apps geht die Anzahl von Methoden und Variablen in die Tausende. Wenn da jede Methode auf jede Variable Zugriff hätte, kann es bei der Menge von Quelltext schon mal passieren, dass man aus Versehen einer Variablen etwas »antut« (z.B. ihren Wert unbeabsichtigt verändert).

Das kann dann einen Fehler verursachen, der mittendrin in einer App wie z.B. einem Spiel zum Absturz oder zumindest zu unvorhersehbarem Verhalten führt. Und diesen Fehler zu entdecken, kann dann zum Geduldspiel werden. Deshalb lautet die Regel (die ich leider bisher einige Mal gebrochen habe): Variablen und Objekte sollten **nur da** gelten, wo sie gebraucht werden.

Doch was können wir im konkreten Fall jetzt tun, um das »Insekten-Problem« zu lösen? Wir bauen uns unsere **eigene** Klasse. In die packen wir dann all das, was für ein Insekt und seine Bewegung nötig ist.

Im Hauptprogramm (MainActivity) können wir dann ein Objekt dieser Klasse vereinbaren. Und ein Zugriff ist dann nur mit Erlaubnis des Objekts möglich. Wie genau das Ganze abläuft, wirst du wahrscheinlich erst mit der Zeit verstehen. Lasse uns erst einmal eine einfache Klasse erzeugen und sie dann Schritt für Schritt mit Inhalt füllen.

≫ Achte darauf, dass links in der Projektliste MAINACTIVITY.JAVA sichtbar und markiert ist. Dann klicke mit der rechten Maustaste darauf.

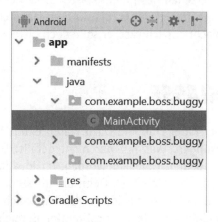

≫ Wähle im Kontextmenü den Eintrag JAVA CLASS.

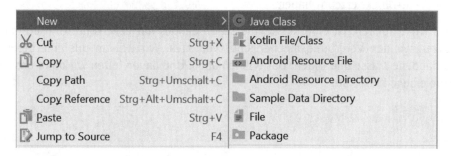

≫ In dem Dialogfeld tippst du hinter NAME *GameView* ein und klickst dann auf OK.

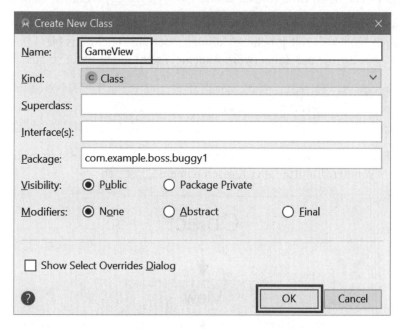

Und kurz darauf gibt es ein neues GAMEVIEW.JAVA-Fenster in Android Studio.

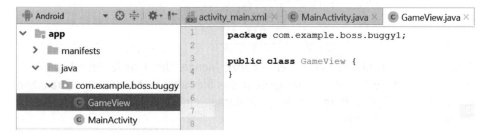

So wie die Klasse jetzt aussieht, hat sie rein gar nichts zu bieten. Wir müssten nun nicht nur all das, was für unser Insektenspiel nötig ist, selbst programmieren, sondern auch das, was uns vorher zur Verfügung stand, wenn wir zum Beispiel ein ImageView-Objekt erzeugt haben.

Was wir brauchen, ist eine Klasse, die schon einiges hat bzw. kann. Und deshalb nutzen wir den **Vererbung**smechanismus von Java. Wir wählen uns eine bereits vorhandene Klasse und sagen: Das will ich auch. Und davon leiten wir dann unsere neue eigene Klasse ab:

```
public class GameView extends View {
}
```

≫ Erweitere die GameView-Zeile entsprechend. Und denke daran, dass hierzu eine import-Zeile nötig wird. (Die du ja über ⌞Alt⌟+⌞Eingabe⌟ erzeugen kannst.)

Und damit hat unsere neue Klasse alles zu bieten, was View zu bieten hat. (Man hätte auch ImageView selbst nehmen können, aber View reicht uns hier.) Das Wörtchen extends ist hier das Zauberwort. Allgemein sieht die Struktur so aus:

```
class KindKlasse extends MutterKlasse{
   // erbt alle Eigenschaften und Methoden
}
```

Unsere Klasse GameView ist also ein Kind der Klasse View, und die stammt übrigens wiederum von der Urmutter aller Klassen namens Object ab.

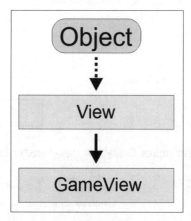

Das, was View zu bieten hat, ist eine ganze Menge. Unter anderem ist darunter auch die Methode animate(). Das genügt uns hier aber nicht, denn wir brauchen schon noch einige weitere Zutaten, bis daraus eine Spiel-Klasse nach unserem Geschmack geworden ist.

Als Erstes aber müssen wir uns mit einigen Fehlermeldungen herumschlagen. Denn Android erkennt unsere neue Klasse nicht an, sondern meckert vor allem etwas von »constructor«.

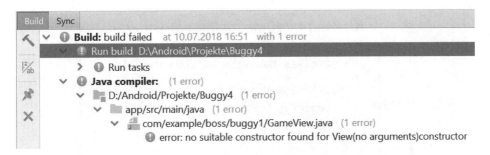

Der sogenannte **Konstruktor** hat allgemein die Aufgabe, einem Objekt bei seiner Entstehung (»Konstruktion«) zu helfen. Konstruktor und Klasse haben in Java immer denselben Namen! Ein Konstruktor hat keinen Typ (nicht einmal void). Und so sieht die erweiterte Klassenvereinbarung aus (→ *Buggy4*):

```
public class GameView extends View {
    public GameView(Context context) {
        super(context);
    }
}
```

Die Klasse View hat eine ganze Reihe von Konstruktoren, uns genügt einer. Innerhalb dieses Konstruktors mit dem Namen GameView müssen wir einen Konstruktor der Mutterklasse aufrufen. Das geschieht über das Wort super.

Weil der Konstruktor hier einen Parameter braucht, wird eine weitere Bibliothek nötig:

import android.content.Context;

Jetzt willst du natürlich wissen, was Context bedeutet. Das heißt so viel wie »Zusammenhang«, der Kontext dient der Verbindung zwischen einer App und dem Android-System.

Wie aber soll man mit diesem Parameter ein GameView-Objekt erzeugen? Ganz einfach:

```
GameView Spiel = new GameView(this);
```

Das erste GameView ist der Name der Klasse, das zweite der Name des Konstruktors, dem ein new vorangestellt sein muss. Der Parameter this bezieht sich auf die Klasse GameView selbst.

Klasse (mit Konstruktor) vereinbaren:

```
public class GameView extends View {

    public GameView() {
        super();
    }

}
```

Objekt mit Konstruktor erzeugen:

```
private GameView Spiel = new GameView();
```

Eigentlich haben wir die ganze Zeit beim Vereinbaren von Objekten schon Konstruktoren benutzt, z.B. bei Random, OnClickListener und OnTouchListener.

Nach diesen Vorarbeiten schichten wir jetzt nach und nach das, was wir für unser Insektenspiel bereits in *MainActivity.java* programmiert haben, in unsere neue Klasse um. Nicht alles, aber vieles.

Als Erstes benötigen wir ein paar Attribute bzw. Eigenschaften. Da habe ich schon mal einiges gesammelt, sodass meine Klasse jetzt so aussieht:

```
public class GameView extends View {
  // Figur
  private ImageView Figur;

  // Start-Ziel-Position
  private int xStart, yStart, xZiel, yZiel;
  // Display-Grenzen
  private int xLinks, yOben, xRechts, yUnten;
  // Bewegungs-Richtung
  private double Winkel;

  //Konstruktor
  public GameView(Context context) {
    super(context);
  }
}
```

Für unser Spiel brauchen wir eine Figur (es muss nicht unbedingt ein Käfer sein). Weil beides Bildfelder sind, wird eine weitere Bibliothek benötigt:

```
import android.widget.ImageView;
```

Ein Hintergrund-Element muss hier eigentlich nicht extra vereinbart werden, das dient ja nur zum Draufklicken, und die dazu nötigen Eigenschaften hat unsere Klasse bereits. Für den Fall, dass du später ein Hintergrundbild benötigst, kannst du aber diese Zeile hinzufügen:

```
private ImageView Hgrund;
```

In unserer Klasse gibt es Variablen für die Start- und Ziel-Koordinaten sowie welche für die Spielfeldgrenzen. Die können wir nun allesamt aus *MainActivity.java* löschen.

Dass damit natürlich jede Menge Fehler in dieser Datei angezeigt werden, ist klar, denn *MainActivity.java* kennt ja diese Variablen erst mal nicht mehr. Später, wenn wir unsere Klasse beisammenhaben, gibt es für uns einiges zu korrigieren. Aber wie du sehen wirst, ist das gar nicht besonders viel.

Jetzt müssen eine ganze Reihe von Methoden in ihr neues Zuhause transportiert werden, nämlich diese (und zwar jeweils komplett):

```
setLimits()
setDestination()
getDirection()
moveObject()
```

Wichtig ist, dass diese Methoden **innerhalb** der Klassenvereinbarung liegen.

Klassen-Elemente

```
public class GameView extends View {

    // Variablen (Attribute)

    // Methoden (Funktionen)

    // Konstruktor

}
```

Die Methode moveObject() braucht hier keinen Parameter mehr, denn das betreffende Objekt (bzw. die Figur oder das Insekt) gehört ja zur Klassen-Familie (→ *Buggy4*, *GameView*):

```
private void moveObject() {
    // Ziel-Position setzen
```

```
    setDestination();
    // Richtung ermitteln
    getDirection();
    Figur.setImageResource(R.drawable.insekt1);
    Figur.setRotation((float) Winkel);
    Figur.animate().x(xZiel).y(yZiel).setDuration(500);
    // Startpunkt neu setzen
    xStart = xZiel;
    yStart = yZiel;
}
```

Und schon schrumpft die Anzahl der Fehlerstellen in *MainActivity.java*. Natürlich gibt es noch immer einige – aber wenige.

```
// Runnable-run-Struktur
private Runnable runnable = new Runnable() {
    @Override
    public void run() {
        moveObject(Insekt);
        handler.postDelayed( r: this,  delayMillis: 500);
    }
};

@Override
protected void onCreate(Bundle savedInstanceState) {
    super.onCreate(savedInstanceState);
    setContentView(R.layout.activity_main);
    // "Insekt" und Hintergrund
    Insekt = (ImageView) findViewById(R.id.imageView);
    final ImageView Hgrund = (ImageView) findViewById(R.id.imageView2);
    // Grenzen setzen
    setLimits();
    // Start im Zentrum
    xStart = xRechts / 2;
    yStart = yUnten / 2;
```

ZUSAMMENFASSUNG

Nun ist erst einmal eine Pause zum Verschnaufen fällig. Denn wie beim richtigen Umzug von einer Wohnung in eine andere kann man schon mal aus der Puste kommen, bei so viel Mobiliar, das transportiert und neu aufgestellt werden muss. Deshalb richten wir unsere GameView-Klasse erst im nächsten Kapitel fertig ein.

Hier sammeln wir jetzt, was dir an Neuem neu begegnet ist. Und das ist nicht gerade wenig. Du kennst Mechanismen zum quasi parallelen Ausführen von Prozessen:

Handler	Klasse zum Ausführen von Prozessen/Aufgaben (Runnables)
post()	Methode, um einen Prozess zu starten
postDelayed()	Methode, um einen Prozess verzögert zu starten
removeCallbacks()	Methode, um eine Prozess-Struktur zu beenden
Runnable	Klasse für ausführbare Programmteile
run()	Methode für die Runnable-Struktur

Du weißt, wie man eine Klasse vereinbart und von einer vorhandenen ableitet:

class	Klassen-Typ
extends	Eine Klasse von einer anderen ableiten und deren Eigenschaften und Methoden erben

Und du weißt, was ein **Konstruktor** ist und dass man auch den vereinbaren muss. Dazu und für den Aufruf können diese Wörter nützlich sein:

super	Gleichnamige Methode der Mutterklasse aufrufen
new	Objekt/Struktur erzeugen
this	Objekt selbst als Parameter übergeben (quasi auf sich zeigen)

Du hast eine weitere Animations-Methode kennengelernt:

ImageView	Anzeigefläche für Bilder
setRotation()	Bild in eine bestimmte Position drehen (Winkel)

Und nicht zuletzt sind ein paar Methoden aus der Mathe-Bibliothek von Java und ein neuer Datentyp aufgetaucht:

Math	Bibliothek mit zahlreichen mathematischen Funktionen
atan2()	Methode, die über Tangens-Arkustangens für zwei Dreiecks-Seiten (Katheten) das Bogenmaß berechnet
toDegrees()	Methode, um Bogenmaß in Gradmaß umzuwandeln
toRadians()	Methode, um Gradmaß in Bogenmaß umzuwandeln
float	Einfachgenaue Dezimalzahl
double	Doppeltgenaue Dezimalzahl

EIN PAAR FRAGEN ...

1. Wie wird ein Bildobjekt verkleinert, vergrößert, verschoben, gedreht?

2. Was ist ein Runnable-Objekt?

3. Was ist ein Konstruktor?

4. Wie wird ein Objekt aus einer selbst vereinbarten Klasse erzeugt?

... DOCH NUR EINE AUFGABE

1. Programmiere eine App, bei der ein Button mit der Aufschrift »Drück mich!« (ziemlich schnell) auf dem Display herumhüpft. Mit einem Mausklick oder Fingertipp kannst du ihn wieder stoppen.

10 VOM KÄFER ZUR WANZE

Der Käfer kann nicht mehr krabbeln. Stattdessen gibt es einige Baustellen im Hauptprogramm. Das war der aktuelle Stand im letzten Kapitel. Die neue Klasse, die wir da zusammengebaut haben, muss jetzt nahtlos ins Projekt eingefügt werden, damit es nicht nur für den Käfer wieder einsatzfähig ist. Das erledigen wir hier. Außerdem werden wir zum Jäger.

In diesem Kapitel lernst du

◎ wann man public statt private einsetzt (und umgekehrt)

◎ etwas über Kapselung

◎ wie man sich von Pythagoras helfen lassen kann

◎ etwas über Wanzenjagd

REPARATURARBEITEN

Wenn ich mir in unserem aktuellen Buggy-Projekt den Quelltext von *MainActivity.java* so anschaue, dann sieht das Ganze doch recht übersichtlich aus. Hier ist der Anfangsteil (*Buggy4*):

```
public class MainActivity extends AppCompatActivity {
  private boolean An = true;
  private Handler handler = new Handler();
  private Runnable runnable = new Runnable() {
    @Override
    public void run() {
      moveObject(Insekt);
      handler.postDelayed(this, 500);
    }
  };
```

Wie du siehst, bleibt der Handler im Hauptprogramm, ebenso wie die Runnable-Struktur. Das globale Insekt-Objekt hat ausgedient, diese Vereinbarung musste also gelöscht werden. Was bleibt, ist die Schalt-Variable. Doch das Fehlen einiger vorher global vereinbarten Elemente hinterlässt natürlich seine Spuren bzw. Lücken. Hier sind die Fehlermeldungen, die ich bei dem Versuch bekommen habe, die Projekt-Baustelle zu starten:

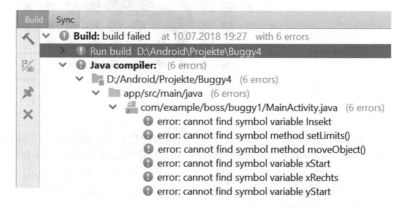

Dass in *MainActivity* nun das Objekt Insekt sowie einige Variablen unbekannt sind, ist klar. Ganz zu schweigen davon, dass Android Studio im Hauptprogramm nun auch mit Methoden wie moveObject() und setLimits() nichts mehr anfangen kann.

Als Allererstes brauchen wir jetzt ein **Objekt** unserer neuen eigenen Klasse, das wir in die Methode onCreate() hineinsetzen:

```
private GameView Spiel = new GameView(this);
```

Das bewirkt zunächst noch keinen Rückgang der Fehler. Im nächsten Schritt brauchen jetzt die beiden in der Klasse GameView vereinbarten Objekte Figur und Hgrund ihre Verbindung zu den entsprechenden Komponenten (→ *Buggy4*):

```
Spiel.Figur = (ImageView) findViewById(R.id.imageView);
Spiel.Hgrund =
  (ImageView) findViewById(R.id.imageView2);
```

≫ Tippe das alles erst einmal ein.

Sieht nicht wirklich besser aus, oder? Haben wir etwa nicht weniger, sondern eher noch ein paar Fehler mehr? Dennoch sind wir auf dem richtigen Weg.

```
// Spiel-Objekt
GameView Spiel = new GameView( context: this);



@Override
protected void onCreate(Bundle savedInstanceState) {
    super.onCreate(savedInstanceState);
    setContentView(R.layout.activity_main);
    // "Insekt" und Hintergrund
    Spiel.Figur = (ImageView) findViewById(R.id.imageView);
    Spiel.Hgrund = (ImageView) findViewById(R.id.imageView2);
```

Das Problem: Die beiden Elemente Figur und Hgrund sind in der Klasse GameView privat vereinbart, demnach gibt es von **draußen** keine Zugriffsmöglichkeit. Das lässt sich beheben, indem man die Vereinbarung dieser Elemente in public ändert.

Mit der Umwandlung von Eigenschaften und Methoden einer Klasse in public sollte man behutsam umgehen: Nur die Elemente, die man wirklich »draußen« braucht, sollten public sein, alles andere bleibt (erst mal) private.

In unserem Fall bleibt eine ganze Menge Variablen als Attribute von GameView nur intern gültig, ebenso wie einige Methoden. Das heißt, sie sind sozusagen von der »Außenwelt« abgekapselt.

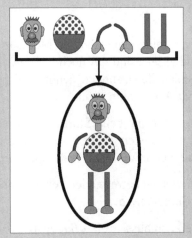

Diese **Kapselung** schützt so diese Elemente vor ungewollten Fremdzugriffen. Und wenn nötig, werden einige Elemente »entkapselt«, indem man sie als public vereinbart.

> Wechsle in den Quelltext von *GameView.java* und passe dort die Vereinbarungen so an:

```
public ImageView Figur;
public ImageView Hgrund;
```

Womit wir jetzt keine Probleme mehr haben dürften, den beiden Objekten ihre Bildfeld-IDs zuzuweisen. Bei dieser Gelegenheit schauen wir gleich einmal über die in der Klasse GameView definierten Methoden: Alle sind private vereinbart. Welche davon brauchen wir im Hauptprogramm (*MainActivity*)?

Eine Fehlerquelle war der Aufruf von setLimits(). Und eine weitere der von moveObject(). Nur die letzte der beiden Methoden brauchen wir »draußen«:

> Ändere nur die Vereinbarung dieser Methode in *GameView.java* entsprechend:

```
public void moveObject() {
```

Alle anderen Methoden werden nur intern genutzt, also behalten sie ihr private.

DAS SPIEL-OBJEKT EINSETZEN

Zurück in *MainActivity.java* wenden wir uns jetzt der nächsten Baustelle zu:

```
setLimits();
xStart = xRechts/2;
yStart = yUnten/2;
```

setLimits() ist inzwischen keine eigenständige Methode mehr, sondern eine des Spiel-Objekts. xStart und yStart sind nur noch in GameView vereinbart. Der Aufruf der Methode und die beiden Zuweisungen gehören nicht mehr in *MainActivity*, sondern in *GameView.java*. Aber wohin genau?

Weil es um Anweisungen geht, die beim Start erledigt werden sollen (also bevor das eigentliche Spiel beginnt), setzen wir sie in den Konstruktor. Denn der hat ja die Aufgabe, das Objekt aufzubauen. Also kann er das gleich mit erledigen.

> Markiere (in *MainActivity*) die betreffenden Zeilen, schneide sie aus und füge sie in den Quelltext von *GameView.java* ein.

Womit der Konstruktor jetzt so aussieht ($\rightarrow$ *Buggy4*):

```
public GameView(Context context) {
  super(context);
```

```
// Grenzen setzen, Start im Zentrum
setLimits();
xStart = xRechts/2;
yStart = yUnten/2;
}
```

Wenn du dich jetzt wieder im Quelltext des Hauptprogramms umschaust, gibt es nur noch zwei Probleme. Das eine erledigen wir sofort:

≫ Wechsle zu *MainActivity.java* und erweitere die Kopfzeile der OnTouchListener-Struktur so:

```
Spiel.Hgrund.setOnTouchListener
    (new View.OnTouchListener() {
```

Bleibt noch der Aufruf der moveObject-Methode. Auch die gehört natürlich zum Objekt Spiel und hat ja keinen Parameter mehr:

```
Spiel.moveObject();
```

(Du hast nicht vergessen, dafür zu sorgen, dass auch diese Methode public ist?)

```
// Runnable-run-Struktur
private Runnable runnable = new Runnable() {
    @Override
    public void run() {
        Spiel.moveObject();
        handler.postDelayed( r: this,  delayMillis: 500);
    }
};
```

```
// "Insekt" und Hintergrund
Spiel.Figur = (ImageView) findViewById(R.id.imageView);
Spiel.Hgrund = (ImageView) findViewById(R.id.imageView2);

// Touch-Struktur
Spiel.Hgrund.setOnTouchListener(new View.OnTouchListener() {
```

Nun sieht alles doch ziemlich gut aus, oder? Das Ganze ist aber immer noch nicht fehlerfrei. Wieso? Es gibt doch keine Fehlermeldung.

≫ Starte das Programm und schaue mal, ob auch bei dir der Emulator diese Meldung anzeigt:

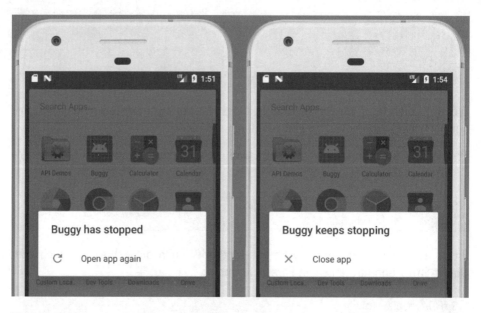

Nach dem Versuch, die Buggy-App erneut zu öffnen, kommt schließlich die enttäu-schende Aufforderung, die App endgültig zu schließen (CLOSE APP).

≫ Sorge also dafür, dass das Programm wieder beendet wird.

> Hier haben wir es mit einem sogenannten **Laufzeitfehler** (englisch: Runtime
> Error) zu tun, ein Fehler, der erst auftritt, wenn das Programm bereits läuft.

Was tun? Liegt es daran, dass das Spiel-Objekt nicht nur global vereinbart wurde, sondern es auch dort oben erzeugt wurde?

```
private GameView Spiel= new GameView(this);
```

Trennen wir das Ganze doch mal. Vereinbaren wir zuerst einfach nur ein Spiel-Objekt wie eine Variable (→ *Buggy4, MainActivity*):

```
private GameView Spiel;
```

Und erst weiter unten in onCreate() lassen wir den Konstruktor aktiv werden, damit auch wirklich ein Objekt entsteht:

```
Spiel = new GameView(this);
```

```
// Spiel-Objekt
private GameView Spiel;

// Handler-Objekt
private Handler handler = new Handler();
// Runnable-run-Struktur
private Runnable runnable = new Runnable() {
    @Override
    public void run() {
        Spiel.moveObject();
        handler.postDelayed( r: this,  delayMillis: 500);
    }
};

@Override
protected void onCreate(Bundle savedInstanceState) {
    super.onCreate(savedInstanceState);
    setContentView(R.layout.activity_main);

    // Spiel, "Insekt" und Hintergrund
    Spiel = new GameView( context: this);
    Spiel.Figur = (ImageView) findViewById(R.id.imageView);
    Spiel.Hgrund = (ImageView) findViewById(R.id.imageView2);
```

≫ Trenne die Vereinbarung und Erzeugung des Spiel-Objekts in MainActivity. Dann starte das Programm und lasse den Käfer herumlaufen.

WANZENJAGD

So wie das Programm jetzt läuft (es tut ja nichts anderes als die Vorversion ohne eigene Klassenvereinbarung), sollte es nicht bleiben. Denn verlockt der herumirrende Käfer nicht zum Darauf-Klicken oder -Tippen? Brutaler ausgedrückt: Kriegt man nicht Lust, ihn zu erwischen und zu zerquetschen?

Nun steht ausgerechnet dieser Käfer unter Naturschutz, deshalb müssen wir uns nach einem anderen Insekt umsehen, das einem Feindbild mehr entspricht als der arme Käfer. Ich habe mich für eine Wanze entschieden, bei der es mir nicht schwerfällt, sie zu »plätten«.

Und damit sind wir auch gleich bei einer Schwachstelle unserer Klasse GameView: Ein Objekt wie Spiel holt sich immer ein Bild, dessen Ressourcenname innerhalb der Klasse festgelegt wurde. Daran müssen wir gleich etwas ändern. Wir geben der moveObject-Methode wieder einen Parameter (→ *Buggy5, GameView*):

```
public void moveObject(int bild) {
  // Ziel-Position setzen
  setDestination();
  // Richtung ermitteln
  getDirection();
  // Figur holen, drehen und bewegen
  Figur.setImageResource(bild);
  Figur.setRotation((float) Winkel);
  Figur.animate().x(xZiel).y(yZiel).setDuration(1000);
  // Startpunkt neu setzen
  xStart = xZiel;
  yStart = yZiel;
}
```

Die Methode setImageResource() übernimmt dann ein Bild aus der Ressource. Und in MainActivity passen wir den Aufruf von moveObject() in der Runnable-Struktur dann so an:

```
Spiel.moveObject(R.drawable.insekt1);
```

Nun ist der Weg frei, statt eines bestimmten Insekts auch ein anderes zu verwenden. (Wobei das vorher natürlich auch gegangen wäre, nur müsste das zu ladende Bild dann immerzu *insekt1.png* heißen.)

≫ Passe den Quelltext in *MainActivity.java* und *GameView.java* entsprechend an.

Nun brauchst du ein paar neue Bilder für die Ressource-Ordner. Mindestens zwei, weil wir später ein weiteres Bild eines »kaputten« Insekts brauchen. Mein Vorschlag: *Insekt2.png* und *Insekt2x.png* aus dem Download-Vorrat.

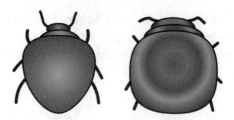

≫ Sorge also dafür, dass in den *drawable*-Ordnern genügend Bild-Dateien liegen.

Was brauchen wir als Nächstes? Eine Methode, die beschreibt, was passiert, wenn ein Insekt von einem Mausklick oder Fingertipp getroffen wurde (→ *Buggy5, Game-View*):

```
public void killObject(int bild) {
  // Figur holen und ausblenden
  Figur.setImageResource(bild);
  Figur.animate().alpha(0f).setDuration(1000);
}
```

Hier wird ein neues Bild geladen, um einen neuen Zustand der Wanze zu zeigen. Und das wird dann innerhalb von einer Sekunde ausgeblendet.

≫ Erweitere deine GameView-Klasse um diese Methode.

Man will ja beim Testen eines Spiels möglichst schnell ein Ziel erreichen. Mir hat das mit 500 Millisekunden etwas zu lange gedauert, die Wanze zu erwischen. Ich habe daher das Zeitintervall für die Bewegung der Wanze auf eine ganze Sekunde gesetzt. Was heißt, dass auch im Hauptprogramm die Handler-Methode postDelayed() den Parameter 1000 statt 500 benötigt,

Wenn du aber ein guter Spieler bist und auch beim Testen deines Programms die Herausforderung suchst, dann kannst du auch noch kleinere Werte als 500 einsetzen.

Und nun geht es weiter in *MainActivity*. Da kommen nun ein paar größere Änderungen auf dich zu. Für den Klick oder Tipp auf das Insekt brauchen wir eine Anpassung in der onTouch-Methode für Hgrund. Oder eine neue onTouch-Struktur für Figur?

Würde man hier zwei onTouch-Methoden verwenden, dann würden bei einem Klick oder Tipp auf das Bildfeld mit der Wanze **beide** Methoden aktiviert, also die für Figur **und** die für Hgrund.

Aus meiner Sicht die beste Lösung ist, bei einer Touch-Struktur zu bleiben, diese jedoch von Hgrund auf Figur zu übertragen. Das bedeutet, dass man künftig für einen Spielstart auf die Wanze klicken muss. Und um deren Bewegung zu stoppen ebenfalls. Aber das ist ja der Sinn unseres kleinen Spiels: Wenn man die Wanze erwischt, dann hat sie keinen Grund mehr weiterzulaufen.

Natürlich musst du für das neue Spiel auch die Wanze statt des Käfers einbinden:

```
Spiel.moveObject(R.drawable.insekt2);
```

Außerdem empfiehlt es sich, auch das IMAGEVIEW-Objekt mit INSEKT2 zu verknüpfen, damit beim Start nicht doch zuerst der Käfer erscheint.

ImageView		
srcCompat	@drawable/insekt2	···
contentDescription		···
background		···

Sonst wird erst beim ersten Mausklick auf das Objekt die Wanze sichtbar.

Wenn die Schaltvariable An den Wert true hat, bleibt alles, wie es ist. Andernfalls wird nicht nur die Bewegung der Wanze gestoppt, sondern wir brauchen auch ein neues Bild, das die Wanze im »geplätteten« Zustand zeigt. Das erledigt die neue killObject-Methode. Womit dann die ganze onTouchListener-Struktur so aussieht (→ *Buggy5, MainActivity*):

```
Spiel.Figur.setOnTouchListener
  (new View.OnTouchListener() {
  @Override
  public boolean onTouch
    (View view, MotionEvent motionEvent) {
    // Insekt zum Laufen bringen
    if (An)
      handler.post(runnable);
    // Auftrag beenden
    else {
      handler.removeCallbacks(runnable);
      Spiel.killObject(R.drawable.insekt2x);
    }
    // Umschalten
    An = !An;
    // Rückgabewert
    return false;
  }
});
```

≫ Ändere die Struktur im Hauptprogramm entsprechend um, dann starte das Projekt. Mit Klicken auf den Hintergrund kommst du nicht weiter, ein Klick auf die Wanze bringt das Tierchen zum Krabbeln. Ein weiterer Klick macht ihm den Garaus (vorausgesetzt, du triffst).

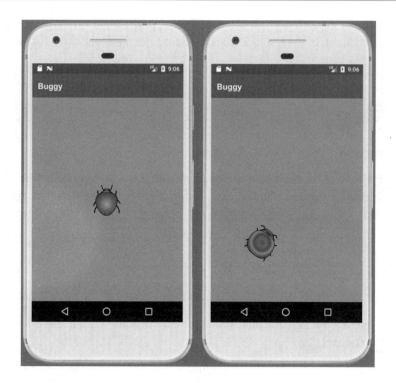

FEINTUNING

Immerhin kann man das, was unser Projekt inzwischen leistet, schon als Spiel bezeichnen. Es ist natürlich (noch) nicht für die Öffentlichkeit bestimmt, aber unter Freunden könnte man es schon herumzeigen. Dass es etwas zu verbessern gibt, dürfte klar sein. Denn sicher hast du eine ganze Liste von Vorschlägen. Nehmen wir mal einige, die darunter sein könnten. Einer bezieht sich auf die Laufgeschwindigkeit des Insekts. Die hatte ich eigenmächtig einfach mit einer Laufdauer von 1000 Millisekunden pro Abschnitt festgelegt. Und dieser Wert lässt sich im Hauptprogramm nicht mehr ändern.

Warum verwenden wir in der GameView-Klasse dafür nicht eine Variable?

```
private int Zeit;
```

Und definieren eine Methode, mit der sich die Dauer einer Animation von außen flexibel festlegen lässt (→ *Buggy6, GameView*):

```
public void setDelay(int time) {
   Zeit = time;
}
```

Dabei reicht mir ein Zeitwert für die moveObject-Methode, in killObject() nehmen wir diese Zeit dann einfach mal 2 (um das Ganze noch ein bisschen auszudehnen):

```
// in moveObject():
Figur.animate().x(xZiel).y(yZiel).setDuration(Zeit);
// in killObject():
Figur.animate().alpha(0f).setDuration(2*Zeit);
```

≫ Erweitere die Klasse GameView entsprechend.

Natürlich könntest du auch eine Methode vereinbaren, die zwei Zeiten übernimmt, damit die Bewegung und der Tod einer Figur wie der Wanze getrennt einstellbar sind, z.B. so:

```
public void setDelay(int time1, int time2) {
   MoveZeit = time1;
   KillZeit = time2;
}
```

Mir aber reicht **eine** Zeit für alle Animationen (weshalb ich auf diese Methoden-Variante verzichte).

Im Hauptprogramm gibt es nun auch einiges nachzubessern. Ganz zu Anfang vereinbaren wir eine weitere globale Variable und legen gleich deren Wert fest:

```
private int Dauer = 1000;
```

Weiter unten in der onCreate-Methode (direkt nachdem Figur und Hgrund ihre IDs haben), rufen wir die neue Methode aus GameView auf:

```
Spiel.setDelay(Dauer);
```

Damit weiß das Objekt, mit welcher Geschwindigkeit die Figur (hier das Insekt) bewegt werden soll.

≫ Ergänze den Quelltext im Hauptprogramm entsprechend.

Diese Variable kannst du auch dem Handler übergeben, wenn du willst. Die betroffene Methode liegt ja in der Runnable-Struktur:

```
handler.postDelayed(this, Dauer);
```

Wenn du dein Spiel testen willst und dazu eine besonders langsame Geschwindigkeit brauchst, um die Wanze auf jeden Fall zu treffen, dann musst du nur an einer einzigen Stelle etwas ändern, z.B.:

```
private int Dauer = 2000;
```

Und schon läuft das gesamte Spiel gemütlicher ab. (Oder du machst das Spiel schneller, indem du 500 oder eine deutlich kleinere Zahl verwendest?)

Wo wir schon beim Thema Geschwindigkeit sind: Vielleicht ist dir aufgefallen, dass der Käfer oder die Wanze bisher für **jeden** Weg eine Sekunde brauchte? Für eine lange Distanz etwa über die ganze Diagonale des Displays ebenso wie für ein paar Pixel. Was heißt: Die Figur bewegte sich mal schneller und mal langsamer.

Wenn dich das nicht stört, dann lasse einfach alles, wie es ist. Um aber zu erreichen, dass eine Figur sich immer mit derselben Geschwindigkeit bewegt, muss man die Laufzeit von der Länge der Strecke abhängig machen.

EINE FRAGE DER ZEIT?

Erinnerst du dich daran, wie wir im letzten Kapitel versucht haben, für den Käfer (und damit auch die Wanze) die richtige Richtung zu ermitteln? Da haben wir zuerst zwei Streckenabschnitte berechnet, die wir xDiff und yDiff genannt haben:

```
int xDiff = xZiel - xStart;
int yDiff = yZiel - yStart;
```

Um so viele Pixel wird die Figur jeweils horizontal (x-Richtung) und vertikal (y-Richtung) verschoben. Der wirkliche Weg, den sie dabei zurücklegt, wird durch die **Schräge** bestimmt, also die längste Seite in diesem rechtwinkligen Dreieck.

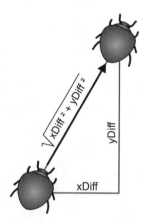

Aus der Schule kennst du den Namen Pythagoras. Von dem stammt eine Formel, mit deren Hilfe wir diese Schräge berechnen können. Dazu brauchen wir zuerst die beiden Quadrate aus den Strecken xDiff und yDiff, die wir so erhalten:

```
xDiff*xDiff + yDiff*yDiff
```

Diese beiden Werte werden addiert. Und dann wird daraus die Quadratwurzel gezogen. Dazu bietet die Math-Klasse von Java mit sqrt() eine passende Funktion an:

```
Weg = Math.sqrt(xDiff*xDiff + yDiff*yDiff);
```

sqrt ist eine Abkürzung von **square root** (= Quadratwurzel). Das Ergebnis ist vom Typ double (also nicht float).

Die Variable Weg muss natürlich noch weiter oben in *GameView* vereinbart werden:

```
private double Weg;
```

Und so sähe dann die neue Methode getDistance() aus (→ *Buggy6*, *GameView*):

```
private void getDistance() {
   // Distanz ermitteln
   int xDiff = xZiel - xStart;
   int yDiff = yZiel - yStart;
   //Strecke berechnen
   Weg = Math.sqrt(xDiff*xDiff + yDiff*yDiff);
}
```

≫ Die neue Methode solltest du gleich der Klasse GameView hinzufügen.

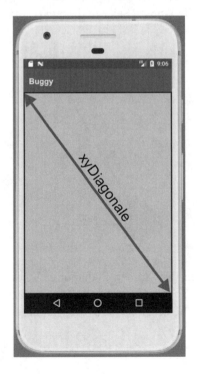

Wie bekommen wir jetzt die tatsächliche Zeit heraus, die eine Figur zum Laufen braucht? Zuerst brauchen wir die maximal mögliche Strecke. Für die gilt der in der Variablen Zeit gespeicherte Wert.

Das Maximum ist die Diagonale des Displays bzw. des Spielfelds, ein Rechteck, dessen Maße wir über setLimits() kennen. Für die Diagonale brauchen wir auch hier wieder die Hilfe des Pythagoras.

Aber brauchen wir auch eine neue Methode? Kann das nicht getDistance() erledigen? Schauen wir uns erst einmal an, was die Methode erledigen müsste:

```
public void getDiagonal() {
   int xDiff = xRechts - xLinks;
   int yDiff = yUnten - yOben;
   Max = Math.sqrt(xDiff * xDiff + yDiff * yDiff);
}
```

Natürlich brauchen wir dazu außer Weg eine weitere Variable:

```
private double Weg, Max;
```

Die Methoden getDistance() und getDiagonal() sehen sich sehr ähnlich, doch es gibt in jeder Zeile solche Unterschiede, dass es sich nicht lohnt, daraus eine einzige Methode zu machen.

≫ Tippe auch die Vereinbarung und die neue Methode ein (→ *Buggy6, GameView*).

Und nun kommt die nächste Frage: Wo wird welche Methode aufgerufen? Max muss nur einmal ermittelt werden. Das kann der Konstruktor erledigen:

```
public GameView(Context context) {
   super(context);
   // Grenzen und Maximalstrecke
   setLimits();
   getDiagonal();
   //Start im Zentrum
   xStart = xRechts/2;
   yStart = yUnten/2;
}
```

Und in moveObject() berechnen wir den Weg und die daraus resultierende Laufzeit. Hier ist die komplette Methode (→ *Buggy6, GameView*):

```
public void moveObject(int bild) {
   // Ziel-Position setzen
   setDestination();
   // Winkel, Weg und Zeitfaktor ermitteln
   getDirection();
   getDistance();
```

```
    int xyDiff =(int)(Weg * Zeit / Max);
    // Figur holen, drehen und bewegen
    Figur.setImageResource(bild);
    Figur.setRotation((float) Winkel);
    Figur.animate()
      .x(xZiel).y(yZiel).setDuration(xyDiff);
    // Startpunkt neu setzen
    xStart = xZiel;
    yStart = yZiel;
}
```

Nachdem über getDistance() der Weg berechnet wurde, müssen wir die aktuelle Laufzeit für die Figur ermitteln. Die Variable dafür habe ich xyDiff genannt:

```
    int xyDiff =(int)(Weg*Zeit/Max);
```

Für die Mathematiker: Wenn Weg den Maximalwert hätte, dann würde die Formel so lauten: Max*Zeit/Max, was sich kürzen lässt, sodass am Ende nur die Variable Zeit übrig bleibt. Bei maximalem Weg braucht die Figur also auch die maximal mögliche Zeit.

Die wirklich benötigte Zeit übernimmt dann auch die Animationsmethode:

```
    Figur.animate().x(xZiel).y(yZiel).setDuration(xyDiff);
```

≫ Ergänze die Klassenvereinbarungen für GameView, dann lasse das Projekt laufen. Und du wirst feststellen, dass die Wanze jetzt auf allen Strecken gleich schnell läuft.

Weil die Wiederholungsdauer für den Handler stets die **gleiche** bleibt, macht natürlich das Tierchen immer eine kleine Verschnaufpause, ehe die nächste Bewegung folgt. Das aber dürfte nicht weiter stören. Wenn doch, dann müsste der Handler ständig einen neuen Dauer-Wert erhalten.

WIEDERBELEBUNG

Nun läuft die Wanze ebenso wie früher der Käfer recht ziellos über das Display. Und es fällt nicht immer leicht, dieses Tierchen zu erwischen (jedenfalls mir nicht). Aber es soll ja auch nicht zu einfach sein, die Wanze zu plätten. So weit macht sich unser Spiel doch ganz gut.

Doch was ist, wenn wir der Wanze den Garaus gemacht haben? Soll dann das Spiel zu Ende sein? Wenn ja, könnten wir eigentlich in onTouch() die Schaltvariable An auch »abschalten«:

```
An = false;
```

Denn ein Umschalten wäre doch nach dem Aus der Wanze witzlos. Außer es erscheint eine **neue** Wanze. Mal sehen, wie wir das anstellen können.

Beginnen wir mit einer Methode für die Klasse GameView, die die scheinbar getötete (und ausgeblendete) Wanze wiederherstellt (→ *Buggy7*):

```
public void restoreObject(int bild) {
  // Figur holen und einblenden
  Figur.setImageResource(bild);
  Figur.animate().alpha(1f).setDuration(Zeit);
}
```

restoreObject() ist das Gegenstück zu killObject(): Erst wird das passende Bild (einer lebendigen lauffähigen Wanze) geholt, dann wird der Alpha-Wert auf 1 (= voll) animiert. Die Wanze ist wieder da und kann weiterlaufen.

Die folgenden Änderungen betreffen *MainActivity.java*, und dort fast nur die onTouch-Methode (→ *Buggy7*):

```
public boolean onTouch
  (View view, MotionEvent motionEvent) {
  // Insekt (erneut) zum Laufen bringen
  if (An) {
    if(!Start)
      Spiel.restoreObject(R.drawable.insekt2);
    handler.post(runnable);
    Start = false;
  }
  // Insekt stoppen und "plätten"
  else {
    handler.removeCallbacks(runnable);
    Spiel.killObject(R.drawable.insekt2x);
  }
  // Umschalten
  An = !An;
  // Rückgabewert
  return false;
}
```

Die if-Struktur ist um eine weitere gewachsen, denn es gibt einen weiteren Schalter. Jetzt unterscheiden wir noch, ob das Spiel neu gestartet wurde oder die Figur wiederauferstehen soll:

Schaltzustand	Zustand der Figur	Methode
An = true	ist in Bewegung	moveObject()
An = false	ist getroffen und bleibt stehen	killObject()
Start = true	Wanze lebt noch	
Start = false	Wanze lebt wieder	restoreObject()

Und nur wenn das Spiel nicht mehr neu ist, dann muss die Wanze wieder einge-
blendet werden:

```
if(!Start)
  Spiel.restoreObject(R.drawable.insekt2);
```

Ganz oben im Quelltext bekommen die globalen Variablen ein Mitglied mehr:

```
private boolean An = true, Start = true;
```

Auch Start muss zu Anfang auf true gesetzt werden, doch nach dem ersten Klick
oder Tipp erhält Start sofort (und für immer) den Wert false:

```
Start = false;
```

≫ Ergänze die neue Methode in *GameView* und ihren Aufruf in *MainActivity*. Füge
die Variable Start hinzu. Dann kannst du das Spiel wieder neu laufen lassen.

Und so geht das Spiel jetzt: Mit dem ersten Mausklick oder Fingertipp startest
du die Wanze. Sobald es dir gelungen ist, sie zu erwischen, ist sie platt und
haucht ihr Leben aus (bzw. löst sich auf). Klickst oder tippst du nun auf die
Stelle, an der die Wanze **zuletzt** war, dann taucht eine frische oder runderneu-
erte Wanze auf und krabbelt um ihr Leben.

Wenn du lieber die Stelle kennzeichnen möchtest, auf die du für das Erscheinen
einer neuen Wanze klicken musst, dann kannst du z.B. in killObject() den Alpha-
Wert ein kleines bisschen höher als null setzen, etwa so:

```
Figur.animate().alpha(0.1f).setDuration(2*Zeit);
```

Dann sieht man die (alte) platte Wanze noch ein bisschen durchschimmern. Für den
Spielspaß aber würde ich bei 0f bleiben.

TREFFER ZÄHLEN

Zu einem richtigen Spiel gehören natürlich auch Punkte, die man erreichen kann. Und um die anzuzeigen, brauchen wir ein Textfeld.

≫ Wechsle zu *activity_main.xml* und dort in den DESIGN-Modus. Füge in das Layout ganz oben eine Komponente von Typ TEXTVIEW ein, zentriere den Text und stelle die Textgröße z.B. auf 30 bis 40 sp.

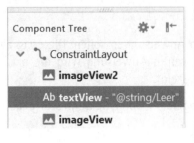 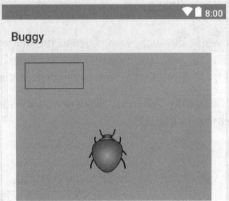

Achte darauf, dass das Anzeigefeld **vor** bzw. auf dem Hintergrund liegt, sonst kriegst du später von den Punkten nichts zu sehen. Wenn du willst, dass die Wanze beim Laufen nicht hinter dem Anzeigefeld verschwindet, muss diese Komponente zwischen den beiden Bildfeldern liegen.

≫ Außerdem kannst du in *string.xml* eine »Leer«-Zeile einfügen:

```
<string name="Leer"> </string>
```

≫ Und die dann als Ressource mit dem neuen Anzeigefeld verknüpfen.

Im Quelltext von *MainActivity.java* muss nun eine neue Variable vereinbart und mit der neuen Komponenten verknüpft werden (aber das kennst du ja schon):

```
final TextView Treffer =
  (TextView) findViewById(R.id.textView);
```

Für das Sammeln der Punkte vereinbaren wir eine globale Variable mit einem Ganz-zahl-Typ:

```
private int Punkte = 0;
```

Ich zähle pro Treffer einen Punkt. Doch du kannst auch in 100er- oder 1000er-Schritten zählen. (Der Typ int erfasst ganze Zahlen zwischen -/+ 2 Milliarden. Ob jemals ein Spieler diese Punktzahl erreichen wird?)

Bleibt jetzt nur noch das Zählen selbst. Das passiert im else-Zweig der onTouch-Methode:

```
handler.removeCallbacks(runnable);
Spiel.killObject(R.drawable.insekt2x);
Punkte++; // oder += 100?
Treffer.setText(String.valueOf(Punkte));
```

Nun weißt du auch, wohin genau die beiden Anweisungen sollen. Die erste zählt die Punkte um jeweils einen hoch. In der zweiten Anweisung wird die aktuelle Punktzahl dann direkt nach jedem Treffer angezeigt.

≫ Ergänze die Vereinbarungen und Anweisungen (→ *Buggy8*). Dann starte die App erneut und spiele!

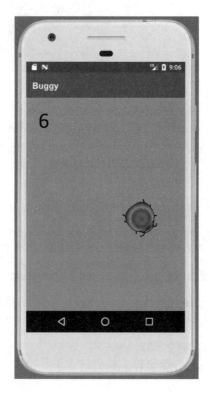

ZUSAMMENFASSUNG

Das ist nun schon dein zweites Spiel, und wenn man großzügig ist und außer dem Zahlenraten noch das Kugel-Klicken aus dem Kapitel 8 dazurechnet, sogar dein drittes. Diesmal ging es etwas brutaler zu, aber wer mag schon Wanzen?

Richtig viel Neues gab es hier nicht, lediglich ein Java-Wörtchen ist angefallen:

sqrt()	Methode, um die Quadratwurzel einer Zahl zu berechnen

Wenn du jetzt schon daran denkst, eine eigene App im Google Play Store zu veröffentlichen, dann findest du dazu ein paar Hinweise in **Anhang B**.

KEINE FRAGE ...

... UND NUR EINE AUFGABE

1. Ändere das Kugel-Projekt von Aufgabe 1 aus Kapitel 9 (*Kugel5*) um: Definiere auch hier eine Klasse GameView.

11   SPRINGEN ODER DUCKEN?

Ich möchte das Wanzen-Spiel jetzt erst einmal so lassen, wie es ist. Es gibt da noch einiges zu verbessern und zu erweitern, doch das wird komplizierter, daher verschieben wir es auf später. Jetzt beginnen wir mit einem neuen Projekt, aus dem natürlich auch ein Spiel werden soll. Bei dem geht es diesmal nicht darum, etwas zu erwischen, sondern Gegenständen auszuweichen.

In diesem Kapitel lernst du

◎ den Unterschied zwischen PORTRAIT und LANDSCAPE kennen

◎ etwas über Konstanten

◎ wie man »Drücken« und »Loslassen« abfragt

◎ etwas über den return-Wert bei onTouch()

◎ einiges über Layout und Objektgröße

HOCH- ODER QUERFORMAT

Auch für unser nächstes Projekt brauchen wir zwei Bildfelder, eines für den Hintergrund und eines für die Figur. Bei Spielbeginn wird diese erst einmal einfach nur dastehen, doch um auszuweichen, muss sie entweder hochspringen oder sich ducken.

Auch hier kannst du dich natürlich wieder bei dem Bildvorrat bedienen, der im Download-Paket steckt. Zunächst benötigen wir nur drei Dateien, später vielleicht mehr.

Ich habe hier bewusst drei »Strichmännchen« benutzt. Doch wenn dir das nicht passt, erstellst du einfach deine eigenen Figuren. Dabei solltest du jedoch beachten: Alle drei Bilder sollten das PNG-Format haben und gleich groß sein. Die (zusammengekauerte) Figur sitzt beim Hochspringen ganz oben, beim Ducken ganz unten im Bild. Dadurch ist jeweils Platz, damit der »feindliche« Gegenstand berührungslos darunter oder darüber vorbeiziehen kann.

≫ Sorge dafür, dass die obigen drei Bilder (oder andere passende) im *drawable*-Ordner liegen. Außerdem brauchen wir eine farbige Fläche für einen Hintergrund. Ich schlage hier gelb vor.

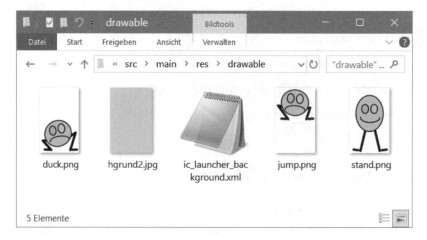

≫ Dann erzeuge ein neues Projekt und gib ihm den Namen *Dodger1*.

Das englische Verb »to dodge« heißt »ausweichen«. Ein »dodger« ist eigentlich auch ein Schwindler oder Drückeberger, dennoch halte ich den Spiel-Titel für passend. (Eine Alternative wäre z.B. »avoider«.)

≫ Füge zunächst ein Bildfeld hinzu, das so groß wie möglich sein sollte (MATCH_ PARENT). Das ist der Hintergrund.

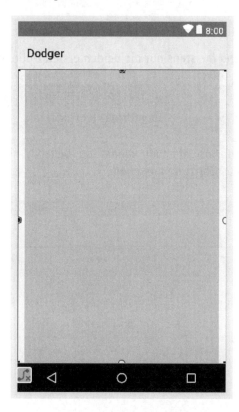

Bis jetzt sieht noch alles gut aus, doch gleich stehen wir vor einem Problem: Wenn das Spiel auf dem Smartphone im Hochformat laufen soll, wird es eng, denn die Figur wird die Hälfte des Spielfelds einnehmen. Besser wäre es also, wenn man das Ganze im Querformat spielt. Dazu müssen wir den Ansichtsmodus umschalten.

≫ Klicke dazu oben im DESIGN-Modus in der Leiste über dem Smartphone auf das Symbol links neben dem Handy-Namen (bei mir PIXEL).

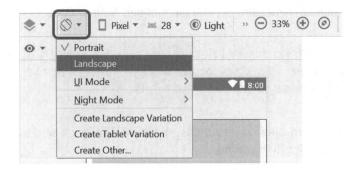

≫ Ein kleines Menü tut sich auf, dort wählst du LANDSCAPE.

Für uns interessant sind meistens nur die beiden ersten Optionen:

Landscape	Querformat (horizontal)
Portrait	Hochformat (vertikal)

Zwischen den beiden Ansichtsmodi kannst du beliebig hin- und herschalten. Anschließend sollte das Ganze so aussehen:

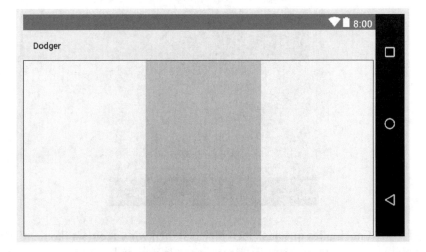

Dass die Hintergrundfarbe nicht die ganze Bildfläche bedeckt, ist unschön. Das werden wir aber erst später ändern (können).

Damit das Spiel auch nur im Querformat läuft, muss das noch im Programm vermerkt werden. Dazu ist die Datei *AndroidManifest.xml* da. Mit der hatten wir bisher noch nichts zu tun. Mal schauen, wo wir die finden.

Klicke dich links in der Projektliste so weit durch, bis du unter MANIFEST die gesuchte Datei ANDROIDMANIFEST.XML findest.

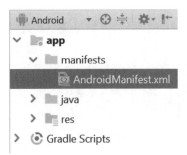

Doppelklicke auf diesen Eintrag und rechts daneben öffnet sich ein neues Fenster mit dem XML-Quelltext.

```xml
 1    <?xml version="1.0" encoding="utf-8"?>
 2    <manifest xmlns:android="http://schemas.android.com/apk/res/android"
 3        package="com.example.boss.dodger1">
 4
 5    <application
 6        android:allowBackup="true"
 7        android:icon="@mipmap/ic_launcher"
 8        android:label="Dodger"
 9        android:screenOrientation="landscape"
10        android:roundIcon="@mipmap/ic_launcher_round"
11        android:supportsRtl="true"
12        android:theme="@style/AppTheme">
13        <activity android:name=".MainActivity">
14            <intent-filter>
15                <action android:name="android.intent.action.MAIN"/>
16                <category android:name="android.intent.category.LAUNCHER"/>
17            </intent-filter>
18        </activity>
19    </application>
20
21    </manifest>
```

Da müssen wir jetzt mitten rein. Diese Zeile muss ergänzt werden (→ *Dodger1*):

```
android:screenOrientation="landscape"
```

≫ Füge sie unter dem `label`-Eintrag ein:

```
android:label="Dodger"
```

Damit wird erreicht, dass auch beim Drehen des Smartphones der Landscape-Modus erhalten bleibt.

≫ Und nun wird es Zeit für ein weiteres Bildfeld. Das kannst du dann gleich mit der Ressource für das Stand-Bild verknüpfen.

Womit unsere Arbeit im XML-Bereich vorerst getan ist. Wenden wir uns nun der Datei *MainActivity.java* zu.

JUMP & DUCK

Dort müssen wie üblich zuerst die Komponenten vereinbart werden, und dann brauchen wir wieder eine OnTouchListener-Struktur. Doch halt! War da nicht was mit einer eigenen Klasse? Die sollten wir auch diesem Projekt spendieren.

Hier sollst du eine weitere Möglichkeit kennenlernen, wie man die Datei *Game-View.java* erzeugt:

≫ Sorge dafür, dass das MAINACTIVITY.JAVA-Fenster aktiv ist. Dann klicke im Hauptmenü auf FILE und NEW.

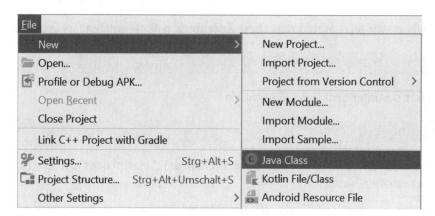

≫ Wähle im Zusatzmenü den Eintrag JAVA CLASS.

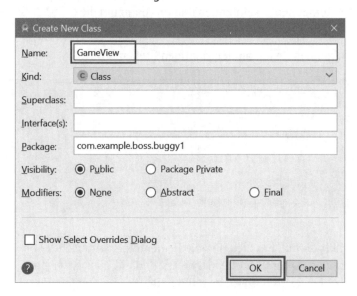

≫ In dem kleinen Dialogfeld tippst du hinter NAME *GameView* ein und klickst dann auf OK.

Womit du das passende Fenster für deine neue Klasse hast.

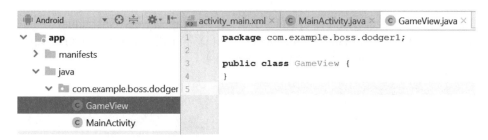

Auch jetzt leiten wir die neue von einer vorhandenen Klasse (View) ab und verpassen ihr auch gleich den erforderlichen Konstruktor (→ *Dodger1*):

```
public class GameView extends View{
    // Figur und Hintergrund
    public ImageView Figur;
    public ImageView Hgrund;

    //Konstruktor
    public GameView(Context context) {
        super(context);
    }
}
```

≫ Tippe diesen Quelltext gleich in *GameView.java* ein.

Dabei belassen wir es vorläufig. Jetzt sollten wir in *MainActivity* ein Spiel-Objekt erzeugen, die Komponenten einbinden und uns dann um die onTouch-Struktur kümmern.

≫ Gib die folgenden Zeilen an den richtigen Stellen ein:

```
// oben direkt unter der Activity-Zeile
private GameView Spiel;
// in die onCreate-Methode
Spiel = new GameView(this);
Spiel.Hgrund =
  (ImageView) findViewById(R.id.imageView);
Spiel.Figur =
  (ImageView) findViewById(R.id.imageView2);
Spiel.Hgrund.setScaleType(ImageView.ScaleType.FIT_XY);
```

Vielleicht fällt dir auf, dass ich hier die Reihenfolge vertauscht habe. Im letzten Projekt war der Hintergrund mein zweites Bildfeld, hier ist er mein erstes. Da passieren oft Fehler. Achte also genau darauf, welche Komponente du mit welcher Variablen verknüpfst!

Die letzte Zeile sorgt dafür, dass die Hintergrundfarbe sich über die gesamte Fläche erstreckt:

ScaleType ist für die Skalierung eines Bildes zuständig. Mit der Einstellung FIT_XY dehnt sich das Bild vom oberen linken Eckpunkt (XY) in alle Richtungen aus, sodass dann der gesamte Hintergrund davon bedeckt ist.

Achte darauf, dass alle benötigten Bibliotheken mit import eingebunden werden!

Brauchen wir hier eine Methode onTouch(), reicht nicht onClick()? Wir können doch einfach auf die Figur klicken oder tippen, wenn ein Gegenstand angeflogen kommt. Doch woher soll Android wissen, ob die Figur sich ducken oder hochspringen soll? Das erfährt sie nur dadurch, dass ich in eine bestimmte Gegend klicke oder tippe. Und dazu brauchen wir die Koordinaten der Maus oder des Fingers.

Den Hintergrund teilen wir in zwei gleich große Flächen auf, es gibt ein Oben und ein Unten: Kommt oben ein Gegenstand auf die Figur zu, dann muss sie sich ducken, nähert sich der Gegenstand unten, dann muss sie springen:

| if (oben) | nach unten ausweichen | *duck.png* |
| if (unten) | nach oben ausweichen | *jump.png* |

Damit du schon mal was zum Klicken (Tippen) hast und auch die Figur in Aktion zu sehen bekommst, hier eine erste Fassung der OnTouchListener-Struktur (→ *Dodger1, MainActivity*):

```
Spiel.Hgrund.setOnTouchListener
  (new View.OnTouchListener() {
  @Override
  public boolean onTouch
    (View view, MotionEvent event) {
    // Klick-Touch-Position ermitteln
    int xPos = (int)event.getX();
    int yPos = (int)event.getY();
    // Schalter an-aus
    if(An) {
      // Auswertung, passende Figur zeigen
      if (yPos <= Mitte)
        Spiel.showObject(R.drawable.jump);
      else
        Spiel.showObject(R.drawable.duck);
    }
    else
      Spiel.showObject(R.drawable.stand);
    // Umschalten
    An = !An;
    // Rückgabe
    return false;
  }
});
```

≫ Ergänze den Quelltext in *MainActivity* um diese Struktur.

≫ Und vereinbare gleich diese globalen Variablen mit:

```
private boolean An = true;
private int Mitte;
```

(Den Wert für Mitte ermitteln wir weiter unten.)

DIE MITTE FINDEN

Schauen wir uns jetzt mal genauer an, was da in onTouch() vor sich geht. Zuerst werden die Koordinaten des »Touch-Points« abgefragt (wobei wir lokale Variablen benutzen):

```
int xPos = (int)event.getX();
int yPos = (int)event.getY();
```

In einer if-Struktur verwenden wir auch hier (erst einmal) einen An-Aus-Schalter. So kannst du alle Positionen durchklicken, die die Figur einnehmen kann:

```
if(An) {
  // springen oder ducken
else
  // normal dastehen
// Umschalten
An = !An;
```

Genau genommen brauchen wir jetzt eigentlich nur **eine** Koordinate, es geht ja (noch) nicht um links oder rechts, sondern um oben oder unten. Wir haben den Ansichtsmodus auf Querformat eingestellt, und das Koordinatensystem hat sich mitgedreht. Also muss der y-Wert abgefragt werden:

```
if (yPos <= Mitte)
  Spiel.showObject(R.drawable.jump);
else
  Spiel.showObject(R.drawable.duck);
```

Wenn die Position des Mauszeigers (oder des Fingers) in der unteren Hälfte ist, dann wird gesprungen, sonst wird geduckt:

yPos <= Mitte	yPos oberhalb der Mittellinie	*duck.png*
yPos > Mitte	yPos unterhalb der Mittellinie	*jump.png*

Die Bedingung yPos == Mitte, bei der der Klick oder Tipp genau auf der Mittellinie erfolgt, habe ich »oberhalb der Mittellinie« mit untergebracht. Wann trifft man schon mal genau die Mittellinie?

Wie du siehst, wird in onTouch() eine GameView-Methode aufgerufen, die wir dort so vereinbaren (→ *Dodger1*):

```
public void showObject(int bild) {
  Figur.setImageResource(bild);
}
```

➤ Auch das kannst du gleich in *GameView.java* eintippen. (Die Methode ist klein, aber da kommt noch einiges dazu.)

Wie man die Display-Maße ermittelt, weißt du ja. Wir nutzen sie hier wieder mit einem Ausgleichsfaktor und packen sie gleich in eine Methode (→ *Dodger1, GameView*):

```
private void setLimits() {
   xDisplay = (int)(getResources()
     .getDisplayMetrics().widthPixels * 0.95f);
   yDisplay = (int)(getResources()
     .getDisplayMetrics().heightPixels * 0.8f);
}
```

setLimits() kennst du schon aus vergangenen Projekten. Hier haben wir es mit einer etwas schlankeren Variante zu tun. (Und ich habe die Faktoren etwas geändert.) Dazu vereinbaren wir auch gleich die nötigen Variablen:

```
private int xDisplay, yDisplay;
```

Und aktiviert werden muss die Methode natürlich auch. Das erledigt der Konstruktor:

```
public GameView(Context context) {
   super(context);
   setLimits();
}
```

Womit die Klasse GameView wieder um einiges gewachsen ist. Hier soll dann auch die besagte Display-Mitte berechnet werden. Das könnte eine Funktion erledigen, also eine Methode, die einen Wert zurückgibt. Und so könnte sie aussehen (→ *Dodger1, GameView*):

```
public int getMedian(int orientation) {
   if (orientation == X_AXIS)
     return xDisplay/2;
   else
     return yDisplay/2;
}
```

Ich habe die Funktion etwas universeller gestaltet. Der Parameter bestimmt, ob es um die x- oder die y-Achse geht. (In unserem Fall geht es immer um die y-Achse, die sich ja dem Hoch- oder Querformat anpasst.)

Damit das nicht nur bloße (nichtssagende) Zahlen sind, vereinbaren wir dazu zwei aussagekräftige Konstanten:

```
public static final int X_AXIS = 0;
public static final int Y_AXIS = 1;
```

> Der Wert einer **Konstanten** lässt sich nicht mehr verändern. Was ja auch hier nicht sein muss. Man benutzt die Kombination static final, um damit den zugewiesenen Wert »festzuklopfen«. Für die Namen von Konstanten sind Großbuchstaben üblich (aber nicht vorgeschrieben).

Im Hauptprogramm wird diese Methode dann so eingesetzt:

```
Mitte = Spiel.getMedian(GameView.Y_AXIS);
```

```
@Override
protected void onCreate(Bundle savedInstanceState) {
    super.onCreate(savedInstanceState);
    setContentView(R.layout.activity_main);

    // Spiel, Hintergrund, Figur
    Spiel = new GameView( context: this);
    Spiel.Hgrund = (ImageView) findViewById(R.id.imageView);
    Spiel.Figur = (ImageView) findViewById(R.id.imageView2);
    Spiel.Hgrund.setScaleType(ImageView.ScaleType.FIT_XY);
    Mitte = Spiel.getMedian(GameView.Y_AXIS);
}
```

Mitte ist ja bereits als globale Variable vereinbart. Sie bekommt die Lage der Mittellinie, die dann in onTouch() abgefragt wird.

≫ Erweitere nun die Dateien *MainActivity.java* und *GameView.java*. Dann probiere das Programm aus und klicke (bzw. tippe) ein paar Mal auf verschiedene Stellen des Displays.

Ach ja: Auch der Emulator lässt sich natürlich aufs Querformat umschalten. Dazu benutzt du die Symbole in der Zusatzleiste.

Display (Anzeige) drehen

Damit lässt sich der Emulator in jede Richtung drehen bzw. kippen.

DRÜCKEN ODER LOSLASSEN

So wie im aktuellen Dodger-Projekt kann es natürlich nicht bleiben. Nach jedem Ducken oder Springen sollte die Figur automatisch wieder ihre Normalposition einnehmen. Anders ausgedrückt: Solange ich die Maustaste gedrückt halte oder den Finger auf dem Display liegen lasse, soll die Figur geduckt oder im Sprung angezeigt werden. Lasse ich los, kehrt das normale Standbild zurück.

Schauen wir mal, ob wir in den Informationen etwas finden, die MotionEvent uns als Parameter der onTouch-Methode liefert. Was wir schon kennen, sind die Koordinaten der Position, die berührt wurde. Interessant ist die Methode getAction(). Sie liefert eine ganze Zahl, für die es eine Reihe von vordefinierten Konstanten gibt, von denen uns jetzt nur zwei nützlich sind:

ACTION_DOWN	Beginn des »Drucks«: Maustaste wird gedrückt oder Finger berührt Display.
ACTION_UP	Ende des »Drucks«: Maustaste wird losgelassen oder Finger wird vom Display abgehoben.

Als Erstes entfernen wir die globale boolesche Variable An und vereinbaren in onTouch() eine lokale Ganzzahl Modus, der wir dann gleich die benötigte Information zuweisen:

```
int Modus = event.getAction();
```

Und dann wird ausgewertet. Dazu schaust du dir am besten die komplette onTouch-Methode an (→ *Dodger2*):

```
public boolean onTouch(View view, MotionEvent event) {
  // Klick-Touch-Position und -Zustand
  int xPos = (int)event.getX();
  int yPos = (int)event.getY();
  int Modus = event.getAction();

  // Gedrückt oder nicht
  switch (Modus) {
    case MotionEvent.ACTION_DOWN:
      // Auswertung, passende Figur holen
      if (yPos <= Mitte)
        Spiel.showObject(R.drawable.jump);
      else
        Spiel.showObject(R.drawable.duck);
      break;
    case MotionEvent.ACTION_UP:
      Spiel.showObject(R.drawable.stand);
  }
  // Rückgabe
  return true;
}
```

≫ Passe die Methode in *MainActivity.java* entsprechend an. Wenn du willst, kannst du das Programm auch schon mal testen.

Natürlich kann man das auch wieder mit der if-Struktur lösen, ich aber habe mir erlaubt, hier mal die switch-Verzweigung zu benutzen (was auch die einfache Möglichkeit bietet, in weiteren Zweigen andere Maus-Aktionen abzufragen).

Im ersten case-Zweig sind die beiden Ausweich-Manöver untergebracht.

```
case MotionEvent.ACTION_DOWN:
  if (yPos <= Mitte)
    Spiel.showObject(R.drawable.jump);
  else
    Spiel.showObject(R.drawable.duck);
  break;  // nicht vergessen!
```

Solange etwas »gedrückt« wird, springt oder duckt sich die Figur (und bleibt dann auch oben oder unten). Im zweiten case-Zweig wird abgefragt, wann der Druck wieder nachlässt:

```
case MotionEvent.ACTION_UP:
  Spiel.showObject(R.drawable.stand);
```

Am Ende der Methode wird diesmal true zurückgegeben:

```
return true;
```

Das ist deshalb nötig, weil sonst das Beenden eines Touch-Ereignisses, also das »action_up« schlichtweg verschluckt wird. (Probiere das Ganze ruhig aus, indem du die Methode false zurückgeben lässt.)

DAS RICHTIGE LAYOUT

Die meisten Smartphones haben eine Bildschirmaxdiagonale zwischen 5 und 6 Zoll. Und Tablets gibt es mit 7- bis 12-Zoll-Displays.

In vorangegangenen Projekten spielte es keine besondere Rolle, wie groß das Objekt war, das sich übers Spielfeld bewegte. Auf vielen Smartphones würde ein Ball oder ein Insekt ziemlich groß, auf Tablets eben deutlich kleiner dargestellt. Aber die Größe muss nicht unbedingt den Spielverlauf stören. Doch hier könnte das anders sein.

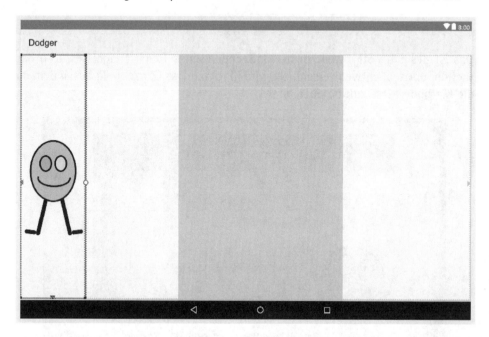

Bei einem Gerät mit einem 10-Zoll-Display etwa sieht unsere Figur plötzlich ganz schön mickrig aus. Und sie müsste sich bei sehr hoch fliegenden oder tief ankommenden Gegenständen nicht mal von der Stelle rühren.

Es wird Zeit, sich darum zu kümmern, dass eine Figur ihre Größe anpassen kann. In diesem Fall soll sie ja möglichst viel von der Display-Höhe einnehmen. Doch wie stellt man das so ein, dass es für möglichst alle Bildschirmgrößen klappt?

Das hat etwas mit dem **Layout** zu tun. Da haben wir bis jetzt einfach hingenommen, was uns automatisch vorgegeben wurde. Hat ja meistens auch funktioniert. Jetzt aber müssen wir selbst etwas mehr Hand anlegen.

Schauen wir doch gleich mal in die XML-Datei, in der das Layout für unsere Projekte definiert ist (*Activity_main*):

```
<android.support.constraint.ConstraintLayout
  xmlns:android=
    "http://schemas.android.com/apk/res/android"
  xmlns:app="http://schemas.android.com/apk/res-auto"
  xmlns:tools="http://schemas.android.com/tools"
  android:layout_width="match_parent"
  android:layout_height="match_parent"
  tools:context=".MainActivity">
```

≫ Wechsle bei *Activity_main.xml* vom DESIGN- in den TEXT-Modus.

Ganz zu Anfang steht der Layout-Typ. ConstraintLayout ist ein sehr flexibles Layout, das für die meisten Projekte passt. Auf andere Layouts kannst du bei Bedarf zugreifen.

Die ersten Zeilen dieser *XML*-Datei überspringen wir, für uns von Wichtigkeit sind diese Einstellungen:

	Bedeutung	aktuelle Einstellung
layout_width layout_height	nutzbare Breite und Höhe	maximal mögliche Maße (match_parent)

Hier werden die Breite und Höhe an das ganze Display angepasst (match). Zu beachten ist, dass die für unser Spiel verfügbare Fläche nur scheinbar formatfüllend ist, sie umfasst aber nicht die kompletten Displaymaße. Mit dazu gehört die sogenannte ActionBar, in der z.B. der Titel der App steht (hier DODGER).

Die tatsächlich verfügbare Höhe hängt nicht nur von der Displayauflösung ab. Bei Smartphones ist die ActionBar »dicker« als bei Tablets. Mein Ausgleichsfaktor ist also nur ein Kompromiss.

Wie passt man nun die Komponenten an die verfügbare Displaygröße an? Am sinnvollsten wäre eine Anpassung während der **Laufzeit** des Programms. Dazu müssen wir das eingesetzte Layout (hier: ConstraintLayout) dazu bringen, die Figur in ihrer Lage und Größe zu verändern. Dazu definieren wir zuerst ein Hilfsobjekt:

```
private ConstraintLayout.LayoutParams xyBild;
private int xFigur, yFigur;
```

Diese Vereinbarung gehört in die GameView-Klasse. Wie du siehst, habe ich auch gleich zwei weitere Variablen für die Maße des Bildfelds vereinbart. Und nun kommt gleich die ganze neue Methode (→ *Dodger2, GameView*):

```
public void setObject() {
  // Figurgröße anpassen
  yFigur = yDisplay;
  xFigur = (int) (yFigur * 0.63f);
  // Layout aktualisieren
  xyBild = (ConstraintLayout.LayoutParams)
    Figur.getLayoutParams();
  xyBild.width = xFigur;
  xyBild.height = yFigur;
  Figur.setLayoutParams(xyBild);
}
```

Zuerst muss auch hier wieder eine neue Bibliothek mit eingebunden werden:

```
import android.support.constraint.ConstraintLayout;
```

LayoutParams enthält eine Menge an Informationen für das Layout und ermöglicht einen (indirekten) Zugriff auf Komponenten, deren Lage und Maße bereits in der Datei *Activity_main.xml* festgelegt wurden (wie die unserer beiden Bildfelder).

```
// Figur und Hintergrund
public ImageView Figur;
public ImageView Hgrund;

// Layout
private ConstraintLayout.LayoutParams xyBild;
private int xFigur, yFigur;

// Aktuelle Stellung zeigen
public void showObject(int bild) { Figur.setImageResource(bild); }

// Layout anpassen
public void setObject() {
  // Figurgröße anpassen
  yFigur = yDisplay;
  xFigur = (int) (yFigur * 0.63f);
  // Layout aktualisieren
  xyBild = (ConstraintLayout.LayoutParams) Figur.getLayoutParams();
  xyBild.width = xFigur;
  xyBild.height = yFigur;
  Figur.setLayoutParams(xyBild);
}
```

Ich habe hier die Höhe des Bildes so groß wie innerhalb der Layout-Grenzen möglich festgelegt. Die Breite leite ich von der Höhe ab, in meinem Fall (mit den oben geladenen Bildern aus dem Download-Vorrat) passt der Faktor:

```
yFigur = yDisplay;
xFigur = (int) (yFigur * 0.63f);
```

> Wenn du eigene Bilder verwendest, musst du ausprobieren, was passt. Du kannst auch eine eigene Methode mit dem Namen setRatio() vereinbaren, über die von außen ein Ausgleichsfaktor übernommen wird.

Wie bringen wir jetzt die neuen Maße unserem Bildfeld für die Figur bei? Zuerst holt sich xyBild die aktuellen Layout-Daten, das erledigt die Methode getLayoutParams():

```
xyBild = (ConstraintLayout.LayoutParams)
    Figur.getLayoutParams();
```

Danach werden jeweils Breite und Höhe des Layouts neu eingestellt:

```
xyBild.width = xFigur;
xyBild.height = yFigur;
```

Anschließend benutzen wir eine geerbte View-Methode für die Figur, um die Maße zu übertragen:

```
Figur.setLayoutParams(xyBild);
```

setLayoutParams kann natürlich mehr als nur die Größe einer Komponente verändern. Es wäre damit unter anderem auch möglich, die Position neu zu setzen (wovon wir erst später Gebrauch machen werden).

Und das Hauptprogramm erweitern wir um diese Anweisung:

```
Spiel.setObject();
```

```
// Spiel, Hintergrund, Figur
Spiel = new GameView( context: this);
Spiel.Hgrund = (ImageView) findViewById(R.id.imageView);
Spiel.Figur = (ImageView) findViewById(R.id.imageView2);
Spiel.Hgrund.setScaleType(ImageView.ScaleType.FIT_XY);
Mitte = Spiel.getMedian(GameView.Y_AXIS);
Spiel.setObject();
```

≫ Passe die Quelltexte von *MainActivity.java* und *GameView.java* an.

EMULATOR-WAHL

Um zu testen, ob das Ganze auch wirklich funktioniert, musst du dir über den AVD Manager einen neuen Emulator definieren. Grundsätzlich kannst du mehrere Emulatoren gleichzeitig laufen lassen, du musst dann beim Programmstart auswählen, welchen Emulator du für die jeweils aktuelle App nutzen willst.

Am besten, du schaust noch mal in Kapitel 1, wo genauer erklärt wurde, wie man einen AVD Emulator einrichtet. Hier noch einmal in aller Kürze:

≫ Starte den AVD Manager über TOOLS und AVD MANAGER.

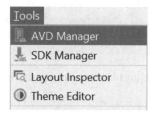

Es öffnet sich ein Dialogfeld mit dem Überblick über deine aktuellen Emulatoren (Virtual Devices).

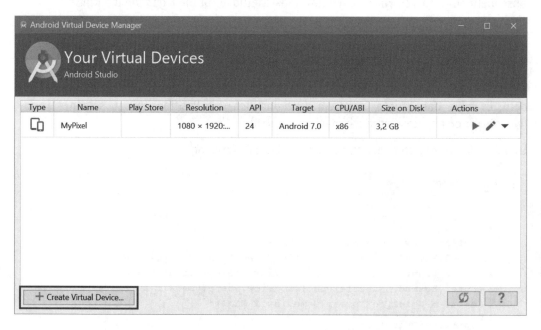

≫ Klicke ganz unten links auf CREATE VIRTUAL DEVICE.

Im nächsten Fenster erscheint eine Liste aller Geräte, die du nutzen kannst.

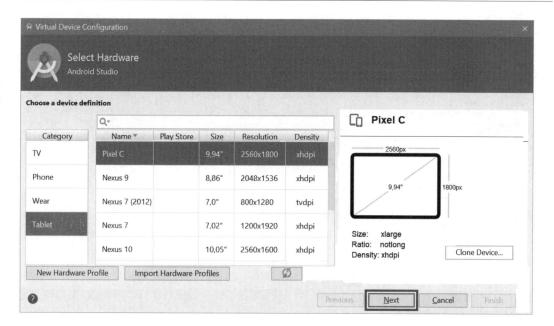

≫ Klicke links auf TABLET und wähle dann ein Gerät aus. Klicke abschließend auf NEXT.

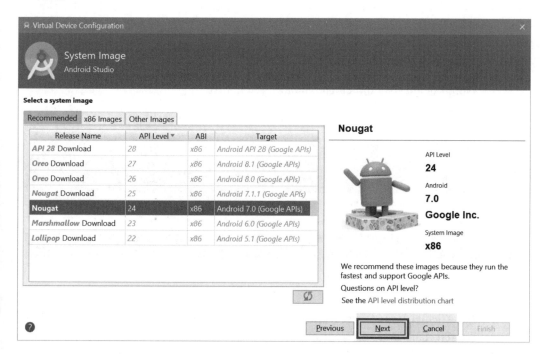

≫ Wähle aus der Liste ein passendes SYSTEM IMAGE aus. Am besten dasselbe, das du auch bei MYPHONE eingestellt hast. Dann klicke dich weiter mit NEXT.

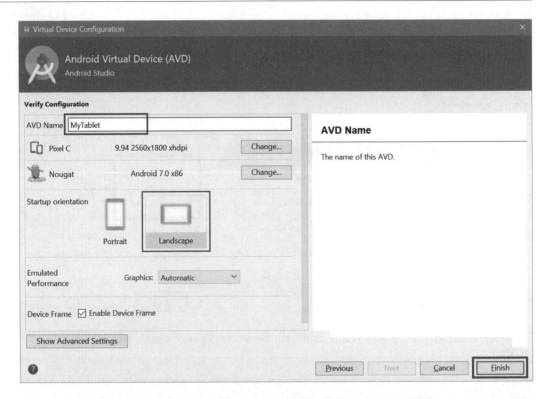

> ≫ Im folgenden Fenster trägst du hinter AVD NAME noch einen Namen deiner Wahl
>   ein, z.B. *MyTablet*. Dann klicke auf FINISH.

Womit deine Liste um einen Emulator reicher ist.

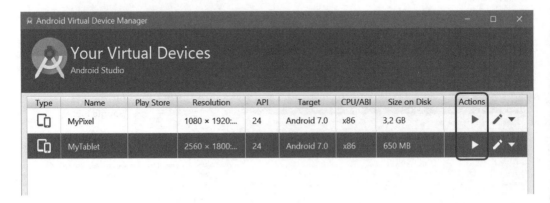

Mit Klick auf das Dreieck unter ACTIONS kannst du deinen neuen Tablet-Emulator
starten. Eine andere Möglichkeit ist der normale Weg über das Android-Studio-
Hauptfenster. Hier werden dir jetzt auch zwei Emulatoren angeboten.

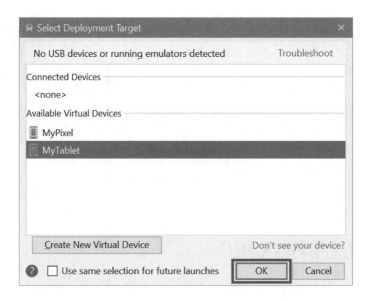

≫ Wähle das Tablet und klicke dann auf OK.

Nach einer gewissen Wartezeit erscheint ein nun größeres Display. Und du wirst feststellen, dass auch hier die Figur ganz gut passt.

Wenn du willst, kannst du auch im Fenster von ACTIVITY_MAIN die Anzeige auf dein Tablet umstellen.

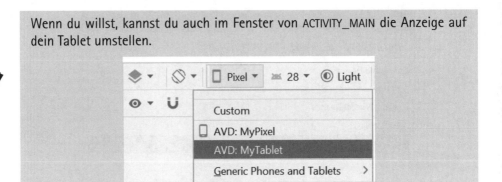

ZUSAMMENFASSUNG

Hier machen wir erst einmal wieder eine Pause. Du hast einiges neu kennengelernt und erfahren, dass das Layout durchaus seine Eigenheiten hat, die es nicht leicht machen, einfach mal so eben Größe und Lage eines Objekts zu ändern.

Und dein Wortschatz ist auch wieder gewachsen. Da sind zum einen ein paar Hilfsmittel für die Änderung des Layouts:

ConstraintsLayout	Layout-Klasse (mit flexiblen Möglichkeiten, Komponenten zu platzieren)
layout_width	Breite der Layout-Fläche
layout_height	Höhe der Layout-Fläche
LayoutParams	Hilfs-Klasse, um Komponentenwerte zu ändern
getLayoutParams()	Methode, um die Layout-Daten »abzuholen«
setLayoutParams()	Methode, um unter anderem die Größe und die Position einer Komponente neu zu setzen
width, height	Layout-Maße eines Objekts

Und du kennst die Möglichkeit, Konstanten zu vereinbaren, und eine Methode fürs Drücken und Loslassen:

static final	Konstanten vereinbaren
getAction()	Methode, um eine Klick- oder Tipp-Aktion zu ermitteln
action_down	»Etwas« (z.B. Maus/Finger) wurde gedrückt.
action_up	»Etwas« (z.B. Maus/Finger) wurde losgelassen.

EIN PAAR FRAGEN ...

1. Warum ist eine flexible Größe für eine Figur oder ein anderes Bildobjekt wichtig?

2. Mit welchen MotionEvent-Methoden ermittelt man, wohin geklickt oder getippt wurde und ob der Klick oder Tipp wieder beendet (also losgelassen) wurde?

... UND EINE AUFGABE

1. Ergänze im Dodger-Projekt die GameView-Klasse um eine public-Methode setRatio(), die vom Hauptprogramm aus einen Ausgleichsfaktor übernimmt und setzt.

12   KONTAKT-VERMEIDUNG

Bis jetzt kann deine Figur hochspringen oder sich ducken. Noch droht keine Gefahr. Doch nachdem die Figur jetzt ihre Gymnastikübungen gemacht hat, wird es ernst. Demnächst kommt einiges angeflogen und du wirst zu tun haben, um deine Figur unversehrt da rauszuhalten.

In diesem Kapitel lernst du

◎ wie man ein Objekt genau positioniert

◎ dass man ein Objekt auch ohne animate() bewegen kann

◎ etwas über den Umgang mit Kollisionen

WAS FÜR EIN DING?

Für Gegenstände brauchen wir wieder ein Bildfeld. Ja, es reicht eins, denn zumindest für den Anfang sollte die Figur nur jeweils von einem Gegenstand bedroht sein, nicht gleich von mehreren. Also beschränken wir uns hier entsprechend.

>> Füge im DESIGN-Modus ein weiteres Bildfeld hinzu. Verknüpfe außerdem im Hauptprogramm das neue Bild-Element mit einer Komponente:

```
Spiel.Ding = (ImageView) findViewById(R.id.imageView3);
```

Ich habe hier jetzt einen einfachen Kreis als Ball benutzt. Alternativ dazu kannst du z.B. einen Stern einsetzen. Der hat spitze Kanten, man sollte ihm also unbedingt aus dem Weg gehen, wenn er sich rasant nähert. Du findest die Bilddateien im Download-Paket unter den Namen *ball.png* und *stern.png*. Du kannst aber auch etwas anderes (Gefährlicheres, Bunteres) aus dem Internet suchen und verwenden.

Wo du das Bildfeld auf dem Display platzierst, ist eigentlich egal. Wir wissen ja jetzt, dass wir im Programm selbst bestimmen können, wo welches Ding zu sein hat: mithilfe eines Layoutparams-Objekts. Und die beiden Methoden, mit denen wir die Position einer Komponente ändern, lernst du etwas später kennen.

Beginnen wir mit den nötigen Zusatz-Vereinbarungen in der GameView-Klasse:

```
public ImageView Ding;
private int xFigur, yFigur, xDing, yDing;
```

Dazu kommen zwei Konstanten, die wir gleich gebrauchen können:

```
public static final int FIGURE = 0;
public static final int THING = 1;
```

```
// Figuren und Hintergrund
public ImageView Figur;
public ImageView Ding;
public ImageView Hgrund;
public static final int FIGURE = 0;
public static final int THING = 1;
// Layout
private ConstraintLayout.LayoutParams xyBild;
private int xFigur, yFigur, xDing, yDing;
```

Setzen wir jetzt die Maße des fliegenden Objekts. Die Anweisungen integrieren wir in die bereits vorhandene setObject-Methode, die dadurch um einiges aufgeplustert wird (→ *Dodger3, GameView*):

```
public void setObject(int object) {
  switch (object) {
    case FIGURE:
      // Höhe-Breite ermitteln
      yFigur = yDisplay;
      xFigur = (int) (yFigur * 0.63f);
      // Objektgröße festlegen
      xyBild = (ConstraintLayout.LayoutParams)
        Figur.getLayoutParams();
      xyBild.width = xFigur;
      xyBild.height = yFigur;
      Figur.setLayoutParams(xyBild);
      break;
    case THING:
      // Höhe-Breite ermitteln
      yDing = yDisplay/3;
      xDing = yDing;
      // Objektgröße festlegen
      xyBild = (ConstraintLayout.LayoutParams)
        Ding.getLayoutParams();
      xyBild.width = xDing;
      xyBild.height = yDing;
      Ding.setLayoutParams(xyBild);
  }
}
```

In ihrer Neufassung übernimmt die Methode jetzt einen Parameter, der ihr sagt, um welches Objekt es sich handelt. object ist hier eine ganze Zahl, auch hier setzen wir dafür ja Konstanten ein (FIGURE und THING) – siehe oben.

≫ Erweitere die GameView-Klasse um die obigen Variablen-Vereinbarungen und die neue setObject-Methode.

Nun schauen wir in die erweiterte Version von setObject() hinein. Ich verwende hier die switch-Struktur (statt if), später lassen sich hier neue Objekte beliebig einfügen.

Den Inhalt des ersten case-Zweiges (FIGURE) übernehmen wir direkt aus der letzten Dodger-Version. Dazu kommt das meist unvermeidliche break, damit die switch-Struktur an dieser Stelle verlassen wird (und die Abfrage nicht in den nächsten Zweig rutscht). Dann kommt der THING-Teil, der sich vom vorhergehenden nicht allzu sehr unterscheidet:

```
yDing = yDisplay/3;
xDing = yDing;
```

Zuerst wird die Höhe auf ein Drittel der Displayhöhe festgelegt. So hat der Gegenstand in seiner Flughöhe etwas Luft nach oben und unten (yDisplay/2 würde doch sehr knapp). In meinem Falle ist das Bildfeld quadratisch, was du natürlich anders einstellen kannst, z.B.

```
xDing = yDing*2;
```

(Wenn du lieber Ziegelsteine oder Ähnliches benutzen willst.)

Anschließend wird der Ball auf die richtigen Maße getrimmt. Dazu werden wieder die Layout-Daten erst übernommen, dann aktualisiert und neu gesetzt:

```
xyBild = (ConstraintLayout.LayoutParams)
  Ding.getLayoutParams();
xyBild.width = xDing;
xyBild.height = yDing;
Ding.setLayoutParams(xyBild);
```

≫ Nun kannst du das Programm ruhig mal testweise laufen lassen, auch um nachzuschauen, ob der Ball wirklich zu sehen ist.

SETZEN UND ZEIGEN

Die setObject-Methode wird im ganzen Programm für jede Spielfigur nur einmal aufgerufen. Damit stehen die Maße der betroffenen Objekte fest.

Während das Bildfeld mit der Figur sich nicht mehr von der Stelle bewegt, kann man das vom Ding-Objekt nicht sagen. Zuerst einmal muss es **ganz rechts** positioniert werden. Das soll die showObject-Methode erledigen, die wir natürlich dazu jetzt kräftig aufmotzen müssen (→ *Dodger3, GameView*):

```
public void showObject(int object, int bild) {
  switch (object) {
    case FIGURE:
      Figur.setImageResource(bild);
      break;
```

```
   case THING:
     Ding.setImageResource(bild);
     xPos = xDisplay - xDing;
     yPos = getAltitude();
     xyBild = (ConstraintLayout.LayoutParams)
       Ding.getLayoutParams();
     xyBild.leftMargin = xPos;
     xyBild.topMargin = yPos;
     Ding.setLayoutParams(xyBild);
   }
 }
```

Hier gibt es ebenfalls object als (zusätzlichen) Parameter. Eine switch-Struktur sorgt auch hier dafür, dass jedes Objekt seinen Anweisungszweig bekommt. Für die Figur wird weiterhin nur das aktuelle Bild geladen. Für das »Ding« sind ein paar mehr Handreichungen nötig.

Zuerst setzen wir ein passendes Bild ein:

```
Ding.setImageResource(bild);
```

Dann weisen wir die gewünschten Maße des Gegenstandes zu:

```
xPos = xDisplay - xDing;
yPos = getAltitude();
```

Dazu müssen wir die neuen Variablen natürlich (weiter oben) vereinbart haben:

```
private int xPos, yPos;
```

Auf beide Größen können wir nun auch von anderen Methoden aus zugreifen, wenn nötig.

Die Methode getAltitude() liefert eine zufällige Höhe. Weil sie kein Element von View ist, müssen wir sie selbst programmieren. Das erledigen wir etwas später.

Als Nächstes holen wir die aktuellen Layout-Parameter von Ding ab, das erledigt die Methode getLayoutParams():

```
xyBild = (ConstraintLayout.LayoutParams)
  Ding.getLayoutParams();
```

Im Folgenden können wir nun ändern, was wir wollen, meistens geht es um Größe und Position eines Objekts, in diesem Falle nur um Letzteres:

```
xyBild.leftMargin = xPos;
xyBild.topMargin = yPos;
```

Anschließend werden sämtliche Werte neu gesetzt (auch die, die eigentlich die alten sind):

```
Ding.setLayoutParams(xyBild);
```

Leider ist das Setzen von Werten für die Position und die Größe eines View-Objekts ein wenig umständlich. Denn es lässt sich nicht einfach aus seinem Layout-Behälter lösen.

aktuelle Parameter von Objekt übernehmen:

```
xyBild = (LayoutParams) Objekt.getLayoutParams();
```

Position oder/und Größe neu setzen:

```
xyBild.leftMargin = xPos;
xyBild.topMargin  = yPos;
xyBild.width      = xBreite;
xyBild.height     = yHoehe;
```

neue Parameter an Objekt übergeben:

```
Objekt.setLayoutParams(xyBild);
```

Ein Hilfs-Objekt vom Typ LayoutParams muss also immer sein, um etwas zu bewegen bzw. zu verändern.

Und nun zur getAltitude-Methode. Hier ist wieder etwas Mathematik angesagt. Wir teilen das Display in vier gleich große Streifen, jeder hat die Höhe yDisplay/4.

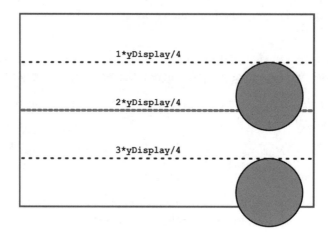

Positionieren wir den Gegenstand entweder oben bei 1*yDisplay/4 oder unten bei 3*yDisplay/4, würde er immer zu tief fliegen. Wir müssen ihn also jeweils noch eine halbe Gegenstandshöhe (yDing/2) anheben.

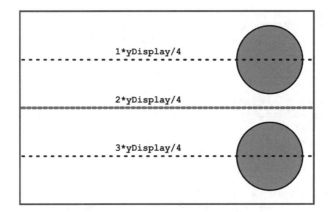

Wie du sehen kannst, liegt das Zentrum des Gegenstandes mittig in der oberen oder der unteren Displayhälfte. Die Methode getAltitude() sollte gleich einen Wert zurückgeben (weshalb wir mit return hantieren):

```
return (1*yDisplay/4 - yDing/2);
// oder
return (3*yDisplay/4 - yDing/2);
```

Ein Zufalls-Objekt soll uns entweder den Wert 1 oder den Wert 3 liefern, womit wir mal die obere, mal die untere »Flughöhe« für den Gegenstand erhalten:

```
Random Zufall = new Random();
Lage = 2*Zufall.nextInt(2) + 1;
```

Und damit hätten wir die gesamte Methode zusammen (→ *Dodger3, GameView*):

```
private int getAltitude() {
   Random Zufall = new Random();
   Lage = 2*Zufall.nextInt(2) + 1;
   return (Lage*yDisplay/4 - yDing/2);
}
```

Die Variable Lage brauchen wir später noch, deshalb vereinbaren wir sie nicht lokal, sondern als zusätzliches Attribut von GameView:

```
private int xPos, yPos, Lage;
```

Und nun wechseln wir zum Hauptprogramm. Dort muss natürlich der Aufruf der Methoden setObject() und showObject() angepasst werden.

≫ Füge dort diese Zeilen ein (→ *Dodger3, MainActivity*):

```
Spiel.setObject(GameView.FIGURE);
Spiel.setObject(GameView.THING);
Spiel.showObject(GameView.THING, R.drawable.ball);
```

```
// Spiel, Hintergrund, Figur, Ding
Spiel = new GameView( context: this);
Spiel.Hgrund = (ImageView) findViewById(R.id.imageView);
Spiel.Figur = (ImageView) findViewById(R.id.imageView2);
Spiel.Ding = (ImageView) findViewById(R.id.imageView3);
Spiel.Hgrund.setScaleType(ImageView.ScaleType.FIT_XY);
Mitte = Spiel.getMedian(GameView.Y_AXIS);
Spiel.setObject(GameView.FIGURE);
Spiel.setObject(GameView.THING);
Spiel.showObject(GameView.THING, R.drawable.ball);
```

≫ Und auch innerhalb der onTouch-Methode muss nachgebessert werden. Erledige das ebenfalls:

```
switch (Modus) {
  case MotionEvent.ACTION_DOWN:
    if (yPos <= Mitte)
      Spiel.showObject
        (GameView.FIGURE, R.drawable.jump);
    else
      Spiel.showObject
        (GameView.FIGURE, R.drawable.duck);
    break;
  case MotionEvent.ACTION_UP:
    Spiel.showObject
      (GameView.FIGURE, R.drawable.stand);
}
```

≫ Erweitere das Projekt um den neuen Quelltext und dann lasse das Programm mehr als einmal laufen.

Nicht bei jedem Neustart wird der Ball an einer anderen Stelle erscheinen, aber nach einigen Versuchen entdeckst du ihn mal oben und mal unten.

VON RECHTS NACH LINKS

Gefährlich kann dieses Ding erst werden, wenn es sich nach links bewegt. Dafür sorgen wir jetzt. Zuerst denkt man an die (bewährte) Methode animate(), doch hier müssen wir einen anderen Weg wählen: Weil wir bei jeder Position des Balles in der Lage sein müssen, die Figur zu steuern, müssen wir den (feindlichen) Gegenstand nicht in einem Rutsch, sondern in kleinen Schritten bewegen, also Stück für Stück nach links versetzen.

So haben wir bei jedem Bewegungsabschnitt die Kontrolle, ob der Gegenstand die Figur erreicht. Um das, was passiert, wenn Figur und Gegenstand sich treffen, kümmern wir uns später.

Unsere Arbeit beginnt wieder in *GameView.java*. Zuerst brauchen wir eine »Schrittweite«:

```
private int xDiff;
```

```
// Figur und Hintergrund
public ImageView Figur;
public ImageView Hgrund;
public ImageView Ding;
public static final int FIGURE = 0;
public static final int THING = 1;

// Layout
private ConstraintLayout.LayoutParams xyBild;
private int xFigur, yFigur, xDing, yDing;
private int xPos, yPos, Lage;

// Geschwindigkeitswert
private int xDiff;
```

Die sollte abhängig von der Displaybreite berechnet werden. Das erledigt der Konstruktor beim Aufbau des Spiel-Objekts (→ *Dodger4*):

```
public GameView(Context context) {
    super(context);
    setLimits();
    xDiff = xDisplay/20;
}
```

xDiff ist der Wert, um den xPos bei jeder Bewegung vermindert wird:

```
xPos = xPos - xDiff;  // oder:
xPos -= xDiff;
```

Weil in einer neuen Methode moveObject() einige Anweisungen vorkommen, die es schon in showObject() gibt, habe ich die kurzerhand in eine neue Methode gepackt (→ *Dodger4, GameView*):

```
private void setPosition() {
    xyBild = (LayoutParams) Ding.getLayoutParams();
    xyBild.leftMargin = xPos;
    xyBild.topMargin = yPos;
    Ding.setLayoutParams(xyBild);
}
```

Universeller wäre eine Methode, die auch die Figur mit einschließt, aber da diese sich hier nicht wirklich vom Fleck rührt (also nicht horizontal verschoben wird), gilt die Methode setPosition() **nur** für den Gegenstand. Damit kann man den Inhalt von showObject() so kürzen:

```
public void showObject(int object, int bild) {
    switch (object) {
        case FIGURE:
            Figur.setImageResource(bild);
            break;
        case THING:
            Ding.setImageResource(bild);
            xPos = xDisplay - xDing;
            yPos = getAltitude();
            setPosition();
    }
}
```

Sehr ähnlich sieht die Methode moveObject() aus, die ich hier auch nur für den Gegenstand vereinbaren möchte (→ *Dodger4, GameView*):

```
public void moveObject(int bild) {
    Ding.setImageResource(bild);
    xPos = xPos - xDiff;
    if (xPos < 0) {
        xPos = xDisplay - xDing;
        yPos = getAltitude();
    }
    setPosition();
}
```

Sowohl in showObject() als auch in moveObject() bekommen die Attribute xPos und yPos neue Werte, ehe setPosition() seinen Dienst tut.

Der Wert von xPos wird so lange vermindert, bis der Ball am linken Rand des Spielfelds angekommen ist:

```
xPos < 0
```

Damit ist ein Durchgang zu Ende, der Ball wird ganz nach rechts gesetzt und kann dort neu mit seiner Wanderung nach links beginnen:

```
xPos = xDisplay - xDing;
```

Und dabei fängt er möglicherweise (zufällig) auch in einer neuen »Flughöhe« an:

```
yPos = getAltitude();
```

Man hätte die Bewegungs-Methode auch ohne Parameter vereinbaren können, doch so hast du die Möglichkeit, später in einer aufwendigeren Dodger-Version die Gegenstände zu animieren, indem du die Bilder wechselst, z.B. durch zwei getrennte Aufrufe:

```
Spiel.moveObject(R.drawable.harpyie1);
Spiel.moveObject(R.drawable.harpyie2);
```

(Wobei du die entsprechenden Bilder natürlich selber erstellen musst.)

Damit sich nun wirklich ein Gegenstand von rechts nach links bewegt, muss die Methode moveObject() ständig wiederholt werden. Klar, dass uns da wieder ein Handler weiterhelfen muss, natürlich mit Runnable-Unterstützung. Das Folgende gehört also in die *MainActivity*-Datei. Die Animationszeit sollte diesmal kurz sein:

```
private int Dauer = 100;
```

Und dann folgt das Handler-Runnable-Doppel mit eingebetteter moveObject-Methode (→ *Dodger4, MainActivity*):

```
private Handler handler = new Handler();
  private Runnable runnable = new Runnable() {
  @Override
  public void run() {
    Spiel.moveObject(R.drawable.ball);
    handler.postDelayed(this, Dauer);
  }
};
```

Nun müssen wir nur noch den Handler darum bitten, mit der wiederholten Ausführung der Aufgabe zu beginnen:

```
handler.post(runnable);
```

Man könnte diese Anweisung direkt unter diese Zeile setzen:

```
Spiel.showObject(GameView.THING, R.drawable.ball);
```

Dann würde der Ball gleich losfliegen, sobald die App gestartet ist. Um den Spieler nicht zu überraschen und ihm etwas Zeit zu geben, lassen wir auch hier den Handler seine Aktion lieber per Mausklick oder Fingertipp beginnen. Also gehört der Aufruf in die onTouch-Methode, allerdings soll die post-Methode dort nur **einmal** aktiviert werden.

Aus diesem Grund greifen wir auch hier wieder auf eine Schaltvariable zurück, die wir im Hauptprogramm global vereinbaren:

```
private boolean An = true;
```

Und ganz zu Anfang der Methode onTouch() steht dann diese if-Struktur

```
if (An) {
  handler.post(runnable);
  An = false;
}
```

Sobald irgendwohin geklickt oder getippt wurde, wird handler.post()aufgerufen, um die Ball-Bewegung zu starten (und zu wiederholen). Anschließend wird An auf false gesetzt, damit es bei diesem einen Startaufruf bleibt.

≫ Ergänze die neuen Methoden, Strukturen und Aufrufe in *GameView* und *Main-Activity*. Dann starte die App. Wenn du willst, kannst du ja schon mal das Ausweichen üben.

Nun segelt der Ball an der Figur vorbei. Sobald er den linken Rand erreicht hat, startet er neu von rechts, und schwebt mal oben oder rollt mal unten.

Sollte dir das Ganze zu langsam oder zu schnell sein, dann kannst du diese Werte ändern:

GameView.java	schneller	xDiff.größer	(Nenner kleiner)
	langsamer	xDiff kleiner	(Nenner größer)
MainActivity.java	schneller	Pause kleiner	
	langsamer	Pause größer	

Der Ball bewegt sich nicht? Das könnte daran liegen, dass das Bildfeld nicht passend verankert ist. Wichtig ist eine Verbindung (Constraint) zum Hintergrund nach **links**, also dorthin, wo der Ball fliegen oder rollen soll.

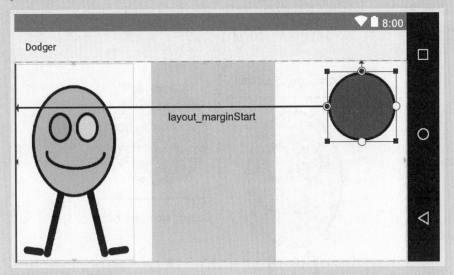

Im Text von *activity_main.xml* müsste eine entsprechende Zeile bei `imageView3` stehen, die etwa so aussehen könnte:

```
android:layout_marginStart="480dp"
```

Die dp-Zahl wird bei dir wohl eine andere sein. Bei mir hat die Ball-Bewegung nicht funktioniert, wenn das Bildfeld rechts verankert war. Der Vollständigkeit halber sollten die anderen Verankerungen auch erwähnt werden: `marginEnd`, `marginTop` und `marginBottom`.

Wenn es mit den Verankerungen im DESIGN-Modus also nicht klappt, kannst du eine passende Zeile mit `margin` im TEXT-Modus hinzufügen.

Eine weitere mögliche Alternative zeigt das Projekt *Dodger4A*, wo ich diese Methode eingesetzt habe:

```
xyBild.setMargins
  (xPos, yPos, xDisplay-xPos,yDisplay-yPos);
```

Damit lassen sich alle Positionswerte auf einmal setzen.

KONTAKTAUFNAHME

Eigentlich ist das Projekt so schon spielbar. Allerdings macht es der Figur nichts aus, wenn man sie einfach nur stehen lässt. Noch scheint sie unverwundbar. Das ändern wir jetzt. Zuerst brauchen wir eine Kollisions-Methode, die ich `getCont-act()` nennen möchte.

Wann berühren sich Figur und Gegenstand? Wenn die rechte Seite der Figur denselben Positionswert hat wie die linke Seite des Balls. Die Positionswerte erhalten wir mit den Funktionen `getLeft()` und `getRight()`.

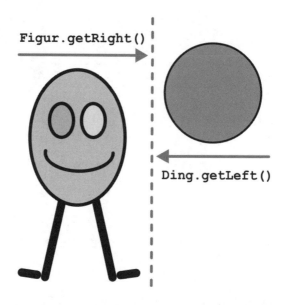

Das heißt, sobald `Ding.getLeft()` **kleiner** ist als `Figur.getRight()`, findet eine mögliche Berührung statt.

> Da gibt es noch ein paar mehr Möglichkeiten, Layout-Werte von einer Komponenten zu erhalten, wie diese Tabelle zeigt:

`getLeft()`	x-Position links	`getRight()`	x-Position rechts
`getTop()`	y-Position oben	`getBottom()`	y-Position unten
`getWidth()`	Breite	`getHeight()`	Höhe

Zu einer echten Kollision kommt es jedoch nur, wenn die Figur **nicht** ausgewichen ist. Wir müssen hier also drei Zustände der Figur und zwei Höhenlagen des Gegenstandes berücksichtigen.

`Lage` (für `Ding`) haben wir schon vereinbart, dazu käme nun eine weitere Variable für `Figur`:

```
public int Status;
```

Diese wird öffentlich vereinbart, damit sie von außen (also im Hauptprogramm) geändert werden kann. Das ist jedes Mal nötig, wenn ein anderes Bild geladen wird.

Hinzu kommen jede Menge Konstanten, wobei die letzten beiden die Werte haben, die durch das Zufalls-Objekt in getAltitude() erzeugt werden können (→ *Dodger5, GameView*):

```
public static final int F_STAND = 0;   // stehen
public static final int F_JUMP = 1;    // springen
public static final int F_DUCK = 2;    // ducken
public static final int D_ABOVE = 1;   // oben
public static final int D_BELOW = 3;   // unten
```

➢ Ergänze diese Vereinbarungen.

```
// Layout
private ConstraintLayout.LayoutParams xyBild;
private int xFigur, yFigur, xDing, yDing;
private int xPos, yPos;

// "Kontakt-Daten"
public int Lage, Status;

// Figur-Status
public static final int F_STAND = 0;
public static final int F_JUMP = 1;
public static final int F_DUCK = 2;

// Ding-Lage
public static final int D_ABOVE = 1;
public static final int D_BELOW = 3;
```

➢ Füge außerdem die folgende Zuweisung im Konstruktor ein, denn Status sollte dort schon einen Startwert erhalten:

```
Status = F_STAND;
```

Insgesamt gibt es sechs mögliche Zustände für die Begegnung von Figur und Gegenstand, nur zwei davon sind »Dodges«:

Lage|Status	F_STAND	F_JUMP	F_DUCK
D_ABOVE	Kollision	Kollision	»Dodge«
D_BELOW	Kollision	»Dodge«	Kollision

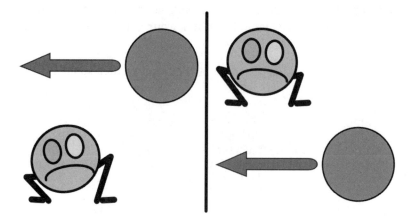

Was uns zu dieser Methode bringt (→ *Dodger5, GameView*):

```
public boolean getContact(int overlap) {
  // Lage und Status
  if ((Lage == D_ABOVE) && (Status == F_DUCK))
    return false;
  else if ((Lage == D_BELOW) && (Status == F_JUMP))
    return false;
  // Position
  else if (xPos+overlap < Figur.getRight())
    return true;
  else
    return false;
}
```

≫ Füge auch die Methode zur Kollisionskontrolle im Quelltext der GameView- Klasse ein.

Wie du siehst, gibt es da ziemlich viele »Returns«. Zuerst werden die Konstellationen ausgeschlossen, in denen die Figur dem Gegenstand ausweicht (mit false als Rückgabewert):

```
if ((Lage == D_ABOVE) && (Status == F_DUCK))
if ((Lage == D_BELOW) && (Status == F_JUMP))
```

Bleiben noch die möglicherweise kritischen Situationen: Stehenbleiben der Figur oder Ausweichversuch in die falsche Richtung. Doch nur wenn ein Kontakt stattfindet, ist der Rückgabewert true:

```
if (Ding.getLeft()+overlap < Figur.getRight())
```

Ansonsten ist das Ganze ja (noch) ungefährlich – deshalb zum Schluss ein return false.

Dir ist sicher aufgefallen, dass die Methode noch einen Parameter overlap über-nimmt: Eine echte Kollision sollte nicht schon stattfinden, wenn sich die Bildfelder gerade mal berühren, sondern erst, wenn sie sich etwas überlappen. Wie viel, das kann vom Hauptprogramm aus bestimmt werden.

Wie binden wir die Kollisionskontrolle jetzt ins Hauptprogramm ein? Wechseln wir also zu *MainActivity*. Zuerst möchte ich dort eine neue globale Variable vereinba-ren:

```
private boolean Kollision = false;
```

Was heißt: Es hat noch keine Kollision stattgefunden.

In der run-Methode der inneren Runnable-Struktur wird nun die moveObject-Methode nur aufgerufen, wenn es noch nicht »gekracht« hat (beachte das Ausrufe-zeichen für die Verneinung!):

```
Kollision = Spiel.getContact(Dauer);
if (!Kollision) Spiel.moveObject(R.drawable.ball);
```

Zuvor findet eine Kollisionskontrolle statt. (Du kannst natürlich dort als Parameter auch eine Zahl mit einem anderen Wert als Dauer einsetzen.)

Und hier die komplette Runnable-Struktur zum Anpassen (→ *Dodger5, MainActi-vity*):

```
private Runnable runnable = new Runnable() {
  @Override
  public void run() {
    Kollision = Spiel.getContact(Dauer);
    if (!Kollision) {
      Spiel.moveObject(R.drawable.ball);
      handler.postDelayed(this, Dauer);
    }
  }
};
```

≫ Tippe alles ein und vergiss die Vereinbarung der Variablen Kontrolle nicht.

Damit das Ganze auch klappt, muss das GameView-Attribut Spiel.Status darüber informiert werden, ob die Figur gerade steht, hochspringt oder sich duckt. Das gehört in die if-Struktur der onTouch-Methode:

```
switch (Modus) {
  case MotionEvent.ACTION_DOWN:
    // Auswertung, passende Figur holen
    if (yPos <= Mitte) {
      Spiel.showObject
```

```
        (GameView.FIGURE, R.drawable.jump);
      Spiel.Status = GameView.F_JUMP;
    }
    else {
      Spiel.showObject
        (GameView.FIGURE, R.drawable.duck);
      Spiel.Status = GameView.F_DUCK;
    }
    break;
  case MotionEvent.ACTION_UP:
    Spiel.showObject
      (GameView.FIGURE, R.drawable.stand);
    Spiel.Status = GameView.F_STAND;
}
```

≫ Nun lasse das Ganze laufen und versuche auszuweichen.

»DODGES« ZÄHLEN

Damit sich die ganzen Sprünge und Kniebeugen auch lohnen, sollte auch angezeigt werden, wie viele man schafft, bis es zu einer Kollision kommt.

Wir brauchen also wieder mal ein Textfeld. Das kannst du ganz in der Mitte des Displays positionieren (oder mittig an den oberen Rand).

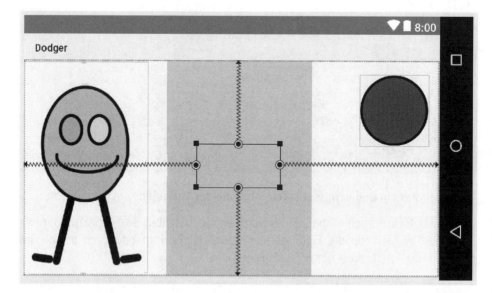

≫ Setze im DESIGN-Modus ein neues Textfeld ein und gib ihm erst mal einen »Leertext«. Du kannst aber auch (in *string.xml*) eine Ressource erstellen, die eine 0 anzeigt.

```
<string name="Null">0</string>
```

≫ Die Schriftgröße setzt du auf einen Wert zwischen 30 und 50 (sp).

Es ist nicht unbedingt nötig, aber vielleicht willst du dein Anzeigefeld im Display zentrieren? Die einfachste Lösung ist aus meiner Sicht diese: Ergänze im Text von *activity_main* die Definition von TextView um diese Zeilen:

```
app:layout_constraintLeft_toLeftOf="parent"
app:layout_constraintRight_toRightOf="parent"
app:layout_constraintTop_toTopOf="parent"
app:layout_constraintBottom_toBottomOf="parent"
```

Alternativ zu Left oder Right kann man auch Start und End einsetzen. Damit ist die Komponente horizontal und vertikal zentriert.

Es gibt zwar mit android:layout_centerInParent="true" noch eine kürzere Möglichkeit, die aber bei mir nicht funktionierte. Auch andere Quellen beschreiben diese Funktion als nicht zuverlässig. Mit der aufwendigeren Version dagegen klappt es immer.

Weiter geht es in *MainActivity.java*. Diesmal brauchen wir ein global gültiges Textfeld, weil wir damit nicht nur die »Dodges« anzeigen wollen, sondern später auch noch mehr. Wechsle dorthin und erweitere den Quelltext um die Vereinbarung und Erzeugung des Anzeigefelds (→ *Dodger6*):

```
// oben als global
private TextView Anzeige;
// in onCreate()
Anzeige = (TextView) findViewById(R.id.textView);
```

Damit wir mitzählen können, wie oft die Figur dem Ball ausweicht, brauchen wir nun eine Ganzzahl-Variable. Doch wo soll die vereinbart werden? Und wo soll **gezählt** werden? Auf keinen Fall bei jedem Aufruf von moveObject(), sondern nur bei einem kompletten Durchlauf des Balles von rechts nach links.

Und das wird innerhalb von moveObject() gesteuert, also gehört die nächste Variable, die ich Looping nennen möchte, in die GameView-Klasse. Und damit man vom Hauptprogramm aus darauf zugreifen kann, vereinbaren wir dort das neue Klassenelement so:

```
public int Looping = 0;
```

Und dann sorgen wir dafür, dass der anfangs auf null gesetzte Wert bei jedem Ball-Durchlauf hochgezählt wird.

≫ Erweitere die GameView-Klasse um die öffentliche Variable Looping und passe die Methode moveObject() entsprechend an (→ *Dodger6, GameView*):

```
public void moveObject(int bild) {
  Ding.setImageResource(bild);
  // wenn links angelangt, rechts neu anfangen
  xPos -= xDiff;
  if (xPos < 0) {
    xPos = xDisplay - xDing;
    yPos = getAltitude();
    // Wiederholung zählen
    Looping++;
  }
  // Ding neu positionieren
  setPosition();
}
```

Nun wird jedes Mal, wenn der Ball wieder rechts landet, mitgezählt:

```
Looping++;
```

Vom Hauptprogramm aus kann der Inhalt von Looping direkt vom Textfeld abgefragt werden – natürlich über einen kleinen Umweg (→ *Dodger6, MainActivity*):

```
Anzeige.setText(String.valueOf(Spiel.Looping));
```

≫ Füge diese Anweisung direkt unter der Zeile mit event.getAction()ein.

```
// Spiel-Objekt
private GameView Spiel;

// Anzeige für Dodges und "Game over"
private TextView Anzeige;


@Override
protected void onCreate(Bundle savedInstanceState) {
    super.onCreate(savedInstanceState);
    setContentView(R.layout.activity_main);

    // Info-Anzeige
    Anzeige = (TextView) findViewById(R.id.textView);


    // Klick-Touch-Position ermitteln
    int xPos = (int)event.getX();
    int yPos = (int)event.getY();
    int Modus = event.getAction();
    // Anzahl der "Dodges"
    Anzeige.setText(String.valueOf(Spiel.Looping));
```

≫ Ja, und dann ist es wieder Zeit zum Ausprobieren. (Mal sehen, wie viele »Dodges« du schaffst.)

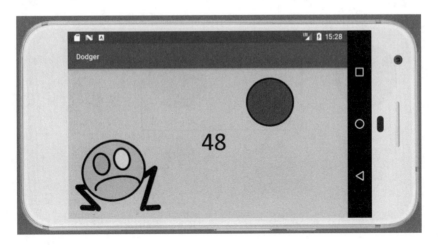

GAME OVER?

Nun gibt es noch einen kleinen Haken. Schau mal genau hin, was passiert, wenn es zu einer Kollision kommt? Der **Ball** hört auf, sich zu bewegen. So soll es auch sein, denn die Bedingung !Kollision (= keine Kollision) ist nicht mehr erfüllt Doch die **Figur** lässt sich weiterhin bewegen, obwohl sie doch eigentlich zumindest angeschlagen sein sollte.

Wir sollten also dafür sorgen, dass das Spiel nach einer Kollision auch wirklich zu Ende ist. Doch wir wollen noch mehr: einen echten Crash erleben! Oder zumindest etwas Ähnliches.

Versuchen wir es mit einer Methode namens stopGame(). In der steht auch die removeCallbacks-Anweisung, die dafür sorgt, dass der Handler seine Tätigkeiten zurückfährt. Dann soll man Figur und Ball ansehen, dass es soeben gekracht hat. Und schließlich blenden wir beide langsam aus. So sähe mein erster Versuch (für das Hauptprogramm) aus:

```
private void stopGame() {
  handler.removeCallbacks();
  Spiel.hideObject(GameView.FIGURE, R.drawable.batter);
  Spiel.hideObject(GameView.THING, R.drawable.bump);
}
```

Dass wir hier zwei neue Bilder brauchen, dürfte klar sein. Du findest die zu meiner Figur und zum Ball passenden unter den Namen *batter.png* und *bump.png* (im Download-Paket).

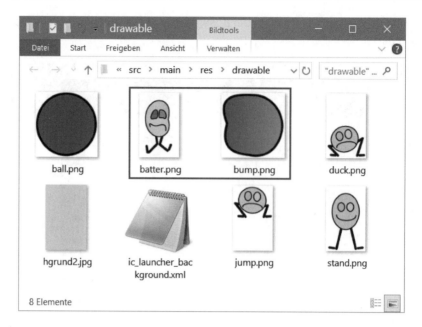

Außerdem taucht hier eine neue Methode auf. Die gehört zum Spiel-Objekt, denn für das Anzeigen und Ausblenden der Spielfiguren ist GameView verantwortlich, deshalb müssen wir jetzt dort (schon wieder) eine neue Methode definieren (→ Dodger6, GameView):

```
public void hideObject(int object, int bild) {
  switch (object) {
    case FIGURE:
      Figur.setImageResource(bild);
      Figur.animate().alpha(0f).setDuration(2000);
    case THING:
      Ding.setImageResource(bild);
      Ding.animate().alpha(0f).setDuration(2000);
  }
}
```

Bei einer Dauer von 2 Sekunden bleibt genug Zeit, sich die beiden »Unfallopfer« etwas genauer anzuschauen (wenn nicht, kannst du den Wert gern nach Belieben erhöhen).

≫ Erweitere *GameView.java* um die Methode hideObject() und *MainActivity.java* um stopGame(). Außerdem musst du dort diese Methode natürlich auch (in der inneren Runnable-Struktur) aufrufen (→ Dodger6):

```
public void run() {
  Kollision = Spiel.getContact(Dauer);
  if (!Kollision) {
    Spiel.moveObject(R.drawable.ball);
```

```
    handler.postDelayed(this, Dauer);
  }
  else
    stopGame();
}
```

```
// Handler-Runnable-Struktur
private int Dauer = 100;
private Handler handler = new Handler();
private Runnable runnable = new Runnable() {
    @Override
    public void run() {
        Kollision = Spiel.getContact(Dauer);
        if (!Kollision) {
            Spiel.moveObject(R.drawable.ball);
            handler.postDelayed( this, Dauer);
        }
        else stopGame();
    }
};
// Spiel beenden
private void stopGame() {
    handler.removeCallbacks(runnable);
    Spiel.hideObject(GameView.FIGURE, R.drawable.batter);
    Spiel.hideObject(GameView.THING, R.drawable.bump);
}
```

➢ Und nun starte das Spiel und schaue nur zu.

Nach dem Verschwinden der Figuren sieht das Spielfeld nach rechts ziemlich leer aus. Warum spendieren wir dem Projekt nicht noch ein »Game over«?

> ❯ Ergänze die Datei *strings.xml* um die String-Ressource mit dem Namen `game_over` und dem Text `"Game over"`:

```
activity_main.xml ×    C MainActivity.java ×    C GameView.java ×    strings.xml ×

Edit translations for all locales in the translations editor.
1    <resources>
2        <string name="app_name">Dodger</string>
3        <string name="Leer"> </string>
4        <string name="game_over">Game over</string>
5    </resources>
6
```

> ❯ Mache das Anzeigefeld etwas breiter, damit du auch den kompletten Ende-Text zu sehen bekommst.

Nun hast du zwei Möglichkeiten. Die einfachste ist es, die `stopGame`-Methode für das Spiel-Ende um diese Anweisung zu erweitern (→ *Dodger6*):

```
Anzeige.setText(R.string.game_over);
```

Würde man die Figur nicht ausblenden, könnte man sehen, dass sie immer noch auf Klicken oder Tippen reagiert (und anschließend sogar wieder gesund und munter ist). Ein kleiner Schönheitsfehler, den man aber leicht verschmerzen kann, wenn man ihn nicht sieht.

Eine kleine Alternative kann der sogenannte **Toast** sein. Das ist ein ganz einfaches Meldefenster, wie du es sonst nur zu sehen kriegst, wenn deine App einen Fehler produziert. Interessant, weil du diese Methode auch in anderen Projekten einsetzen kannst.

Wichtig ist, dass die zugehörige Bibliothek mit eingebunden wird:

```
import android.widget.Toast;
```

Und so sieht hier die Erweiterung aus (→ *Dodger6A*):

```
Toast Meldung = Toast.makeText
  (this, R.string.game_over, Toast.LENGTH_SHORT);
Meldung.show();
```

Zuerst wird der Toast mit makeText erzeugt, der letzte Parameter ist die Anzeigedauer. Und die Methode show sorgt dann dafür, dass du die Meldung zu sehen bekommst (und hier zusätzlich noch die Punktzahl).

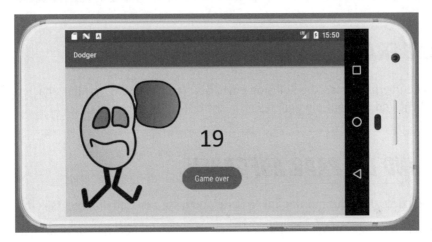

ZUSAMMENFASSUNG

Ganz fertig ist ein Spiel nie. Aber das, was du bis jetzt geschafft hast, kann sich sehen (und spielen) lassen. Immerhin hast du ein Ding ohne spezielle Animationsobjekte oder -methoden in Bewegung gesetzt. Und du weißt, wie man eine (einfache) Kollision kontrollieren kann.

Dabei hast du ein paar Funktionen kennengelernt, um ein Objekt zu »finden« bzw. zu setzen:

getLeft() getRight()	Methode, um die Objekt-Position links oder rechts zu ermitteln
getTop() getBottom()	Methode, um die Objekt-Position oben oder unten zu ermitteln

leftMargin() rightMargin	Methode, um die Objekt-Position links oder rechts zu setzen
topMargin() bottomMargin	Methode, um die Objekt-Position oben oder unten zu setzen
setMargins()	Methode, um alle Positionswerte zu setzen

Und da gibt es noch eine Melde-Box mit zwei Methoden:

Toast	Klasse für eine einfache Melde-Box
makeText()	Methode, um die Box zusammenzustellen
show()	Methode zum Anzeigen der Box

EINE FRAGE ...

1. Wie überprüft man die Kollision eines Objekts (Ding), das von links nach rechts fliegt und dort auf ein anderes (Figur) stößt?

... UND EIN PAAR AUFGABEN

1. Platziere die Figur auf der linken Seite und lasse den Ball von rechts kommen.

2. Erweitere das Dodger-Projekt um eine Start-Meldung (die vor dem Spielstart angezeigt wird).

3. Mache die Methoden setPosition() und moveObject() universeller, sodass sie für Ding und Figur gelten können. Wo nötig, passe die anderen Methoden an.

13 ARRAYS

Wir trennen uns hier wieder von der (vielleicht etwas lädierten) Figur und lassen sie mit ihrem kugeligen Gegner allein. Und kommen zurück zu den krabbelnden Insekten. Damit sehen wir das Spielgeschehen statt von der Seite wieder von oben. Diesmal werden wir die Wanzen erst einmal vermehren, ehe wir sie wieder auf Wanderschaft schicken.

In diesem Kapitel lernst du

◎ wie man aus einem Insekt viele macht

◎ den Einsatz von Arrays kennen

◎ wie man Komponenten im Programm erzeugt

◎ etwas über die Verwendung von for

EIN SCHÖNES PAAR?

Zuerst musst du dein letztes Buggy-Projekt hervorkramen (bei mir ist das *Buggy7*). Das wollen wir jetzt kopieren und umbenennen, denn ich möchte dem erweiterten Spiel einen neuen Namen geben.

≫ Verdopple das Projekt über REFACTOR und COPY. Gib ihm den Namen *DeBug1* und bestätige mit OK.

≫ Schließe das Buggy-Projekt über FILE und CLOSE PROJECT.

≫ Klicke im Startfenster von Android Studio auf OPEN AN EXISTING ANDROID STUDIO PROJECT, suche und markiere die neue Kopie (bei mir *DeBug1*), klicke auf OK.

Wenn du willst, kannst du auch den Package-Namen in *debug1* ändern: Der betreffende Eintrag beginnt mit COM.EXAMPLE und du findest ihn in der Projektliste unter JAVA.

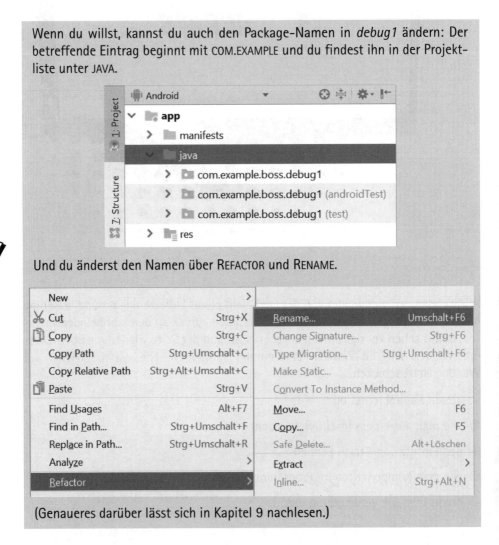

Und du änderst den Namen über REFACTOR und RENAME.

(Genaueres darüber lässt sich in Kapitel 9 nachlesen.)

Beginnen wir nun nach unserem Wiedereinstieg in das neue (alte) Projekt ganz behutsam, indem wir der vorhandenen Wanze ein zweites Insekt zur Seite setzen. Das kann eine weitere Wanze sein oder ein Käfer. Ich habe mich hier für letzteres Tierchen entschieden – wegen der Artenvielfalt.

Jedes von beiden soll seinen eigenen Weg gehen. Und die Erfahrungen, die wir mit einem Insekten-Paar machen, wenden wir später auf einen ganzen Insekten-Schwarm an.

Ein paar Vorarbeiten kannst du jetzt schon einmal erledigen. Sie betreffen das Layout und die Bildfelder:

≫ Sorge für neue Insekten in deinen *drawable*-Ordnern. Dann erzeuge im DESIGN-Modus von *activity_main* ein neues Bildfeld (imageView3) und verbinde es (über das RESOURCE-Fenster) mit einer Bilddatei. Wenn du willst, positioniere beide Insekten so, dass sie sich diagonal gegenüberstehen oder -sitzen.

Die beiden Insekten sitzen oder stehen sich nun gegenüber, ohne sich anzuschauen (muss ja auch nicht sein).

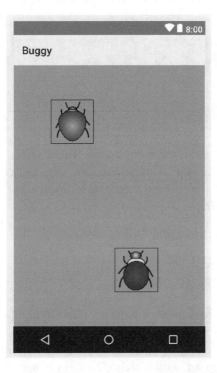

Wenn es dich (wie mich) stört, dass die Bezeichnung der Bildfelder nicht in einer »mathematischen« Reihenfolge liegt, kannst du sie auch umbenennen. Indem du diese Schritte in der Tabelle gehst:

IMAGEVIEW2 anklicken	id-Eintrag in IMAGEVIEW2X ändern
IMAGEVIEW anklicken	id-Eintrag in IMAGEVIEW2 ändern
IMAGEVIEW2X anklicken	id-Eintrag in IMAGEVIEW ändern

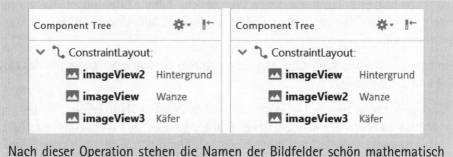

Nach dieser Operation stehen die Namen der Bildfelder schön mathematisch korrekt untereinander.

Nun müssen wir dafür sorgen, dass auch in *MainActivity.java* jede Komponente richtig verknüpft wird, zum Beispiel so:

```
Spiel.Hgrund =
  (ImageView) findViewById(R.id.imageView);
Spiel.Figur1 =
  (ImageView) findViewById(R.id.imageView2);
Spiel.Figur2 =
  (ImageView) findViewById(R.id.imageView3);
```

Und natürlich braucht dann auch das zweite Insekt seinen Platz in der GameView-Klasse. Doch bevor wir uns jetzt daran machen, eine weitere Figur zu vereinbaren und dann mühsam alle Methoden anzupassen, halten wir Ausschau nach einem möglichst einfachen Weg.

Denkbar wäre diese Vereinbarung (in *GameView.java*):

```
public ImageView Figur1;
public ImageView Figur2;
```

Was bedeuten würde, dass uns bei mehr als zwei Figuren (= Insekten) eine Menge Arbeit droht. Denn die in GameView vereinbarten Methoden gelten bis jetzt nur für **eine** Spielfigur. Denke mal kurz an zehn Insekten. Für solche Fälle bietet Java den sogenannten **Array**-Typ an, womit sich gleich ein ganzes **Feld** von beispielsweise zehn Variablen oder Objekten in einem Rutsch vereinbaren lässt:

```
public ImageView[] Figur = new ImageView[10];
```

Die ersten eckigen Klammern ([]) sind leer, daran erkennt man, dass der jeweilige Datentyp mehrmals vorkommen soll. Und in den letzten eckigen Klammern ([ ]) steht die **Anzahl** der Elemente, aus denen ein solches Feld besteht.

Angesprochen bzw. benutzt werden die einzelnen Variablen eines Feldes ebenfalls über eckige Klammern: Die erste Figur heißt `Figur[0]`, die zweite `Figur[1]`.

In Java beginnt die Zählung grundsätzlich mit 0 und die Nummer des letzten Feldelements liegt einen Wert unter dem angegebenen Grenzwert. Der ist hier 10, also trägt das letzte Feldelement die Nummer 9. Was in den eckigen Klammern steht, nennt man **Index**. Außer konstanten Werten sind dort auch Variablen möglich.

> Um die eckigen Klammern einzutippen, musst du die Tastenkombinationen `AltGr`+`8` und `AltGr`+`9` benutzen.

Wir erzeugen unser kleines Feld in zwei Schritten. Zuerst vereinbaren wir ein Feld mit einer unbestimmter Anzahl von Elementen (→ *Debug1, GameView*):

```
public ImageView[] Figur;
```

Die eckigen Klammern hinter dem Typ zeigen an, dass es hier nicht um eine einzelne Variable allein geht. Die eigentliche Erzeugung des Zweier-Arrays erfolgt dann im Konstruktor mit dieser Anweisung:

```
Figur = new ImageView[2];
```

`new` sorgt dafür, dass im Arbeitsspeicher des Smartphones oder Tablets auch der benötigte Platz für die gewünschte Anzahl von Elementen dieses Feldes zur Verfügung steht:

Weil es sich jetzt um zwei Figuren handelt, braucht jede ihren eigenen Startpunkt. Auch das lässt sich mit einem kleinen Array regeln:

```
private int[] xStart, yStart;
```

Womit dann der Konstruktor wieder ein bisschen mehr zu tun hat (→ *Debug1, GameView*):

```
public GameView(Context context) {
    super(context);
    // Grenzen und Maximalstrecke
    setLimits();
    getDiagonal();
    // Felder erzeugen
    Figur = new ImageView[2];
    xStart = new int[2];
    yStart = new int[2];
}
```

Erweitere die GameView-Klasse um die Vereinbarungen der neuen Elemente und die Anweisungen im Konstruktor.

```java
public class GameView extends View {
    // Figuren und Hintergrund
    public ImageView[] Figur;
    public ImageView Hgrund;

    // Start-Ziel-Position
    private int[] xStart, yStart;
    private int xZiel, yZiel;




    // Konstruktor
    public GameView(Context context) {
        super(context);
        // Grenzen und Maximalstrecke
        setLimits();
        getDiagonal();
        // Felder erzeugen
        Figur = new ImageView[2];
        xStart = new int[2];
        yStart = new int[2];
    }
```

METHODEN MIT NUMMER

Nun sieht es bei mir im übrigen Quelltext an mehreren Stellen ziemlich rot aus. Deshalb folgen als Nächstes die Ausbesserungsarbeiten bei einigen Methoden. Diejenigen, die sich mit xZiel und yZiel befassen, können so bleiben, denn das ermittelte Ziel gilt jeweils nur für die aktuelle Figur, die gerade dran ist. Die moveObjekt-Methode wird für beide Insekten immer **hintereinander** aufgerufen.

Doch alle Methoden, in denen bisher xStart und yStart vorkamen, müssen jetzt angepasst werden. Das betrifft als Erstes die Berechnung der Ausrichtung für die jeweilige Figur (→ *Debug1, GameView*):

```java
private void getDirection(int Nr) {
  // Distanz ermitteln
  int xDiff = xZiel - xStart[Nr];
  int yDiff = yZiel - yStart[Nr];
  // Winkel berechnen
  Winkel = Math.atan2(xDiff, -yDiff);
  Winkel = Math.toDegrees(Winkel);
}
```

Neu ist, dass hier die Nummer der aktuellen Figur als Parameter übernommen wird. Dafür kommen die Zahlen 0 und 1 in Betracht. Auch die Methode getDistance() bekommt ihren Parameter:

```
private void getDistance(int Nr) {
  // Distanz ermitteln
  int xDiff = xZiel - xStart[Nr];
  int yDiff = yZiel - yStart[Nr];
  //Strecke berechnen
  Weg = Math.sqrt(xDiff*xDiff + yDiff*yDiff);
}
```

Noch deutlichere Umbaumaßnahmen betreffen die moveObject-Methode, denn hier kommt auch die jeweilige Figur direkt mit ins Spiel (→ *Debug1, GameView*):

```
public void moveObject(int Nr, int bild) {
  // Ziel-Position setzen
  setDestination();
  // Winkel, Weg und Zeitfaktor ermitteln
  getDirection(Nr);
  getDistance(Nr);
  int xyDiff =(int)(Weg*Zeit/Max);
  // Figur holen, ausrichten und bewegen
  Figur[Nr].setImageResource(bild);
  Figur[Nr].setRotation((float) Winkel);
  Figur[Nr].animate().
    x(xZiel).y(yZiel).setDuration(xyDiff);
  // Startpunkt neu setzen
  xStart[Nr] = xZiel;
  yStart[Nr] = yZiel;
}
```

≫ Passe alle diese Methoden entsprechend an.

Weil es hier in dieser Debug-Version (noch) friedlich zugehen soll, habe ich die Methoden killObject() und restoreObject() erst mal ausgelassen. Du kannst sie ganz entfernen oder in Kommentarzeichen setzen:

≫ Tippe in der Zeile oberhalb der ersten Methode die Folge /* ein. Dann setze in die Zeile unterhalb der letzten Methode die Folge */.

> Mit /* leitet man einen **mehrzeiligen** Kommentarblock ein und mit */ beendet man ihn. Damit lassen sich einzelne Methoden oder auch größere Programmabschnitte (vorübergehend) abschalten, ohne sie aus dem Quelltext zu löschen. Mit den zwei Schrägstrichen (//) lassen sich nur **einzeilige** Kommentare markieren.

```
/*
    // Insekt "killen"
    public void killObject(int bild) {
        // Figur holen und ausblenden
        Figur.setImageResource(bild);
        Figur.animate().alpha(0f).setDuration(2*Zeit);
    }
    // Insekt wiederbeleben
    public void restoreObject(int bild) {
        // Figur holen und einblenden
        Figur.setImageResource(bild);
        Figur.animate().alpha(1f).setDuration(Zeit);
    }
*/
```

ANPASSEN UND EINPASSEN

Was wir neu brauchen, ist eine setObject-Methode. Die sollte eigentlich nur dazu dienen, für den Anfang die Startpunkte der Figuren auf dem Spielfeld zu ermitteln. Das aber klappt nicht so einfach. Mit diesen beiden Zuweisungen lässt sich eine relative Position ermitteln, die aber **nicht** auf das ganze Spielfeld bezogen ist:

```
xStart[Nr] = Figur[Nr].getLeft();
yStart[Nr] = Figur[Nr].getTop();
```

Um brauchbare Werte zu erhalten, müssen wir auch hier (wie schon beim Dodger-Projekt) die Hilfe von LayoutParams in Anspruch nehmen.

Dazu vereinbaren wir in der GameView-Klasse ein passendes Objekt:

```
private LayoutParams xyBild;
```

Denke daran, dass dazu diese Bibliothek mit eingebunden werden muss
import android.support.constraint.ConstraintLayout;

Erzeugt wird das Hilfs-Objekt dann in der neuen setObject-Methode mit den Maßen des jeweiligen Bildfelds (für mich sind hier beide gleich groß und quadratisch):

```
xyBild = new ConstraintLayout.LayoutParams
    (xRechts/3, xRechts/3);
```

Für mich passte der Quotient 3 gut, du solltest aber auch mit anderen Werten experimentieren.

≫ Und so sieht dann die neue Methode aus, die du gleich eintippen solltest (→ *Debug1, GameView*):

```
public void setObject(int Nr) {
    // neue Layout-Maße
    xyBild = new ConstraintLayout.LayoutParams
      (xRechts/3, xRechts/3);
    // zufällige Startwerte
    Random Zufall = new Random();
    xStart[Nr] = Zufall.nextInt(xRechts);
    yStart[Nr] = Zufall.nextInt(yUnten);
    // Figur positionieren
    xyBild.leftMargin = xStart[Nr];
    xyBild.topMargin = yStart[Nr];
    Figur[Nr].setLayoutParams(xyBild);
}
```

Die Startwerte sind zufällig. Dazu muss diese Zeile aus der setDestination-Methode kopiert werden:

```
Random Zufall = new Random();
```

Nun wechseln wir zum Hauptprogramm. Dort passen wir die geänderten Methoden von GameView an. Beginnen wir mit der inneren Runnable-Struktur. Dort sieht die run-Methode jetzt so aus (→ *Debug1, MainActivity*):

```
public void run() {
    Spiel.moveObject(0, R.drawable.insekt1);
    Spiel.moveObject(1, R.drawable.insekt2);
    handler.postDelayed(this, Dauer);
}
```

Klar, denn jetzt müssen ja zwei Insekten herumlaufen. Verknüpft werden die beiden Objekte mit den Bildfeldern so:

```
Spiel.Figur[0] =
    (ImageView) findViewById(R.id.imageView2);
Spiel.Figur[1] =
    (ImageView) findViewById(R.id.imageView3);
```

Direkt darunter werden dann die Figuren auf ihre Startplätze gesetzt:

```
Spiel.setObject(0);
Spiel.setObject(1);
```

Ziel zum Klicken oder Tippen soll diesmal nicht mehr ein Insekt sein, sondern der Hintergrund, also das gesamte Spielfeld. Weshalb die onTouch-Struktur auch mit Spiel.Hgrund verknüpft wird (→ *Debug1, MainActivity*):

```
Spiel.Hgrund.setOnTouchListener
  (new View.OnTouchListener() {
  @Override
  public boolean onTouch
    (View view, MotionEvent motionEvent) {
    // Insekt (erneut) zum Laufen bringen
    if (An) {
      if (!Start) {
        // Insekt wiederherstellen
      }
      handler.post(runnable);
      Start = false;
    }
    // Insekt stoppen
    else {
      handler.removeCallbacks(runnable);
      // Insekt verschwinden lassen
    }
    // Umschalten
    An = !An;
    // Rückgabewert
    return false;
  }
});
```

Wie du siehst, habe ich den Aufruf der Methoden restoreObject() und killOb-
ject() erst mal entfernt, weil sie noch nicht für Insektenschwärme angepasst sind.

≫ Ergänze den Quelltext in *MainActivity.java*. Dann starte das Programm.

Wie du siehst, krabbeln die beiden emsig herum, ohne voneinander Notiz zu nehmen. Was dazu führt, dass die Wanze sozusagen auch mal durch den Käfer »hindurch« läuft bzw. umgekehrt. Wenn dir das nicht auffällt, dann stelle (über Dauer) eine deutlich langsamere Geschwindigkeit ein. Beim schnellen Herumlaufen kann es auch so aussehen, als würden die beiden sich beim Aufeinandertreffen mal kurz liebevoll aneinander reiben. Da ist es fraglich, ob eine Kollisionskontrolle überhaupt nötig ist.

> Ziel unseres Projekts ist es, mehr Insekten als nur diese zwei aufeinander loszulassen. Und während die dann umherkrabbeln oder -huschen, sollst du versuchen, möglichst viele von den Wanzen zu erwischen, nicht jedoch die Käfer. Wanzen bringen Plus- und Käfer Minuspunkte auf dem Konto.

EIGENE VIEW-OBJEKTE ERZEUGEN

Wenn wir nun aus zwei Insekten sagen wir zehn machen (oder mehr?), dann müssten wir ein ziemlich großes Figur-Array vereinbaren. Erst mal kein Problem, wenn wir im Konstruktor die Anzahl 2 durch 10 ersetzen:

```
Figur = new ImageView[10];
xStart = new int[10];
yStart = new int[10];
```

Alles andere könnte dann in der GameView-Klasse so bleiben. Anders sieht das in den Dateien *Activity_main.xml* und *MainActivity.java* aus. Zunächst einmal: Wo im Display setzen wir denn die zehn ImageView-Komponenten hin?

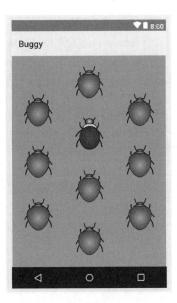

Ein ganz schöner Aufwand, selbst wenn man die Dinger kopiert. Schlimmer noch wird es dann im Hauptprogramm. Dort müssten in der onCreate-Methode dann ja alle zehn Bildfelder mit den GameView-Elementen verknüpft werden:

```
Spiel.Figur[0] =
  (ImageView) findViewById(R.id.imageView2);
// und so weiter
Spiel.Figur[9] =
  (ImageView) findViewById(R.id.imageView11);
```

Und das geht dann weiter mit dem Einsatz der Methoden Spiel.setObject() und Spiel.moveObject(). Gar nicht auszudenken, wenn man auf die Idee käme, statt 10 gleich 20 (oder mehr) Insekten im Spiel zu haben.

Wir **müssen** also einen anderen Weg finden, um zu unserem Insektenschwarm zu kommen. Und den gibt es: Wir lassen das Display einfach komplett leer – bis auf den Hintergrund. Und wir vereinbaren die benötigten Komponenten mitten im Programm.

≫ Nur Mut: Lösche die beiden Bildfelder mit den Insekten aus *Activity_main.xml*.

Klar, dass das bei dem Versuch, das Programm jetzt zu starten, sofort zu einer Fehlermeldung führen muss.

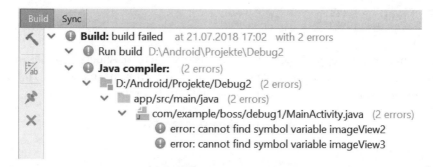

Um jetzt zu einem neuen Bildfeld zu kommen, müssen wir vom Programm aus Verbindung mit dem Layout-System aufnehmen, das in *Activity_main.xml* definiert wurde. Das kann man als eine Art Behälter (Container) betrachten, in das die ganzen Komponenten eingepackt sind, die wir bis jetzt dort im DESIGN-Modus platziert haben. Im TEXT-Modus sieht der Anfangsteil der aktuellen Layout-Definition so aus:

```
<android.support.constraint.ConstraintLayout
  xmlns:android=
  "http://schemas.android.com/apk/res/android"
  xmlns:app="http://schemas.android.com/apk/res-auto"
  xmlns:tools="http://schemas.android.com/tools"
  android:layout_width="match_parent"
  android:layout_height="match_parent"
  tools:context=".MainActivity">
```

Darunter folgt dann die Definition der noch verbliebenen ImageView-Komponente (für den Hintergrund). Die interessiert uns hier nicht weiter.

Aber direkt über der letzten Zeile mit MainActivity solltest du jetzt diese einfügen:

```
android:id="@+id/container"
```

Das Anfangszeichen ist das gleiche, das du von E-Mail-Adressen kennst. Du bekommst es mit [AltGr]+[Q].

Damit wird dem gesamten Layout eine eindeutige Erkennungsnummer verpasst ($\rightarrow$ *DeBug2, Activity_Main*):

```
activity_main.xml ×    MainActivity.java ×    GameView.java ×
1    <?xml version="1.0" encoding="utf-8"?>
2    <android.support.constraint.ConstraintLayout
3        xmlns:android="http://schemas.android.com/apk/res/android"
4        xmlns:app="http://schemas.android.com/apk/res-auto"
5        xmlns:tools="http://schemas.android.com/tools"
6        android:layout_width="match_parent"
7        android:layout_height="match_parent"
8        android:id="@+id/container"
9        tools:context=".MainActivity">
```

Nun hat das Layout (in das wir bisher im DESIGN-Modus unsere Komponenten eingebettet haben) eine ID. Und die lässt sich jetzt in *MainActivity* so verwenden:

```
ConstraintLayout container =
    (ConstraintLayout) findViewById(R.id.container);
```

Mit container haben wir ein Layout-Objekt (nicht zu verwechseln mit einem Objekt vom Typ LayoutParams), in das wir jetzt direkt über den Java-Programmtext eigene View-Elemente einfügen können, also auch Bildfelder für Figuren.

Hier wird die Einbindung derselben Bibliothek fällig, die wir schon in *Game-View.java* hatten:

import android.support.constraint.ConstraintLayout;

Der XML-Quelltext bleibt davon unberührt, hier wird nur das definiert, was **vor** dem Programmstart vorhanden sein soll. Es gibt aber auch Fälle, in denen man erst während der Laufzeit eines Programms Komponenten ins Layout einbauen will – so wie jetzt in unserem Fall. Und das passiert im Java-Quelltext.

Ich habe das Erzeugen der beiden hier benötigten Bildfelder in eine Extra-Methode verpackt (*DeBug2, MainActivity*):

```java
private void setImageView() {
  ConstraintLayout container =
    (ConstraintLayout) findViewById(R.id.container);
  Spiel.Figur[0] =
    new ImageView(container.getContext());
  container.addView(Spiel.Figur[0]);
  Spiel.setObject(0);
  Spiel.Figur[1] =
    new ImageView(container.getContext());
  container.addView(Spiel.Figur[1]);
  Spiel.setObject(1);
}
```

≫ Tippe diese Methode oberhalb von onCreate() ein.

Das Einbauen der Bildfelder in den Layout-Container geschieht in zwei Schritten. Zuerst wird ein ImageView-Objekt erzeugt, der Konstruktor übernimmt als Parameter die nötigen Informationen vom Layout, dafür sorgt die getContext-Methode:

```java
Spiel.Figur[0] =
  new ImageView(container.getContext());
```

Dann wird das neue Element in den Container gepackt, das erledigt die Methode addView():

```java
container.addView(Spiel.Figur[0]);
```

Zuletzt werden Größe und Position bestimmt:

```java
Spiel.setObject(0);
```

Das Gleiche wiederholt sich dann mit dem zweiten Bildfeld.

≫ Und du hast nichts weiter zu tun, als diese beiden nun überflüssigen Zeilen zu löschen:

```java
Spiel.Figur[0] =
  (ImageView) findViewById(R.id.imageView2);
Spiel.Figur[1] =
  (ImageView) findViewById(R.id.imageView3);
```

Und sie dann durch eine neue Zeile zu ersetzen:

```java
setImageView();
```

```
// Layout-Verknüppfung
private void setImageView() {
    ConstraintLayout container =
            (ConstraintLayout) findViewById(R.id.container);
    Spiel.Figur[0] = new ImageView(container.getContext());
    container.addView(Spiel.Figur[0]);
    Spiel.setObject(0);
    Spiel.Figur[1] = new ImageView(container.getContext());
    container.addView(Spiel.Figur[1]);
    Spiel.setObject(1);
}
```

```
// Spiel, "Insekten" und Hintergrund
Spiel = new GameView( context: this);
Spiel.Hgrund = (ImageView) findViewById(R.id.imageView);
setImageView();
Spiel.setDelay(Dauer);
```

Damit wäre das Programm wieder lauffähig, auch wenn das Display im DESIGN-Modus nun verödet aussieht:

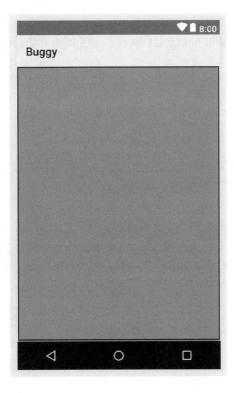

Und wenn du die App testest, siehst du leider auch hier am Anfang erst mal nichts. Die setObject-Methoden haben ja nur die Layout-Parameter für die Figuren gesetzt, es gibt noch kein Bild im (unsichtbaren) Bildfeld. Erst wenn du auf die Fläche klickst, tauchen zwei Insekten auf.

Sind bei dir die Spielfiguren zu Monstern geworden, musst du die Parameter bei new ConstraintLayout.LayoutParams entsprechend ändern.

LAYOUT-TUNING

Da gibt es noch was zum Nacharbeiten, doch nicht im Hauptprogramm, sondern in der GameView-Klasse. Was fehlt, ist wirklich nicht viel und lässt sich in einer kleinen neuen Methode unterbringen (*DeBug2*):

```
public void showObject(int Nr, int bild) {
    setObject(Nr);
    Figur[Nr].setImageResource(bild);
}
```

Zuerst werden Größe und Position der jeweiligen Figur festgelegt, dann wird das zugehörige Bild geholt.

Und in *MainActivity* kann man jetzt zwei showObjekt-Aufrufe direkt unter den von setImageView() setzen:

```
Spiel.showObject(0, R.drawable.insekt1);
Spiel.showObject(1, R.drawable.insekt2);
```

≫ Erledige das, dann lasse das Programm laufen.

Nun haben die Insekten die passende Größe und verhalten sich genauso wie vorher. Ihnen ist es egal, wie die ImageView-Objekte erzeugt wurden, in denen sie herumgeschubst werden.

Alles zu deiner Zufriedenheit? Oder ist es bei dir wie bei mir: Die Insekten erscheinen immer erst oben links, um sich dann auf dem Spielfeld zu verteilen. Das lässt sich durch einen kleinen Kunstgriff ändern, indem man die setObject-Methode um diese beiden Zeilen erweitert:

```
xyBild.startToStart = ConstraintSet.PARENT_ID;
xyBild.topToTop = ConstraintSet.PARENT_ID;
```

Erst damit wird das Layout der Figur offenbar auf die Positionsänderung »sensibilisiert«. Das Paket ConstraintSet bietet eine ganze Reihe von Attributen, mit denen man ein Layout gestalten kann.

```
public void setObject(int Nr) {
    // neue Layout-Maße
    xyBild = new ConstraintLayout.LayoutParams(xRechts/3, xRechts/3);
    // Figur-Layout "vorbereiten"
    xyBild.startToStart = ConstraintSet.PARENT_ID;
    xyBild.topToTop = ConstraintSet.PARENT_ID;
    // zufällige Startwerte
    Random Zufall = new Random();
    xStart[Nr] = Zufall.nextInt(xRechts);
    yStart[Nr] = Zufall.nextInt(yUnten);
    // Figur positionieren
    xyBild.leftMargin = xStart[Nr];
    xyBild.topMargin = yStart[Nr];
    Figur[Nr].setLayoutParams(xyBild);
}
```

≫ Füge die beiden Zeilen in den Quelltext von *GameView.java* ein.

Eigentlich bedeutet Constraint Beschränkung, Einschränkung. Und die wird bei diesem Layout durch Verknüpfungen hergestellt. Mit Attributen wie startToStart oder TopToTop wird ein Objekt mit einem anderen verbunden, so wie hier das Bildfeld für die Insekten mit dem Spielfeld.

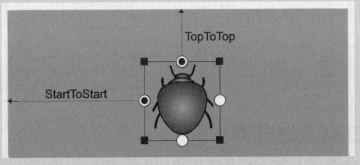

Und wirksam wird die Positionsänderung beim Start offenbar nur, wenn es solche Verbindungen (bereits) gibt.

Ich habe das Spiel auch auf dem Tablet-Emulator ausprobiert. Es hat dort ebenfalls funktioniert. Doch es kann Probleme mit dem Aussehen des Hintergrunds geben. Genauer mit der Größe der farbigen Fläche.

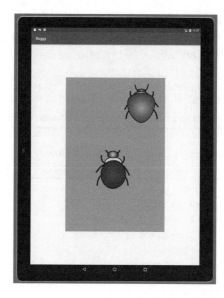

Beim Dodger-Projekt hatten wir den Vereinbarungen der Komponenten diese Zeile hinzugefügt:

```
Spiel.Hgrund.setScaleType(ImageView.ScaleType.FIT_XY);
```

Wenn das nicht genügt, dann ist das Bildfeld zu klein.

≫ Deshalb achte darauf, ob und dass in activity_main in den beiden Zeilen für Breite und Höhe match_parent eingestellt ist:

```
<ImageView
    android:id="@+id/imageView"
    android:layout_width="match_parent"
    android:layout_height="match_parent"
    app:srcCompat="@drawable/hgrund1" />
```

WANZENSCHWEMME

Was haben wir nun von dem Aufwand, den wir betrieben haben? Sieht doch eigentlich nicht anders aus als vorher. Aber jetzt können wir uns daranwagen, gleich ein Zehnerpack (oder mehr) von diesen Insekten zu erzeugen und sie auf das Spielfeld loszulassen.

Anstatt nun aber in der GameView-Klasse eine Konstante zu vereinbaren, versuchen wir es gleich mit einer (globalen) Variablen:

```
private int Fzahl = 2;
```

Einen Startwert legen wir fest, falls von außen kein anderer Wert vorgegeben wird. Sonst wäre er 0 und die Versuche des Konstruktors, die passenden Arrays zu erzeugen, liefen ins Leere. Hier sorgt der Konstruktor nun dafür, dass es jeweils zwei Felder für Objekte und Variablen gibt.

Aber was ist, wenn die Anzahl der gewünschten Figuren (hier: Insekten) aus dem Hauptprogramm vorgegeben werden soll? Wie soll der Konstruktor dann an diese Zahl kommen? Ganz einfach: Wir brauchen einen zweiten Konstruktor.

Und das geht. Viele Klassen haben mehrere Konstruktoren, die sich voneinander in der **Anzahl** oder im **Typ** der Parameter unterscheiden. Weil aber damit die Anweisungen für die Erzeugung der Arrays in beiden Konstruktoren vorkommen, macht es Sinn, sie in eine Extra-Methode zu packen (→ *DeBug3*, *GameView*):

```
private void setArrays() {
  Figur = new ImageView[Fzahl];
  xStart = new int[Fzahl];
  yStart = new int[Fzahl];
}
```

Womit die beiden Konstruktoren (der alte und der neue zweite) nun so aussehen:

```
public GameView(Context context) {
  super(context);
  // Grenzen und Maximalstrecke
  setLimits();
  getDiagonal();
  // Felder für Figuren
  setArrays();
}

public GameView(Context context, int num) {
  super(context);
  // Grenzen und Maximalstrecke
  setLimits();
  getDiagonal();
  // Felder für Figuren
  Fzahl = num;
  setArrays();
}
```

Der neue Konstruktor hat einen zweiten Parameter, der übernimmt die gewünschte Anzahl der Figuren im Spiel. (Wird nur der alte aufgerufen, dann bleibt es bei zwei Figuren.)

≫ Erweitere die GameView-Klasse entsprechend.

Und nun schauen wir, wie wir im Hauptprogramm mit einer größeren Anzahl von Insekten fertig werden. Beginnen wir in *MainActivity* mit einer globalen Variablen:

```
private int FZahl = 10;
```

Damit legen wir uns (erst einmal) auf zehn Wanzen fest. Und damit kommt auch gleich der neue Konstruktor ins Spiel:

```
Spiel = new GameView(this, FZahl);
```

Als Nächstes müssen die Bildfelder erzeugt und mit den Figuren verknüpft werden. Das erledigt die Methode setImageView().

Aber das zehnmal? Wie gut, dass es einen anderen Weg als diesen gibt:

```
Spiel.Figur[0] =
  new ImageView(container.getContext());
container.addView(Spiel.Figur[0]);
Spiel.setObject(0);
// und so weiter
Spiel.Figur[9] =
  new ImageView(container.getContext());
container.addView(Spiel.Figur91]);
Spiel.setObject(9);
```

Unsere Rettung sieht so aus – gleich in die setImageView-Methode gepackt ($\rightarrow$ *DeBug3, MainActivity*):

```
private void setImageView() {
  ConstraintLayout container =
    (ConstraintLayout) findViewById(R.id.container);
  for (int nr = 0; nr < FZahl; nr++) {
    Spiel.Figur[nr] =
      new ImageView(container.getContext());
    container.addView(Spiel.Figur[nr]);
    Spiel.setObject(nr);
  }
}
```

Bei der Struktur, die wir hier verwenden, handelt es sich um eine **Zählschleife**. Auch eine Kontrollstruktur. Schauen wir mal genauer hin, wie die aussieht:

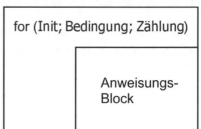

Zu Deutsch heißt das:

> FÜR eine bestimmte Bedingungsstruktur
> soll der Computer einen Anweisungsblock WIEDERHOLEN.

Beginnend bei einem Startwert (auch Initialisierung genannt) arbeitet sich diese Schleife über einen Zähler an die Bedingung heran.

```
for (int nr = 0; nr < FZahl; nr++)
```

Initialisiert wird die Schleife hier mit

```
int nr = 0;
```

Nun kommt die **Bedingung:**

```
nr < FZahl;
```

Und damit das Ganze auch wieder aufhören kann, wird nr bei jedem Durchlauf um 1 erhöht:

```
nr++
```

Im Anweisungsblock stehen dann diese drei Anweisungen (in geschweifte Klammern gesetzt):

```
Spiel.Figur[nr] =
   new ImageView(container.getContext());
container.addView(Spiel.Figur[nr]);
Spiel.setObject(nr);
```

> Natürlich lassen sich in einer solchen Schleife beliebige Start- oder Endwerte benutzen:
> ```
> for (int nr = 1; nr < FZahl-1; nr++)
> ```
> Und auch die Schrittweite bei der Zählung muss nicht 1 sein:
> ```
> for (int nr = 0; nr < FZahl; nr+=2)
> ```
> Man kann sogar rückwärts zählen:
> ```
> for (int nr = FZahl; nr > 0; nr--)
> ```

Klar, dass wir die neu entdeckte Erleichterung auch noch an anderen Stellen einsetzen (müssen). Damit können sich alle Wanzen zeigen (→ *DeBug3, MainActivity*):

```
for (int nr = 0; nr < FZahl; nr++)
  Spiel.showObject(nr, R.drawable.insekt2);
```

Und diese Schleife gehört in die (innere) Runnable-Struktur:

```
public void run() {
  for (int nr = 0; nr < FZahl; nr++)
    Spiel.moveObject(nr, R.drawable.insekt2);
}
```

≫ Erweitere das Hauptprogramm um die insgesamt drei for-Schleifen.

```
// Runnable-run-Struktur
private Runnable runnable = new Runnable() {
    @Override
    public void run() {
        for (int nr = 0; nr < FZahl; nr++)
            Spiel.moveObject(nr, R.drawable.insekt2);
        handler.postDelayed( this, Dauer);
    }
};

// Layout-Verknüppfungen
private void setImageView() {
    ConstraintLayout container =
        (ConstraintLayout) findViewById(R.id.container);

    for (int nr = 0; nr < FZahl; nr++) {

        Spiel.Figur[nr] = new ImageView(container.getContext());
        container.addView(Spiel.Figur[nr]);
        Spiel.setObject(nr);
    }
}


// Spiel, "Insekten" und Hintergrund
Spiel = new GameView( context: this, FZahl);
Spiel.Hgrund = (ImageView) findViewById(R.id.imageView);
Spiel.Hgrund.setScaleType(ImageView.ScaleType.FIT_XY);
setImageView();

for (int nr = 0; nr < FZahl; nr++)

    Spiel.showObject(nr, R.drawable.insekt2);
```

≫ Dann starte die App (und schaue zu, denn hier musst du sie alle noch am Leben lassen).

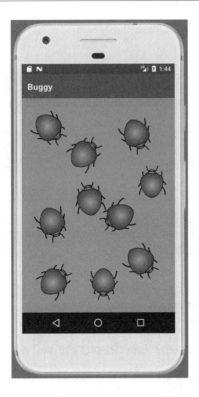

Natürlich ist es möglich, auch 100 oder mehr Wanzen aufs Spielfeld zu schicken. Die sollten dann aber auf jeden Fall deutlich kleiner sein. Und dennoch wird es immer enger. Dein Smartphone (oder Tablet) muss dabei im Vergleich zu zehn Tierchen die zehn- bis hundertfache Leistung für die Bewegung all dieser Insekten aufbringen. So kann es passieren, dass irgendwann das ganze System überfordert ist und sich kaum noch etwas oder nichts mehr regt.

ZUSAMMENFASSUNG

Bevor wir uns ans »Wanzen-Killen« machen, gibt es jetzt erst wieder eine Pause. Genieße sie und sei stolz auf das, was du bis jetzt geschafft hast. Aber nicht zu sehr, denn ein richtiger Wanzenjäger wird man nur, wenn man Wanzen erlegt. Aber darum kümmern wir uns ja schon bald.

Hier hast du die Möglichkeit kennengelernt, mit größeren Gruppen von gleichen Variablen (Feldern) zu arbeiten.

[Anzahl]	Eckige Klammern für die Anzahl der Feld-Elemente
[Nr]	Eckige Klammern für den Index eines Feld-Elements

Bei der Beschäftigung mit Arrays von Objekten und Variablen sind ein paar Neuigkeiten angefallen:

ConstraintSet	Paket mit Layout-Eigenschaften
addView()	Methode, um Komponente hinzuzufügen (einzubet-ten)
getContext()	Methode, um Komponente mit Parametern (wie Größe und Position) zu versorgen

Und du hast hier noch eine Java-Kontrollstruktur mehr kennengelernt:

for	FÜR eine bestimmte Anzahl WIEDERHOLE etwas (Anwei-sungsblock).

EIN PAAR FRAGEN ...

1. Wie wird ein Array erzeugt? Zum Beispiel für die Typen String und float.

2. Wie weist man einem Array von 100 ganzen Zahlen die Werte von 0 bis 99 zu?

... UND EIN PAAR AUFGABEN

1. Erzeuge jeweils eine eigene TextView-Komponente und einen Button in der onCreate-Methode des Hauptprogramms.

2. Erweitere das letzte DeBug-Projekt so, dass zwischen den vielen Wanzen ein Käfer mitkrabbelt.

14   DAS GROSSE KRABBELN

Und hier ist es so weit. Das, was dir bereits mit einer einzelnen Wanze gelungen ist, soll jetzt auch bei vielen klappen. Darüber hinaus ist noch eine Menge zu verbessern. Nicht zuletzt sollte es beim Spielen auch Punkte geben: Plus für Wanzen und Minus für Käfer. Und dann muss noch ein Gliederfüßer dafür sorgen, dass das Spiel auch mal zu Ende ist.

In diesem Kapitel lernst du

◎ wie man ein Feld von Klick- oder Tipp-Strukturen erzeugt

◎ mehr über Handler

◎ wie man mehrere Tasks (Aufgaben) verwaltet

◎ ein Datenfeld zu initialisieren

◎ mehr über return

JAGD AUF ALLE?

Wie erreichen wir, dass sich alle Bildfelder durch Anklicken oder Antippen ausblenden lassen? (Das ist eine mildere Formulierung von »alle Wanzen killen«.)

Die eine Möglichkeit ist die Abfrage der aktuellen Klick- bzw. Tipp-Koordinaten. Die müssen dann mit allen Wanzen-Positionen verglichen werden. Klingt ziemlich aufwendig. Die andere Möglichkeit klingt aber auch erst einmal nicht besser: Wir spendieren jeder einzelnen Wanze ihre eigene OnClickListener-Struktur.

Der ganze Aufwand lässt sich deutlich mildern, denn da wir es bei der Wanzenschar mit einem Array von geordneten Elementen zu tun haben, bietet sich auch hier wieder die for-Struktur an. Ich entscheide mich hier und jetzt für die letzte Möglichkeit.

Zuerst schrumpfen wir die onTouch-Methode auf dieses Minimum (→ *DeBug4*, *MainActivity*):

```
public boolean onTouch
  (View view, MotionEvent motionEvent) {
  if (Start) handler.post(runnable);
  // Ausschalten
  Start = false;
  // Rückgabewert
  return false;
}
```

Mehr als die Wanzenschar zum Laufen zu bringen, muss die Methode nicht tun, deshalb gibt es nur noch einen Start-Schalter, der anschließend deaktiviert wird. Die Variable An ist hier also überflüssig.

Und das, was von nun an bei einem Mausklick oder Fingertipp passiert, übernimmt ein Array von neuen onClick-Strukturen, die wir nun in einem Rutsch hinzufügen:

```
for (int nr = 0; nr < FZahl; nr++) {
  Spiel.Figur[nr].setOnClickListener
  (new View.OnClickListener() {
  @Override
  public void onClick(View view) {
    // falls noch nicht gestartet, Methode verlassen
    if (Start) return;
    // getroffenes Insekt ermitteln
    for (int nr = 0; nr < FZahl; nr++) {
      // ggf. "killen"
      if (view == (ImageView) Spiel.Figur[nr])
        Spiel.killObject(nr, R.drawable.insekt2x);
    }
  }
  });
}
```

(Da hier nur das reine Klicken oder Tippen zählt, reicht onClick.)

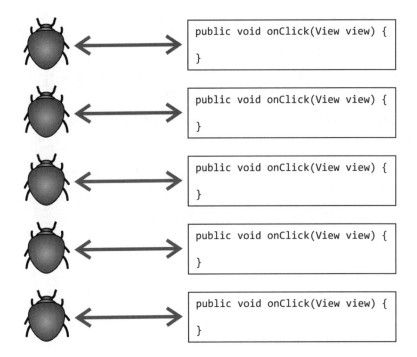

In der äußeren for-Schleife werden fünf oder zehn (oder mehr) OnClickListener auf die Lauer gelegt – je nachdem, was du für FZahl vereinbarst. Dort wird dann gleich zu Anfang kontrolliert, ob du den Wanzenlauf auch gestartet hast. Wenn nicht, dann hat Start noch den Wert true, der Schalter für den Spielstart ist also noch aktiv:

```
if (Start) return;
```

Die Wanzen verharren wehrlos an ihrem Startplatz. Weil du sie nun ohne besonderen Aufwand einfach zerquetschen könntest, wird die onClick-Methode sofort verlassen. (Teste das Ganze mal ohne diese Zeile!)

Wie du siehst, ist return also auch ohne Zusatz möglich. Und nützlich, wenn man eine Methode aus irgendeinem Grund an einer beliebigen Stelle verlassen will oder muss.

Im anderen Fall, also wenn Start == false ist (bzw. !Start gilt) und die Wanzen schon in Bewegung sind), muss bei jedem Mausklick oder Fingertipp noch in einer inneren for-Schleife abgefragt werden, welches Bildfeld bzw. Insekt nun getroffen wurde:

```
if (view == (ImageView) Spiel.Figur[nr])
  Spiel.killObject(nr, R.drawable.insekt2x);
```

Dazu wird der übernommene Parameter mit der Figur verglichen. Ist view die betreffende Figur, dann wird die killObject-Methode aufgerufen, die wir also wieder mit ins Spiel bringen und anpassen müssen.

➢ Bevor wir uns mit Änderungen in der GameView-Klasse beschäftigen, tippe erst einmal die Neuerungen in *MainActivity.java* ein.

Machen wir uns nun an die Methode, die für das Plattmachen und Ausblenden der Wanzen zuständig ist (→ *DeBug4*, *GameView*):

```
public void killObject(int Nr,int bild) {
   // Figur holen und ausblenden
   Figur[Nr].setImageResource(bild);
   Figur[Nr].animate().alpha(0f).setDuration(2*Zeit);
}
```

➢ Nimm die entsprechenden Korrekturen in der GameView-Klasse vor. Dann starte das Programm.

Wie gewünscht lassen sich die Wanzen anklicken und sie verschwinden auch nach einiger Zeit. Allerdings nehmen sie erst noch einmal ihre alte (unversehrte) Form an, ehe sie endgültig ausgeblendet sind.

Doch was geschieht dann? Wir sehen es nicht, aber der Handler führt munter seine Aufgabe fort, die Wanzen wandern unsichtbar weiter. Muss nicht schlimm sein, man kriegt es ja eigentlich nicht mit. Dennoch stört es mich. Auch, weil jedes eigentlich tote Insekt kurz wieder lebendig aussieht, ehe es endgültig verschwunden ist.

Und wenn wir dafür sorgen, dass für jede tote Wanze die moveObject-Methode nicht mehr aufgerufen wird? Dazu brauchen wir in der GameView-Klasse eine Extra-Variable oder -Funktion. Oder beides. Beginnen wir mit einem weiteren Variablenfeld:

```
private boolean[] Tot;
```

In beiden Konstruktoren muss dieses Feld initialisiert werden, also die Anzahl seiner Elemente wissen. Die zugehörige Anweisung packen wir in die setArrays-Methode (→ *DeBug4*):

```
private void setArrays() {
   Figur = new ImageView[Fzahl];
   xStart = new int[Fzahl];
   yStart = new int[Fzahl];
   // alle auf "lebendig"
   Tot = new boolean[Fzahl];
   for (int nr = 0; nr < Fzahl; nr++)
```

```
      Tot[nr] = false;
}
```

Zusätzlich wird hier noch das ganze Tot-Feld auf false gesetzt, womit gemeint ist: Am Anfang sind sämtliche Tierchen wohlauf.

Nachdem jeder Konstruktor alle Wanzen für lebendig erklärt hat, geschieht das Umgekehrte in der erweiterten killObject-Methode:

```
public void killObject(int Nr,int bild)  {
   Figur[Nr].setImageResource(bild);
   Figur[Nr].animate().alpha(0f).setDuration(2*Zeit);
   Tot[Nr] = true;
}
```

Wie erfährt aber nun das Hauptprogramm vom Ableben des jeweiligen Insekts? Durch die neue Methode isKilled():

```
public boolean isKilled(int Nr) {
   return Tot[Nr];
}
```

Sie gibt einfach nur den aktuellen Zustand einer Figur (Wanze) zurück. Und damit lässt sie sich auch im Hauptprogramm einsetzen. Wechseln wir also zu *MainActivity*, dort ändern wir die for-Schleife in der inneren Runnable-Struktur nun so um (→ *DeBug4*):

```
for (int nr = 0; nr < FZahl; nr++) {
   // nur wenn das Insekt noch lebt
   if (!Spiel.isKilled(nr))
     Spiel.moveObject(nr, R.drawable.insekt2);
}
```

≫ Ergänze die GameView-Klasse und das Hauptprogramm um die Neuerungen. Achte auf das Ausrufezeichen (!) bei der Bedingung vor dem Aufruf von moveObject()! Dann starte das Programm erneut. Schaue genau hin, was mit einer getroffenen Wanze passiert.

IM WECHSELSCHRITT

Bis jetzt könnten wir eigentlich zufrieden sein. Aber zu verbessern gibt es immer etwas. So stört mich noch, dass alle Insekten zur gleichen Zeit loslaufen. Die, die einen kürzeren Weg hatten, warten kurz bis zum nächsten Run. Und dann laufen wieder alle gleichzeitig los. Und so weiter. (Besonders gut kann man das miterleben, wenn man den Wert von Dauer z.B. auf 2000 oder mehr einstellt.)

Diese Hektik wollen wir jetzt entschärfen. Wir lassen einfach erst alle Insekten mit gerader Nummer starten, dann mit einer Verzögerung die übrigen. So überlappen sich die Bewegungsabläufe.

Alle Änderungen betreffen nur das Hauptprogramm. Der Handler muss zweimal aufgerufen werden. Beim ersten Mal startet er sofort, beim zweiten Mal etwas später. Das könnte dann in der onTouch-Methode so aussehen (→ *DeBug5, MainActivity*):

```
if (Start) {
  handler.post(runnable1);
  handler.postDelayed(runnable2, Dauer/2);
}
```

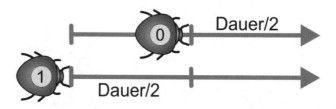

Wir brauchen also jetzt zwei Runnable-Strukturen. Dazu verdoppeln wir die bereits vorhandene und benennen beide um. In der ersten werden alle Insekten mit geradem Index bewegt (bei zehn Figuren sind das die Nummern 0, 2, 4, 6, 8):

```
private Runnable runnable1 = new Runnable() {
  @Override
  public void run() {
    // Alle "geraden" Insekten
    for (int nr = 0; nr < FZahl; nr+=2) {
      // nur wenn das Insekt noch lebt
      if (!Spiel.isKilled(nr))
        Spiel.moveObject(nr, R.drawable.insekt2);
    }
    handler.postDelayed(this, Dauer/2);
  }
};
```

In der zweiten Struktur geht es nur um die Insekten mit ungeraden »Rückennummern« (also 1, 3, 5, 7, 9):

```
private Runnable runnable2 = new Runnable() {
  @Override
  public void run() {
```

```
    // Alle "ungeraden" Insekten
    for (int nr = 1; nr < FZahl; nr+=2) {
      // nur wenn das Insekt noch lebt
      if (!Spiel.isKilled(nr))
        Spiel.moveObject(nr, R.drawable.insekt2);
    }
    handler.postDelayed(this, Dauer/2);
  }
};
```

➤ Verdopple die vorhandene Runnable-Struktur und passe die alte und die neue entsprechend an (→ *DeBug5, MainActivity*).

Entscheidend sind diese beiden for-Strukturen:

```
for (int nr = 0; nr < FZahl; nr+=2)
for (int nr = 1; nr < FZahl; nr+=2)
```

Gezählt wird beide Male in **Zweier**schritten (nr+=2 oder nr = nr +2), einmal beginnend mit 0 und einmal mit 1. So werden jeweils die geraden und die ungeraden Zahlen durchlaufen.

➤ Erweitere auch die Methode onTouch() um den zweiten Handler-Aufruf. Und dann kannst du das Programm starten.

Und du wirst sehen: Die Wanzen tanzen jetzt abwechselnd in Fünfergruppen. Natürlich könnte man auch so weit gehen, dass man jeder Figur ihren eigenen (zeitversetzten) Task spendiert, aber das wäre aus meiner Sicht zu viel des Guten.

PUNKTE UND ENDE

Der aktuelle Spielstand ist eigentlich unbefriedigend. Man kann eine bestimmte Menge von Wanzen zerquetschen und sie von der Bildfläche verschwinden lassen. Das war's. Mehr nicht. Wie wäre es mit einem Käfer zwischendrin? Das sollte ja eigentlich das Ziel unseres Projekts sein: Wanzen bringen Plus- und Käfer Minuspunkte auf dem Konto.

Zuerst aber brauchen wir ein Textfeld für die Anzeige des Kontostandes. Hier wäre auch noch ein zweites angebracht, in dem am Schluss zusätzlich noch ein »Game over« steht.

➤ Erweitere das Projekt um zwei Textfelder, am besten im DESIGN-Modus (ist am bequemsten). Eines sollte ganz oben mittig angeordnet sein, das andere kann genau im Zentrum des Spielfelds liegen. (Sorge für eine ausreichend große Schrift.)

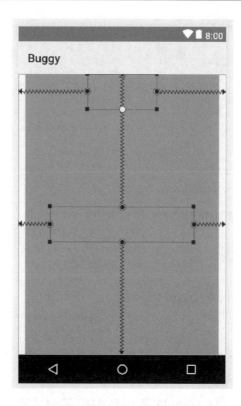

Ich empfehle hier für die Breite WRAP_CONTENT einzusetzen, auch wenn dann in der Ansicht erst mal beide Textfelder fast verschwunden sind. Nachher passt sich die Komponente in der Größe dem angezeigten Text an.

≫ Nun verknüpfe die beiden Komponenten mit den passenden Objekten (→ *DeBug5, mainActivity*):

```
final TextView Anzeige1 =
  (TextView) findViewById(R.id.textView);
final TextView Anzeige2 =
  (TextView) findViewById(R.id.textView2);
```

Nun brauchen wir noch Texte für die Anzeige. Den einen erhalten wir aus der aktuellen Punktzahl, je nachdem wie viele Wanzen bereits getroffen sind. Zum Zählen der Treffer nutzen wir eine lokale (gleichnamige) Variable.

Die soll nun bei jedem killObject-Prozess mitzählen. Und wenn es so viele Treffer wie Wanzen gibt, kommt dann zum Schluss ein »Game Over«. Das alles packen wir in jede onClick-Methode (→ *DeBug5, MainActivity*):

```
public void onClick(View view) {
  // falls noch nicht gestartet, Methode verlassen
  if (Start) return;
  // Zähler auf null
  int Treffer = 0;
  // getroffenes Insekt ermitteln
  for (int nr = 0; nr < FZahl; nr++) {
    // ggf. "killen"
    if (view == (ImageView) Spiel.Figur[nr])
      Spiel.killObject(nr, R.drawable.insekt2x);
    // mitzählen
    if (Spiel.isKilled(nr)) Treffer++;
  }
  // ggf. Spiel-Schluss anzeigen und beenden
  if (Treffer == FZahl) {
    Anzeige2.setText(R.string.game_over);
    handler.removeCallbacks(runnable1);
    handler.removeCallbacks(runnable2);
  }
  // Punkte anzeigen
  Anzeige1.setText(String.valueOf(Treffer));
}
```

Ganz schön viel auf einmal. Schauen wir uns genauer an, was da passiert. Zuerst wird der Zähler für die Treffer auf 0 gesetzt. Das muss sein, denn die getroffenen Wanzen werden ja nach jedem tödlichen Klick neu durchgezählt:

```
int Treffer = 0;
```

Innerhalb der for-Schleife, in der auch das getroffene Objekt abgefragt wird, erhöht sich dann der Wert von Treffer um 1, nachdem auch in killObject() das aktuelle Insekt für tot erklärt wurde:

```
for (int nr = 0; nr < FZahl; nr++) {
  // ...
  if (Spiel.isKilled(nr)) Treffer++;
}
```

Und wenn dann die Anzahl der Treffer dieselbe wie die der Wanzen ist, endet das Spiel:

```
if (Treffer == FZahl) {
  Anzeige2.setText(R.string.game_over);
  handler.removeCallbacks(runnable1);
  handler.removeCallbacks(runnable2);
}
```

Und hier kann man auch dem Handler sagen, dass er seine Aufgaben erledigt hat. Für das »Game over« muss es in *strings.xml* eine entsprechende Zeichenkette geben.

Am Schluss einer onClick-Methode werden die Treffer angezeigt (damit die Zahlen nicht so mickrig aussehen, kannst du sie auch mit 10 oder mehr malnehmen):

```
Anzeige1.setText(String.valueOf(Treffer));
```

≫ Ergänze das alles, dann kannst du das Spiel erneut testen. Es gibt Punkte und dir wird das Ende des Spiels angezeigt.

WIEDERBELEBUNG

Wir wollen natürlich noch mehr. Das Spiel muss ja mit der letzten Wanze nicht zu Ende sein. Doch dann müssen wir für Nachschub sorgen: Nach dem Tod eines Insekts taucht einfach ein neues auf und krabbelt wieder mit. Es muss einfach nur den Platz eines bereits verstorbenen einnehmen.

Ein erster Versuch ist dieser (in onClick()):

```
if (Spiel.isKilled(nr)) {
  Treffer++;
  Spiel.restoreObject(nr, R.drawable.insekt2);
}
```

Für jedes getroffene Insekt wird die Trefferquote heraufgezählt und danach erscheint ein neues. Dazu müssen wir die Methode restoreObject() ein wenig modifizieren (→ *DeBug6, GameView*):

```
public void restoreObject(int Nr,int bild) {
  Figur[Nr].setImageResource(bild);
  Figur[Nr].animate().alpha(1f).setDuration(Zeit);
  Tot[Nr] = false;
}
```

Leider würde unser erster Versuch in einer Enttäuschung münden: Das Wiederherstellen klappt zwar, jedoch viel zu schnell. Es scheint, als würden die animate-Aufrufe in killObject() und restoreObject() miteinander verschmelzen.

Wir müssen zwischen beiden eine deutliche Verzögerung herstellen, die restore-Methode muss warten, bis die kill-Methode das Insekt komplett ausgeblendet hat. Ein Auftrag für den Handler?

Die neue Aufgabe soll nicht in festen Zeitabständen ausgeführt werden, sondern nur bei Bedarf. Genau ausgedrückt: Immer wenn eine Wanze getroffen und ausgeblendet wurde, soll etwas später ein neues Insekt erscheinen. Also ein neuer, ein Extra-Handler?

Dessen Auftrag steht dann ebenfalls in einer Runnable-Struktur. Die Hilfe des neuen Handlers brauchen wir immer dann, wenn eine Wanze gestorben ist, für die Wiederauferstehung sozusagen.

Vereinbaren wir also einen weiteren Handler, natürlich mit anderem Namen:

```
private Handler healer = new Handler();
```

Der Name dürfte gut passen, denn in diesem Fall geht es ja wirklich um Heilung. Und hier ist die Aufgabe, die der neue Handler erfüllen soll (→ *DeBug6, MainActivity*):

```
private Runnable runnable3 = new Runnable() {
  @Override
  public void run() {
    for (int nr = 0; nr < FZahl; nr++)
      if (Spiel.isKilled(nr))
        Spiel.restoreObject(nr, R.drawable.insekt2);
  }
};
```

Und nun sollte unser nächster Wiederbelebungsversuch besser gelingen:

```
if (Spiel.isKilled(nr)) {
  Treffer++;
  healer.postDelayed(Aufgabe3, 4*Dauer);
}
```

In diesem Fall beträgt die Verzögerung mindestens eine ganze Sekunde, eher mehr. Denn die tote Wanze sollte schon ihre Zeit zum Verschwinden haben, ehe die neue auftaucht. (Probiere ruhig selbst verschiedene Zeiten aus.)

≫ Erweitere das Projekt in *MainActivity.java* und *GameView.java* um die neuen Strukturen und Methoden. Dann starte die App.

(Wenn du willst, kannst du den Wert von Dauer auf 2000 oder mehr setzen, um genauer zuschauen zu können, wie die eine Wanze ablebt und etwas später eine neue erscheint.)

Jetzt haben wir allerdings ein Problem mit den Punkten. Weil jede getötete Wanze wieder ersetzt wird, fällt die Punktzahl immer wieder auf einen Wert von 1 zurück. Zählen wir aber nur die onClick-Aufrufe, dann wird auch mitgerechnet, wenn du auf eine bereits tote Wanze klickst oder tippst.

Wir brauchen also eine weitere Variable, die mitzählt, wie oft eine Figur erneuert wird. Nennen wir sie FNeu und vereinbaren sie global (z.B. direkt hinter FZahl):

```
private int FZahl = 10, FNeu = 0;
```

Die Wiederherstellung der Figuren muss in der neuen Runnable-Struktur mitgezählt werden:

```
if (Spiel.isKilled(nr)) {
  Spiel.restoreObject(nr, R.drawable.insekt2);
  FNeu++;
}
```

In den onClick-Methoden können wir den if-Zweig für das Spiel-Ende so nicht mehr gebrauchen. Er muss entfernt werden, womit das Ganze vorläufig etwas schlanker wird (→ *DeBug6, MainActivity*):

```
public void onClick(View view) {
    // falls noch nicht gestartet, Methode verlassen
    if (Start) return;
    // Zähler auf null
    int Treffer = 0;
    // getroffenes Insekt ermitteln
    for (int nr = 0; nr < FZahl; nr++) {
```

```
   // ggf. "killen"
   if (view == (ImageView) Spiel.Figur[nr])
     Spiel.killObject(nr, R.drawable.insekt2x);
   // mitzählen
   if (Spiel.isKilled(nr)) {
     Treffer++;
     // etwas später wiederherstellen
     healer.postDelayed(runnable3, 4*Dauer);
   }
 }
 // Punkte anzeigen
 Anzeige1.setText(String.valueOf(FNeu+Treffer));
}
```

In der letzten Zeile wird dann die Summe von FNeu und Treffer angezeigt.

KÄFER UND SPINNEN

Immerzu sind es nur Wanzen, die übers Spielfeld krabbeln. Doch wo bleiben die Käfer? In unserem nächsten Schritt suchen wir nach einer Möglichkeit, auch andere Insekten oder Gliederfüßer mit ins Spiel zu bringen. Gliederfüßer, weil dazu neben dem Käfer auch eine Spinne gehören soll (und die kein Insekt ist).

Während ein getroffener Käfer den Abzug von zwei Spielpunkten einbringt, ist beim Berühren der (giftigen?) Spinne das Spiel zu Ende. Wir brauchen ja irgendeine (neue) Bedingung, unter der das »Game over« erscheint, denn sonst geht es mit dem Wanzen-Killen immerzu weiter.

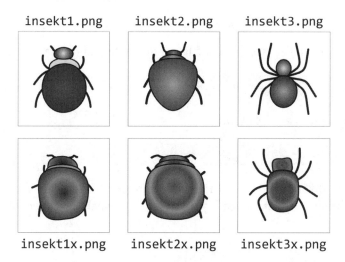

insekt1.png   insekt2.png   insekt3.png

insekt1x.png   insekt2x.png   insekt3x.png

Beginnen wir damit, alle Bilder zu sammeln, die wir brauchen. Dazu kannst du dich beim Download-Angebot im Ordner *Bilder* bedienen. Hier sind alle benötigten Dateien im Überblick:

Figur-Typ	normal (intakt)	zerquetscht	Folgen
Käfer	*insekt1.png*	*insekt1x.png*	2 Minuspunkte
Wanze	*insekt2.png*	*insekt2x.png*	1 Pluspunkt
Spinne	*insekt3.png*	*insekt3x.png*	Spiel-Ende

≫ Sorge dafür, dass diese oder entsprechende andere Bilddateien in den *drawable*-Ordnern deines Projekts landen.

Als Nächstes brauchen wir ein ganz normales Ganzzahlen-Array, in dem wir alle sechs Bild-IDs auflisten (→ *DeBug7, MainActivity*):

```
private int[] Rdraw = new int[]
   {R.drawable.insekt1,  R.drawable.insekt2,
    R.drawable.insekt3,  R.drawable.insekt1x,
    R.drawable.insekt2x, R.drawable.insekt3x};
```

Wie du siehst, lässt sich auch so ein Array definieren und initialisieren. Man setzt direkt dahinter in geschweifte Klammern gefasst die entsprechenden Werte. Die Anzahl dieser Werte bestimmt dann die Anzahl der Elemente. In unserem Fall ist das so, als hätten wir int[6] vereinbart. Anderes Beispiel:

```
int[] Wuerfel = new int[] {1,2,3,4,5,6};
```

Auch hier haben wir sechs Elemente, die auch gleich ihre Werte erhalten.

Mit unserem neuen Feld müssen wir z.B. auf das erste Bild nicht mehr so zugreifen:

```
setImageResource(R.drawable.insekt1);
```

sondern könnten es auch so tun:

```
setImageResource(Rdraw[0]);
```

Und statt der 0 könnte dort auch eine andere Indexzahl oder eine Variable stehen. Und die sollte von der aktuellen Figur abhängen. Deshalb erzeugen wir gleich ein weiteres Array:

```
private int[] FTyp = new int[FZahl];
```

In FTyp wird für jede Figur, die gerade auf dem Spielfeld ist, gespeichert, ob sie Käfer, Wanze oder Spinne ist. Und das einfach nach dem Vorkommen ihres Normalbildes im Rdraw-Array. Damit wir den Überblick nicht verlieren, vereinbaren wir dazu auch gleich die passenden Konstanten:

```
private static final int KAEFER = 0;
private static final int WANZE = 1;
private static final int SPINNE = 2;
```

≫ Ergänze alle diese Vereinbarungen.

```
// Spiel-Objekt, Anzahl der Figuren
private GameView Spiel;
private int FZahl = 10, FNeu = 0;

// Figuren-Typ
private int[] FTyp = new int[FZahl];

// Figuren-Namen
private static final int KAEFER = 0;
private static final int WANZE = 1;
private static final int SPINNE = 2;

// Namen der Bilder
private int[] Rdraw = new int[]
  {R.drawable.insekt1, R.drawable.insekt2, R.drawable.insekt3,
   R.drawable.insekt1x, R.drawable.insekt2x, R.drawable.insekt3x};
```

≫ Und nun passe überall in *MainActivity.java* diese Anweisungen an:

```
Spiel.showObject(nr, Rdraw[FTyp[nr]]);
Spiel.moveObject(nr, Rdraw[FTyp[nr]]);
Spiel.restoreObject(nr, Rdraw[FTyp[nr]]);
```

Das wird noch nicht alles sein. Doch erst müssen wir dafür sorgen, dass FTyp für alle seine Elemente den Startwert 1 erhält, damit auch anfangs nur Wanzen auf dem Spielfeld sind. Das lässt sich in der for-Schleife von setImageView() erledigen (→ *DeBug7*):

```
private void setImageView() {
  ConstraintLayout container =
    (ConstraintLayout) findViewById(R.id.container);
  for (int nr = 0; nr < FZahl; nr++) {
    Spiel.Figur[nr] =
      new ImageView(container.getContext());
    container.addView(Spiel.Figur[nr]);
    Spiel.setObject(nr);
```

```
    FTyp[nr] = WANZE;
  }
}
```

Eine Änderung kann erst erfolgen, wenn eine Wanze tot ist und ein neues Tierchen ihren Platz einnehmen soll. Auch das gehört in eine for-Schleife. Diesmal meine ich diejenige, die in der run-Methode der Struktur runnable3 liegt (die für den healer):

```
public void run() {
  for (int nr = 0; nr < FZahl; nr++) {
    // wenn tot, wiederbeleben
    if (Spiel.isKilled(nr)) {
      // zufälligen Typ aussuchen (0,1,2)
      FTyp[nr] = Zufall.nextInt(10);
      // meistens Wanze
      if (FTyp[nr] > SPINNE) FTyp[nr] = WANZE;
      Spiel.restoreObject(nr, Rdraw[FTyp[nr]]);
      FNeu++;
    }
  }
}
```

Wir brauchen hierzu ein globales Zufalls-Objekt:

```
private Random Zufall = new Random();
```

Womit wir für die Wiederauferstehung einen zufälligen Figuren-Typ wählen können. Natürlich hätte FTyp[nr] = Zufall.nextInt(3) genügt, aber dann wäre die Wahrscheinlichkeit für alle drei Typen die gleiche gewesen.

Wir aber wollen vor allem Wanzen. Käfer und Spinnen sollen sich mit ihrem Erscheinen etwas zurückhalten. Deshalb gibt es 10 mögliche Zufallswerte, 8 davon gehören den Wanzen. Womit andere Gliederfüßer ziemlich selten auftauchen können (nicht müssen).

BIS ZUM ENDE

Bis jetzt tauchen alle drei Figur-Typen stets in Normalform auf. Wird eine Figur getroffen, dann brauchen wir den »Quetsch-Zustand«. In Rdraw zeigen die ersten drei Bilder (0, 1, 2) die intakten Figuren, die nächsten drei (3, 4, 5) die kaputten.

Wir müssen also zur aktuellen Typ-Nummer nur 3 hinzuzählen, wenn wir eine Figur im toten statt im normalen Zustand zeigen wollen. Und das steht dann in der ersten if-Struktur der onClick-Methoden:

```
if (view == (ImageView) Spiel.Figur[nr]) {
  Spiel.killObject(nr, Rdraw[FTyp[nr]+3]);
  if (FTyp[nr] != WANZE) FNeu -= 3;
}
```

Sollte die getroffene Figur keine Wanze gewesen sein, dann gibt es 2 Punkte Abzug:

```
if (FTyp[nr] != WANZE) FNeu -= 3;
```

Dass da FNeu -= 3 steht, kommt daher, dass Treffer in derselben Methode (immer) um 1 erhöht wird. Und das wird durch die -3 ausgeglichen: +1 - 3 = -2.

Zusätzlich muss jetzt eine getroffene Spinne dafür sorgen, dass das Spiel zu Ende ist:

```
if (FTyp[nr] == SPINNE) {
  Anzeige2.setText(R.string.game_over);
  // alles "aufräumen"
  for (int i = 0; i < FZahl; i++)
    Spiel.killObject(i, Rdraw[FTyp[i]]);
  handler.removeCallbacks(runnable1);
  handler.removeCallbacks(runnable2);
  healer.removeCallbacks(runnable3);
  // Auf Stop schalten, Methode verlassen
  Stop = true;
  return;
}
```

Zuerst wird »Game over« angezeigt, dann werden alle Figuren ausgeblendet (diesmal ganz human in ihrem gesunden Zustand). Und sämtliche Aufgaben sollten als erledigt gelten:

```
handler.removeCallbacks(runnable1);
handler.removeCallbacks(runnable2);
healer.removeCallbacks(runnable3);
```

Die Handler löschen eventuell noch anliegende Wiederherstellung-Arbeiten. Eine zusätzliche Variable Stop wird angeschaltet, dann wird die Methode sofort verlassen, damit werden die nachfolgenden Anweisungen übersprungen.

Der globale Zusatzschalter wird am besten hinter Start definiert:

```
private boolean Start = true, Stop = false;
```

Damit nun weitere Klicks oder Tipps auf die Stellen, an denen Insekten vermutet werden, keinen Erfolg mehr haben, sieht die Eingangsbedingung in den onClick-Methoden jetzt so aus:

```
if (Start || Stop) return;
```

≫ Passe jetzt den Inhalt der onClick-Methode an. Hier ist der komplette Quelltext ((*DeBug7*, *MainActivity*)):

```
public void onClick(View view) {
  // noch kein Start oder Ende? Methode verlassen
  if (Start || Stop) return;
  // Zähler erst auf null
  int Treffer = 0;
  // getroffenes Insekt ermitteln, ggf. "killen"
  for (int nr = 0; nr < FZahl; nr++) {
    if (view == (ImageView) Spiel.Figur[nr]) {
      Spiel.killObject(nr, Rdraw[FTyp[nr] + 3]);
      // Minuspunkte für Nicht-Wanzen
      if (FTyp[nr] != WANZE) FNeu -= 3;
      // wenn Spinne getroffen, Spiel-Ende
      if (FTyp[nr] == SPINNE) {
        Anzeige2.setText(R.string.game_over);
        // alles "aufräumen"
        for (int i = 0; i < FZahl; i++)
          Spiel.killObject(i, Rdraw[FTyp[i]]);
        handler.removeCallbacks(runnable1);
        handler.removeCallbacks(runnable2);
        healer.removeCallbacks(runnable3);
        // Auf Stop schalten und Methode verlassen
        Stop = true;
        return;
      }
    }
    // mitzählen, später Figur wiederherstellen
    if (Spiel.isKilled(nr)) {
      Treffer++;
      healer.postDelayed(runnable3, 4*Dauer);
    }
  }
  // alle Punkte anzeigen
  Anzeige1.setText(String.valueOf(FNeu+Treffer));
}
```

Ja, und dann? Jetzt wird gespielt! Schau mal, wie weit du kommst, bis du auf eine Spinne triffst. (Werden es mit der Zeit bei der Wiederbelebung zu viele Käfer, dann solltest du öfter mal auf einen klicken, damit auch wieder mehr Wanzen kommen können.)

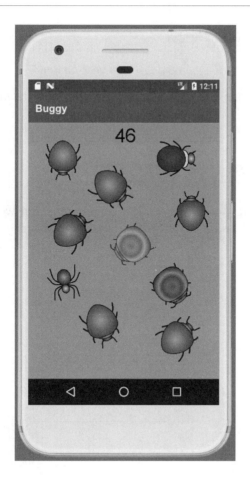

ZUSAMMENFASSUNG

Nun ist unser Spiel ziemlich komplett geworden. Natürlich wird es immer noch etwas geben, was man hinzufügen oder besser machen kann. Das bleibt dir überlassen. Auf jeden Fall kannst du stolz darauf sein, es bis hierhin geschafft zu haben.

An neuen Wörtern gibt es hier nichts zu vermelden, aber immerhin hast du etwas mehr über das Verlassen einer Methode gelernt:

return	Methode ohne Rückgabewert verlassen (nur für void)

EIN PAAR FRAGEN ...

1. Was hältst du davon, FTyp in GameView zu vereinbaren?

2. Wie vereinbart man ein String-Array und initialisiert es mit den wichtigsten Farbnamen?

... DOCH NUR EINE AUFGABE

1. Spendiere dem letzten DeBug-Projekt (mindestens) ein weiteres Insekt (eine Fliege z.B. gibt es als Dateienpaar *insekt4.png*, *insekt4x.png*).

15 BUNTES ALLERLEI

Es wird Zeit für den Endspurt. Und dabei sammeln wir noch einige Schmankerl auf. Geräusche haben wir in unseren Apps noch gar keine gehört. Dabei kann dem einen oder anderen Spiel ein bisschen Sound doch guttun. Auch dann haben Smartphones wie Tablets einiges zu bieten, was normale PCs nicht kennen: zum Beispiel allerlei Sensoren, von denen wir uns ruhig ein paar näher anschauen sollten, ob sie für unsere Projekte infrage kommen.

In diesem Kapitel lernst du

◎ etwas über den Einsatz von Sound

◎ wie man ein Projekt zum Vibrieren bringt

◎ den Sensormanager näher kennen

◎ wie man eine Kugel zum Rollen bringt

TREFFER-SOUND ...

Beginnen wir mit dem (guten) Ton. Man könnte eine ganz neue App programmieren, in der es nur um Sound geht (→ *Sound1*). Aber ich möchte eine von unseren letzten Apps benutzen. Wie wäre es mit einem Geräusch beim Zerquetschen einer Wanze?

Holen wir also das letzte DeBug-Projekt hervor (→ *DeBug7*). Wenn du willst, kannst du es kopieren und umbenennen. Und dann geht es gleich in die Datei *GameView.java*.

Dort nistet sich jetzt als Erstes ein Objekt vom Typ MediaPlayer ein, das dann für die Geräuscheffekte zuständig ist.

Der Android-Mediaplayer kann natürlich noch mehr: Musik abspielen sowieso, aber auch Videos. Sicher kennst du Mediaplayer für Windows zum Abspielen von Musik und Filmen. Dort gibt es Buttons, die man anklicken kann, um die Wiedergabe zu starten oder zu stoppen. Auch der Android-Mediaplayer hat zwei dazu passende Methoden, die auch so heißen: start() und stop().

≫ Füge unter der Vereinbarung der anderen globalen Objekte diese Zeile hinzu:

```
private MediaPlayer Effekt;
```

Dafür wird wieder mal eine neue Bibliothek nötig:
import android.media.MediaPlayer;

Bei der Erzeugung übernimmt der Player einen kleinen Sound, den wir uns später über das Hauptprogramm holen. In der GameView-Klasse vereinbaren wir dazu diese öffentliche Methode (→ *DeBug8*, *GameView*):

```
public void setSound(Context context, int sound) {
  Effekt = MediaPlayer.create(context, sound);
}
```

Die Methode create() erzeugt hier einen »Geräuschmacher«, für context setzen wir später die Haupt-Activity ein, doch für sound haben wir noch keine passende Ressource.

Auch hier kannst du dich wieder beim Download-Paket zum Buch bedienen. Dort gibt es einen Ordner *Geräusche*, in dem ein paar *wav*-Dateien liegen. Der Android Mediaplayer akzeptiert aber unter anderem auch das *mp3*-Format.

Anfangs dürften meine Dateien reichen, später kannst du dir dann deine eigenen Sounds zurechtzaubern.

Für das Abspielen des Geräusches und den Stopp des Mediaplayers definieren wir zwei weitere Methoden:

```
public void playSound() {
   Effekt.start();
}
public void stopSound(boolean ready) {
   if (ready)
     if (Effekt != null) Effekt.release();
   else Effekt.stop();
}
```

Die erste Methode spielt das Geräusch (oder eine Musik) ab, bei der zweiten wird es etwas komplizierter. Die Methode stop() hält den Mediaplayer nicht nur an, sondern schaltet ihn quasi auch aus. Er muss aber dann mit prepare() erneut angeschaltet werden (erst dann kann start() wieder funktionieren).

Ganz zum Schluss einer App wird der Mediaplayer nicht mehr benötigt, er kann also komplett entfernt werden (womit Speicherplatz frei wird). Dafür sorgt die Methode release(), die aber sicherheitshalber nur aufgerufen wird, wenn es wirklich einen aktiven Mediaplayer gibt (Effekt != null).

≫ Ergänze GameView um die drei Sound-Methoden.

In welchen Ordner soll die Sound-Datei? Leider ist von den derzeit vorhandenen keiner für Klänge vorgesehen. Wir müssen also einen eigenen Ressourcen-Ordner erstellen. Dabei haben wir aber keine Wahl, können den Ordner also nicht z.B. einfach *Sound* nennen.

Den würde Android Studio nicht als eigenen Ressourcen-Ordner akzeptieren. Dort muss der Ordner, den wir jetzt brauchen, den seltsamen Namen *raw* tragen. Das englische Wort »raw« bedeutet hier so viel wie »roh, rau, unbehandelt«. Man kann auch sagen: In den *raw*-Ordner kommt das Rohmaterial.

≫ Klicke dich links in der Projektliste bis RES durch und markiere den Eintrag. Dann öffnest du mit der rechten Maustaste ein Kontextmenü.

> Klicke dort auf New und dann auf Android Resource Directory.

Damit öffnest du ein Dialogfeld mit dem Titel New Resource Directory.

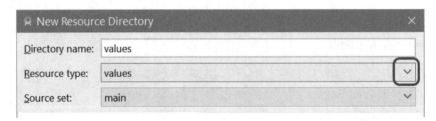

> Klicke ganz rechts hinter Resource type auf das Dreieck und wähle als Ressourcen-Typ Raw aus.

Dass es für Android Studio den Typ sound nicht gibt, kann sich in späteren Versionen ändern. Aktuell muss alles, was nicht zu Strings oder Grafik oder Layout gehört, also sozusagen »beliebig« ist, in den raw-Ordner.

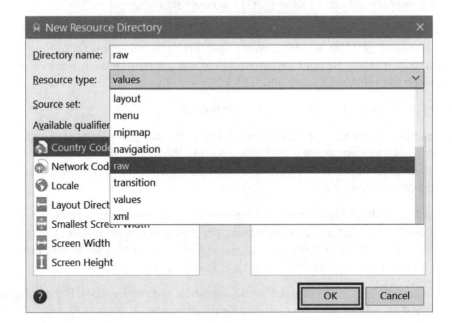

> Achte darauf, dass sich auch der Name des Verzeichnisses (Directory name) entsprechend ändert.

> Dann kannst du auf OK klicken.

Und in der Projektliste taucht der Name RAW als neuer Unterordner auf. Dorthin gehört unsere Sound-Datei.

Nun musst du Android Studio erst einmal verlassen (ohne es zu schließen).

≫ Klicke dich im Ordner *Debug8* zu dem neuen Unterordner durch: Zuerst kommt der Ordner *app*, dann *src*, dann *main*, dann *res*. Dort findest du dann auch den *raw*-Ordner.

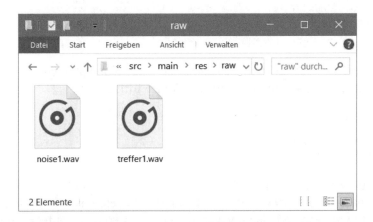

≫ Dort hinein kopierst du nun dein Geräusch, das bei mir *treffer1.wav* heißt. (Ich habe noch eine weitere Datei hinzugefügt.)

Damit ist ein Sound als Ressource verfügbar und wir können weiter am Projekt arbeiten, und zwar im Quelltext von *MainActivity.java*. Und dort vereinbaren wir gleich ein neues Sound-Objekt:

```
Spiel.setSound(this, (R.raw.treffer1));
```

≫ Füge diese Zeile in der onCreate-Methode ein.

```
setImageView();
// Spielzeit und Sound
Spiel.setDelay(Dauer);
Spiel.setSound( context: this, (R.raw.treffer1));
// Figuren anzeigen
for (int nr = 0; nr < FZahl; nr++)
    Spiel.showObject(nr, Rdraw[FTyp[nr]]);
```

Wo aber soll nun das Geräusch hörbar gemacht werden? Jedenfalls nicht im Hauptprogramm, denn es soll ja immer dann »knatschen«, wenn ein Insekt gekillt wurde. Also muss playSound() in der Kill-Methode aufgerufen werden (→ DeBug8, GameView):

```
public void killObject(int Nr,int bild) {
   // Quetsch-Geräusch
   playSound();
   // Figur holen und ausblenden
   Figur[Nr].setImageResource(bild);
   Figur[Nr].animate().alpha(0f).setDuration(2*Zeit);
   // als tot deklarieren
   Tot[Nr] = true;
}
```

≫ Füge die Zeile mit playSound() in *gameview* hinzu. Dann probiere das Programm aus und höre genau hin, wenn du eine Wanze triffst.

... UND SCHLUSS-SOUND

Das Sound-System funktioniert also. Aber man könnte noch etwas verbessern. Für den Fall, dass zwei Treffer so dicht aufeinander folgen, dass ein Geräusch noch abgespielt wird, während eigentlich schon ein neues ertönen sollte, kann man die playSound-Methode noch ein bisschen aufwerten:

```
public void playSound() {
   if (Effekt.isPlaying()) Effekt.pause();
   Effekt.seekTo(0);
   Effekt.start();
}
```

Wenn der Geräusch-Effekt gerade abgespielt wird (isPlaying), dann soll er erst mal pausieren. Mit seekTo(0) wird dann der Sound-Anfang gesucht und eingestellt und mit start() das Geräusch erneut abgespielt. Ohne seekTo(0) würde das Geräusch an der Stelle weitermachen, wo es zuletzt aufgehört hat.

So weit, so gut. Aber es gibt noch mehr zu verbessern. Ich hätte gern ganz zum Schluss, wenn eine Spinne getroffen wurde und das Spiel zu Ende ist, einen anderen Sound. (Vielleicht sogar eine kleine Melodie? Dabei kannst du dir irgendetwas aus deiner Musiksammlung oder dem Internet aussuchen – solange du deine App nicht veröffentlichen willst.)

Ich selber habe ein weiteres Geräusch gewählt (und aus Copyright-Gründen keine Melodie, die jemand anderer komponiert hat). Die Datei *noise1.wav* beendet das Spiel mit einem gewissen Krach.

≫ Die musst du natürlich auch in den *raw*-Ordner kopieren, ehe wir weiter im Quelltext programmieren können.

Und nun zurück zum Hauptprogramm. Auch dort vereinbaren wir ein Objekt vom Typ MediaPlayer, zuerst als globale Variable:

```
private MediaPlayer Schluss;
```

Dann hauchen wir dem Objekt in der onCreate-Methode Leben ein (z.B. direkt unter der setSound-Methode fürs Spiel-Objekt):

```
Schluss = MediaPlayer.create(this, R.raw.noise1);
```

Nun müssen wir nur noch dafür sorgen, dass der Player seinen Sound an der richtigen Stelle startet. Dazu definieren wir eine neue Methode, in der alles zu Ende ist (→ *DeBug8, MainActivity*):

```
private void finishGame(TextView anzeige) {
   anzeige.setText(R.string.game_over);
   // Schluss-"Akkord"
   Spiel.stopSound(false);
   Schluss.start();
   // alles "aufräumen"
   for (int i = 0; i < FZahl; i++)
     Spiel.killObject(i, Rdraw[FTyp[i]]);
   handler.removeCallbacks(runnable1);
   handler.removeCallbacks(runnable2);
   healer.removeCallbacks(runnable3);
   // Auf Stop schalten, Methode verlassen
   Stop = true;
}
```

Ich habe hier auch gleich den Stopp-Befehl für das Geräusch-Objekt gegeben, das in GameView definiert wurde.

≫ Und die if-Struktur weiter unten, in der steht, was passiert, wenn die Spinne angeklickt wurde, wird deutlich schlanker:

```
// wenn Spinne getroffen, Spiel-Ende
if (FTyp[nr] == SPINNE) {
  finishGame(Anzeige2);
  return;
}
```

Es gibt eine noch radikalere Möglichkeit, beide Mediaplayer-Objekte komplett wegzuräumen. Dazu nutzen wir eine Methode namens onDestroy(). Sie ist quasi das Gegenstück zu onCreate(): Während die eine ganz zu Anfang etwas aufbaut, sorgt die andere für den Abbau (→ *DeBug8*):

```
@Override
protected void onDestroy() {
  Spiel.stopSound(true);
  Schluss.release();
  super.onDestroy();
}
```

Hier wird die Sound-Anlage entfernt und dann ist das Spiel zu Ende.

≫ Ergänze das Hauptprogramm um das neue Objekt und die Methoden-Aufrufe. Dann spiele das Spiel bis zum Schluss. Wenn dir das Geräusch nicht passt: Suche dir ein neues.

```
              // wenn Spinne getroffen, Spiel-Ende
              if (FTyp[nr] == SPINNE) {
                  finishGame(Anzeige2);
                  return;
              }
          }
          // mitzählen, später Figur wiederherstellen
          if (Spiel.isKilled(nr)) {
              Treffer++;
              healer.postDelayed(runnable3, 4*Dauer);
          }
      }
      // alle Punkte anzeigen
      Anzeige1.setText(String.valueOf(FNeu+Treffer));
  });
}
// Reste aufräumen
@Override
protected void onDestroy() {
    Spiel.stopSound( ready: true);
    Schluss.release();
    super.onDestroy();
}
}  ◀──────── // letzte Klammer
```

Du willst wissen, ob man die onDestroy-Methode auch schon in früheren Projekten hätte benutzen können? Ja, hätte man und du könntest es immer noch, wenn du willst: Nimm dir doch einfach die Projekte vor, die nach deiner Meinung eine solche Methode benötigen. Vergiss aber **niemals** das abschließende super.onDestroy(), womit die Mutter-Methode aufgerufen wird!

Mehr über das Thema Sound will ich jetzt nicht loswerden. Lediglich noch eine Kleinigkeit: Was ist, wenn man eine Hintergrundmelodie das ganze Spiel über immer wiederholen will?

Dann ergänzt du einfach die create-Zeile so:

```
Sound = MediaPlayer.create(this, R.raw.noise1);
Sound.setLooping(true);
```

Damit wiederholt sich ein Geräusch oder eine Melodie nach dem start-Aufruf ständig – bis zu einer Pause oder so lange, bis das gestoppt wird (→ *Sound2*).

VIBRATIONEN

Etwas geräuschloser ist eine Alternative, die die meisten Smartphones und Tablets auch bereithalten: die Vibration. Und hier kommt das erste Projekt, das du nicht auf dem Emulator testen kannst. Denn einen Vibrator haben nur die echten Smartphones und Tablets.

Deshalb solltest du dir zuerst ein Android-Gerät besorgen und es anschließen. Wichtig ist, dass beim Gerät das sogenannte USB-Debugging aktiviert ist (siehe dazu auch **Anhang B**).

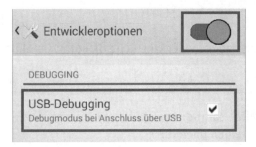

Leider kann es sein, dass Android Studio nicht jedes Smartphone sofort findet (selbst wenn es von Windows erkannt wird). Meistens liegt das am Treiber für das betreffende Gerät, er sollte möglichst aktuell sein (schaue dich dazu am besten auf der Herstellerseite um).

Wenn Android Studio eine Verbindung zu einem Smartphone oder Tablet aufgenommen hat, findest du seinen Namen in dem Dialogfeld, das sich öffnet, wenn du eine App starten willst. Und zwar in der Liste unter CONNECTED DEVICES.

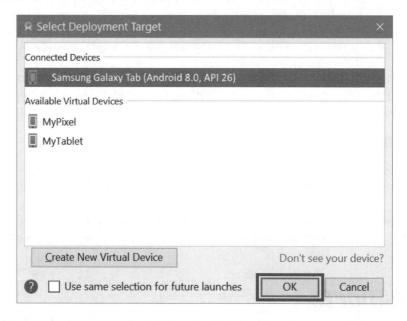

Nun kümmern wir uns um die Zutaten für die Vibration. Zuerst vereinbaren wir ein globales Objekt:

```
private Vibrator vibrator;
```

In der onCreate-Methode verbinden wir dann das neue Objekt mit dem richtigen Service:

```
vibrator = (Vibrator)
  getSystemService(VIBRATOR_SERVICE);
```

Zu beachten ist, dass dabei wieder eine neue Bibliothek anfällt:

```
import android.os.Vibrator;
```

Für das Vibrieren selbst sorgt dann die Methode vibrate(), der man als Parameter die Dauer in Millisekunden übergibt:

```
vibrator.vibrate(500);
```

Auch hier kannst du das alles erst einmal in einem eigenen kleinen Projekt ausprobieren (→ *Vibration1*).

Die vibrate-Zeile ist rot markiert und es gibt einen Fehler-Hinweis.

```
public void onClick(View v) {
    vibrator.vibrate( milliseconds: 500);
```

Missing permissions required by Vibrator.vibrate: android.permission.VIBRATE more... (Strg+F1)

Dennoch lässt sich das Programm starten. Probierst du es aber aus, bleibt dir eine Enttäuschung leider nicht erspart:

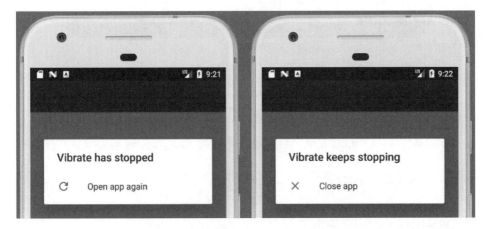

So etwas hast du schon einmal erlebt. Es ist ein sogenannter Laufzeitfehler, der beim Erstellen der App noch nicht auftritt.

In dem obigen Hinweis ist von »Permission« die Rede: Das Ganze funktioniert leider nicht, ehe du nicht eine Art Erlaubnis erteilt hast. Ansonsten wird die App in dem Moment, wo eine vibrate-Anweisung auftaucht, einfach beendet.

Diese **Permission** gehört in die Datei *AndroidManifest.xml*:

```
<uses-permission
    android:name="android.permission.VIBRATE"/>
```

```
<> activity_main.xml ×   C MainActivity.java ×   AndroidManifest.xml ×

1   <?xml version="1.0" encoding="utf-8"?>
2   <manifest xmlns:android="http://schemas.android.com/apk/res/android"
3       package="com.example.boss.vibration1">
4       <uses-permission android:name="android.permission.VIBRATE"/>
5
6       <application
7           android:allowBackup="true"
8           android:icon="@mipmap/ic_launcher"
9           android:label="@string/app_name"
```

Bauen wir doch gleich in unser letztes größeres Projekt das Vibrieren mit ein, z.B. damit der Spieler bei der Spinnenberührung auch noch eine Art Spinnenbiss zu spüren bekommt.

≫ Ergänze also das Hauptprogramm von *Debug8* um die Vereinbarung und Erzeugung eines Vibrator-Objekts.

```
// Spielschluss-Sound und -Vibration
private MediaPlayer Schluss;
private Vibrator vibrator;



// Zeit, Sound, Vibration
Spiel.setDelay(Dauer);
Spiel.setSound( context: this, (R.raw.treffer1));
Schluss = MediaPlayer.create( context: this, R.raw.noise1);
vibrator = (Vibrator) getSystemService(VIBRATOR_SERVICE);
```

≫ Füge die vibrate-Zeile in finishGame() ein (→ *DeBug8A*, *MainActivity*):

```
private void finishGame(TextView anzeige) {
  anzeige.setText(R.string.game_over);
  // Schluss-"Akkord"
  Spiel.stopSound(false);
  vibrator.vibrate(1000);
  Schluss.start();
  // alles "aufräumen"
  for (int i = 0; i < FZahl; i++)
    Spiel.killObject(i, Rdraw[FTyp[i]]);
  handler.removeCallbacks(runnable1);
  handler.removeCallbacks(runnable2);
  healer.removeCallbacks(runnable3);
  // Auf Stop schalten, Methode verlassen
  Stop = true;
}
```

≫ Erweitere außerdem die ANDROIDMANIFEST-Datei entsprechend, dann starte die App. Diesmal müsste es beim Tippen auf eine Spinne vibrieren und krachen.

SENSOR-MANAGEMENT

Als Nächstes beschäftigen wir uns jetzt mit dem **Sensormanager**. Der ist für allerlei Sensoren zuständig. Auch hier verwenden wir die Methode getSystemService() für den Zugriff. Nur heißt der Service diesmal nicht VIBRATOR_SERVICE, **sondern** SENSOR_ SERVICE.

Vereinbart werden gleich zwei Objekte:

```
private SensorManager Manager;
private Sensor sensor;
```

Auch hier verbinden wir in der onCreate-Methode das Manager-Objekt mit dem passenden Service:

```
Manager = (SensorManager)
  getSystemService(SENSOR_SERVICE);
```

Und nun wird es komplizierter als beim Vibrator. Wir haben hier die Qual der Wahl: Welcher Sensortyp soll es denn sein? Es gibt z.B. Sensoren für Lage und Bewegung des Gerätes, für Kompass, Beleuchtung, Luftdruck, Temperatur. Nicht alle Smartphones oder Tablets haben alle diese Sensoren.

Aber einen Lage- und Bewegungssensor haben sie bestimmt. Der ist unter anderem dafür verantwortlich, dass der Displayinhalt mal im Portrait- und mal im Landscape-Modus angezeigt wird. Und genau diesen Sensor kann man auch benutzen, um eine unserer Kugeln zu bewegen. Und so binden wir den Sensor ein:

```
sensor = Manager.getDefaultSensor
  (Sensor.TYPE_ACCELEROMETER);
```

Ein Accelerometer ist ein Sensor, der reagiert, wenn du dein Smartphone oder Tablet bewegst, der feststellen kann, welche Lage dein Gerät gerade hat.

Nachdem wir nun den Sensormanager und Sensor bestimmt haben, müssen beide mit einem »Listener« verknüpft werden (hier wird das Registrieren genannt), damit wir später die passenden Ereignisse auch nutzen können:

```
Manager.registerListener
  (this, sensor, SensorManager.SENSOR_DELAY_NORMAL);
```

Wobei der letzte Parameter angibt, wie oft die Sensor-Daten abgefragt werden sollen. Auch der zweite Parameter dürfte klar sein, doch der erste? Wieso steht da this? Da gehört der sogenannte SensorListener hin. Das ist so etwas Ähnliches wie ein OnClickListener oder OnTouchListener. Alle diese Listener sammeln ganz bestimmte Ereignisse: Mausklicks, Fingertipps oder eben z.B. Bewegungen eines Gerätes.

Den neuen Listener könnten wir mit new SensorEventListener() vereinbaren – wie du es von OnClick und OnTouch gewohnt bist. Ich wähle hier aber einen anderen neuen Weg. Ich baue den Listener gleich ganz oben in die Kopfzeile der MainActivity ein (→ Sensor1):

```
public class MainActivity extends Activity
   implements SensorEventListener {
```

Das Schlüsselwort hierfür ist implements. Damit gehört der Listener sozusagen mit zur Familie, und jetzt lässt sich auch das this erklären:

```
Manager.registerListener
   (this, sensor, SensorManager.SENSOR_DELAY_NORMAL);
```

Dass nun eine ganze Menge an Zusatz-Bibliotheken gebraucht wird, kannst du dir vorstellen. Hier sind die entsprechenden import-Zeilen:

```
import android.hardware.Sensor;
import android.hardware.SensorEvent;
import android.hardware.SensorEventListener;
import android.hardware.SensorManager;
```

Das Erweitern von MainActivity über implements reicht so aber nicht. Denn weil unsere Hauptklasse eine Erweiterung erfahren hat, müssen wir auch deren Methoden übernehmen. Das war schon bei anderen Listenern so. Du erinnerst dich?

Der OnClickListener bescherte uns die Methode onClick(), der OnTouchListener brachte uns onTouch() ein. Und beim OnSeekBarChangeListener (Kapitel 6) gab es sogar drei Methoden, von denen wir nur eine benötigten, aber alle drei definieren mussten. Hier haben wir es mit zwei Methoden zu tun:

```
@Override
public void onSensorChanged(SensorEvent event) {
}
@Override
public void onAccuracyChanged  (Sensor sensor, int accuracy) { }
```

Wir benötigen nur onSensorChanged(). Diese Methode kontrolliert Lageveränderungen deines Gerätes. Vom Portrait-Modus aus gesehen gibt es diese Entsprechungen:

event.values[0]	event.values[1]	event.values[2]
x-Koordinate	y-Koordinate	z-Koordinate

Im Projekt *Sensor1* werden nur die drei Werte angezeigt, sie verändern sich ständig, während du dein Smartphone bewegst. Wir wollen aber mehr.

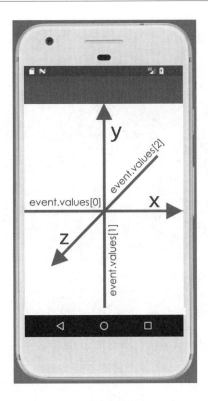

KUGEL-ROLLER

Nehmen wir uns eines unserer Kugel-Projekte vor und ändern es so, dass man die Kugel über den Bewegungssensor steuern kann. Du kannst dir dazu z.B. die Version *Kugel6* oder *Buggy4* laden, sie kopieren und das neue Projekt in *RollBall1* umbenennen. Oder du erstellst ein völlig neues Projekt und überträgst den ganzen Quelltext, was vorwiegend *MainActivity, GameView, activity_main* betrifft.

≫ Sorge also dafür, dass es ein Projekt *RollBall1* gibt.

Beginnen wir mit der Klasse GameView. Hier ist das komplette Listing (→ *Rollball1, GameView*):

```
public class GameView extends View {
    // Figur und Hintergrund
    public ImageView Figur;
    public ImageView Hgrund;

    // aktuelle Position
    private ConstraintLayout.LayoutParams xyBild;
    private int xPos, yPos;
```

```java
// Display-Grenzen
private int xLinks, yOben, xRechts, yUnten;

// Grenzen ermitteln/setzen
private void setLimits() {
  xLinks = 15;
  yOben = 15;
  xRechts = (int) (getResources()
    .getDisplayMetrics().widthPixels * 0.85f);
  yUnten = (int) (getResources()
    .getDisplayMetrics().heightPixels * 0.82f);
}

// Grenzkontrolle
private void controlLimits() {
  if (xPos < xLinks) xPos = xLinks;
  if (yPos < yOben) yPos = yOben;
  if (xPos > xRechts) xPos = xRechts;
  if (yPos > yUnten) yPos = yUnten;
}

// Kugel (neu) positionieren
private void setPosition() {
  xyBild = (ConstraintLayout.LayoutParams)
    Figur.getLayoutParams();
  xyBild.leftMargin = xPos;
  xyBild.topMargin = yPos;
  Figur.setLayoutParams(xyBild);
}

// Kugel anzeigen
public void showObject(int bild) {
  Figur.setImageResource(bild);
  setPosition();
}

// Kugel bewegen
public void moveObject(int x, int y) {
  xPos += x;
  yPos += y;
  controlLimits();
  setPosition();
}

// Konstruktor
public GameView(Context context) {
  super(context);
  // Grenzen setzen, Start im Zentrum
  setLimits();
  xPos = xRechts/2;
  yPos = yUnten/2;
}
}
```

Das meiste kennst du aus vorangegangenen Projekten. Etwas wie ein Random-Objekt brauchen wir hier nicht.

Die erste Neuerung betrifft die Kontrolle des Spielfeldrandes. Das erledigt diese Methode:

```
private void controlLimits() {
    if (xPos < xLinks) xPos = xLinks;
    if (yPos < yOben) yPos = yOben;
    if (xPos > xRechts) xPos = xRechts;
    if (yPos > yUnten) yPos = yUnten;
}
```

Wenn wir später die Kugel durch die Bewegungen des Smartphones oder Tablets steuern, soll sie nicht am Rand abprallen, sondern dort einfach hängen bleiben (bis wir ihr eine andere Richtung geben).

Die Methode moveObject() sorgt dafür, dass die Kugel passend zur Lage des Smartphones oder Tablets rollt – und dabei nicht »runterfällt«:

```
public void moveObject(int x, int y) {
    xPos += x;
    yPos += y;
    controlLimits();
    setPosition();
}
```

➤ Tippe den kompletten Quelltext für die GameView-Klasse ein. Achte darauf, was an Bibliotheken eingebunden werden muss.

IN BEWEGUNG

Und nun können wir uns dem Hauptprogramm zuwenden. Da nehme ich als Zutaten vieles aus dem obigen Sensor-Projekt und einiges aus einem der Projekte mit Kugel oder Käfer.

Doch fangen wir mit der Zeile an, in der MainActivity definiert wird. In die Erweiterung wie oben mit SensorEventListener lässt sich auch noch der OnClickListener in die Kopfzeile übernehmen. Wie das geht, siehst du hier:

```
public class MainActivity extends Activity implements
SensorEventListener, View.OnClickListener {
```

Womit sich aber auch innerhalb der Klassenvereinbarung einiges ändern muss.

Damit lernst du eine mögliche Alternative zu unseren bisherigen Vereinbarungen kennen. Du kannst aber auch bei der bisherigen Gepflogenheit bleiben, den OnClickListener (oder OnTouchListener) innerhalb der onCreate-Methode zu erzeugen. Schau mal ins Projekt *RollBall2*, dort sind alle Listener auf die »alte Art« vereinbart.

Hier sind einige globale Variablen und eine Konstante, die wir brauchen (→ *Rollball1, MainActivity*):

```
private boolean An = true;
private int Dauer = 20;
private final static float XYSCALE = 20f;
private int XX = 0, YY = 0;
```

Die Variablen XX und YY übernehmen die aktuellen horizontalen und vertikalen Werte der Lage des Smartphones. Dabei sollen diese mit einem Faktor (XYSCALE) malgenommen werden, damit die Kugel etwas schneller läuft. (Wenn dir das zu langsam oder zu schnell ist, ändere den Wert für XYSCALE entsprechend.)

Es folgen die Vereinbarungen von Spiel-Objekt, Sensor-Manager, Handler und Runnable-Struktur (wie du sie eigentlich schon kennst (→ *Rollball1, MainActivity*):

```
private GameView Spiel;
private SensorManager Manager;
private Sensor sensor;
private Handler handler = new Handler();

private Runnable runnable = new Runnable() {
  @Override
  public void run() {
    Spiel.moveObject(XX, YY);
    handler.postDelayed(this, Dauer);
  }
};
```

Direkt unter die Zuweisungen der Spiel-Objekte und ihrer ImageView-Komponenten in der onCreate-Methode gehört nun diese Zeile:

```
Spiel.Hgrund.setOnClickListener(this);
```

Womit der OnClickListener nun in die Activity »eingeklinkt« ist. Und außerdem »sensibilisieren« wir das Sensor-System:

```
Manager = (SensorManager)
  getSystemService(SENSOR_SERVICE);
```

```
sensor = Manager.getDefaultSensor
  (Sensor.TYPE_ACCELEROMETER);
```

```java
@Override
protected void onCreate(Bundle savedInstanceState) {
    super.onCreate(savedInstanceState);
    setContentView(R.layout.activity_main);

    // Spiel, Kugel und Hintergrund
    Spiel = new GameView( context: this);
    Spiel.Figur = (ImageView) findViewById(R.id.imageView);
    Spiel.Hgrund = (ImageView) findViewById(R.id.imageView2);
    Spiel.Hgrund.setScaleType(ImageView.ScaleType.FIT_XY);

    Spiel.Hgrund.setOnClickListener(this);

    // Kugel zeigen
    Spiel.showObject(R.drawable.kugel1);

    // Sensor für Lage und Bewegung
    Manager = (SensorManager) getSystemService(SENSOR_SERVICE);
    sensor = Manager.getDefaultSensor(Sensor.TYPE_ACCELEROMETER);
}
```

Wo ist denn die onClick()-Methode geblieben? Die muss jetzt **außerhalb** der onCreate-Methode vereinbart werden (→ *RollBall1, MainActivity*):

```java
@Override
public void onClick(View view) {
  if (An) {
    Manager.registerListener(this, sensor,
      SensorManager.SENSOR_DELAY_NORMAL);
    handler.post(runnable);
  }
  else {
    Manager.unregisterListener(this);
    handler.removeCallbacks(runnable);
  }
  // Umschalten
  An = !An;
}
```

Dass dort die Arbeit des Handlers ein- oder ausgeschaltet wird, ist nichts Neues. Hinzu kommt jetzt noch, dass der Sensormanager in die Registrierung eingefügt und wieder herausgenommen wird. Was bedeutet, dass man die Steuerung der Kugel durch den Bewegungssensor per Fingertipp aktivieren und deaktivieren kann.

Was noch fehlt, sind die beiden Sensor-Methoden, die auch außerhalb von onCreate() stehen müssen (→ *RollBall1*):

```
@Override
public void onSensorChanged(SensorEvent event) {
  XX = -(int) (event.values[0] * XYSCALE);
  YY =  (int) (event.values[1] * XYSCALE);
}

@Override
public void onAccuracyChanged
  (Sensor sensor, int accuracy) {   }
```

≫ Nimm auch in *MainActivity.java* alle nötigen Änderungen vor.

Damit hätten wir eigentlich alles zusammen. Eine letzte Sache ist nicht nötig, aber aus meiner Sicht sinnvoll:

≫ Öffne die Datei *AndroidManifest.xml* (in der Projektliste über APP – SRC – MAIN) und füge diese Zeile ein:

```
android:screenOrientation="portrait"
```

```
     C  GameView.java ×   C  MainActivity.java ×    AndroidManifest.xml ×

1       <?xml version="1.0" encoding="utf-8"?>
2     <manifest xmlns:android="http://schemas.android.com/apk/res/android"
3         package="com.example.boss.rollball1">
4
5       <application
6           android:allowBackup="true"
7           android:icon="@mipmap/ic_launcher"
8           android:label="Rollball"
9           android:screenOrientation="portrait"
10
```

Damit kann sich die Ausrichtung nicht verändern. Denn wenn das Bild beim Spielen dauernd vom Portrait- in den Landscape-Modus kippt und umgekehrt, so kann das ganz schön nerven.

≫ Und nun lasse die Kugel endlich rollen.

ZUSAMMENFASSUNG (UND SCHLUSS)

Das war nun das letzte Kapitel. Hier gab es noch ein bisschen Nachschlag, um deinen Projekten noch ein wenig mehr Würze zu verleihen. Dabei ist gar nicht mal wenig Neues zusammengekommen.

Da wären zuerst eine Klasse und einige Methoden zum Abspielen nicht nur von Sound:

MediaPlayer	Klasse zum Abspielen von Audio- und Video-Dateien
create()	Methode zum Erzeugen eines Sounds
start()	Methode, um Sound abzuspielen (zu starten)
stop()	Methode zum Anhalten des Players
isPlaying()	Kontrolle, ob Sound gerade abgespielt wird
seekTo()	Methode, um Sound »zurückzuspulen«
setLooping()	Methode zur (ständigen) Sound-Wiederholung
release()	Methode zum Entfernen des Mediaplayers
raw	Ordner unter anderem für Sound-Ressourcen

Alternativ oder zusätzlich zum Sound sind auch Vibrationen möglich:

Vibrator	Klasse für Vibration
vibrate()	Methode, um den Vibrator zu aktivieren

Du hast ein Sensor-System (für Lage und Bewegung) kennengelernt und dazu ein paar Methoden:

SensorManager	Klasse für das Sensor-Management
registerListener()	Methode zum Registrieren des Managers bei einem Listener (für Sensor-Ereignisse)
getDefaultSensor()	Methode, um einen bestimmten Sensor einzubinden
event.values	Ermittelte Ereigniswerte
onSensorChanged()	Methode, die Änderungen der Sensorwerte kontrolliert

Ein paar neue »System-Wörter« kennst du auch noch:

getSystemService()	Methode für den Zugriff auf einen Service
onDestroy()	Methode, die beim Verlassen der App aufgerufen wird (Gegenstück von onCreate())
implements	Schlüsselwort, um eine Klasse um eine Schnittstelle zu erweitern

Wenn du daran denkst, eine eigene App im Google Play Store zu veröffentlichen, dann bekommst du in **Anhang B** ein paar Hinweise.

KEINE FRAGEN ...

... UND NUR EINE AUFGABE

1. Schau dich in deiner programmierten Sammlung um und verpasse einigen Projekten etwas Sound.

JAVA INSTALLIEREN

Oft ist Java bereits installiert. Wenn nicht, lässt sich das recht einfach nachholen. Du musst nur ein paar Schaltflächen anklicken, um die Installation zu steuern. Im Zweifelsfall kannst du dir aber auch von jemandem helfen lassen.

Benötigt wird *jdk.exe*. Dabei kommt es darauf an, welche Windows-Version du hast: 32-Bit oder 64-Bit.

> Es gibt von Java mehrere Versionen, die auf der Website von Oracle verfügbar sind. Sie tragen die Namen JDK (für »Java Development Kit«). Daneben gibt es eine sogenannte Laufzeitumgebung (englisch »Java Runtime Environment«, abgekürzt JRE), die für Android Studio **nicht** ausreicht. Es fehlen dort einige professionelle Entwicklungswerkzeuge.

>> Um das aktuelle Java-Paket herunterzuladen, öffnest du deinen Browser (z.B. Google Chrome oder Microsoft Edge) und gibst dort diese Adresse ein:

http://www.oracle.com/technetwork/java/javase/downloads/index.html

≫ Klicke dort auf das linke DOWNLOAD-Symbol für JAVA PLATFORM (JDK).

Im nächsten Fenster werden dir nun mehrere Angebote gemacht. (Solltest du einen Computer mit 32-Bit-Windows haben, steht dort die Zahl 32 statt 64.)

≫ Klicke zuerst auf ACCEPT LICENSE AGREEMENT, danach ganz unten auf das Windows-Paket.

Nach einer Weile ist der Download abgeschlossen.

≫ Suche und öffne nun das Fenster des Ordners, in den du die Datei heruntergeladen hast – in der Regel ist das der Ordner *Download*.

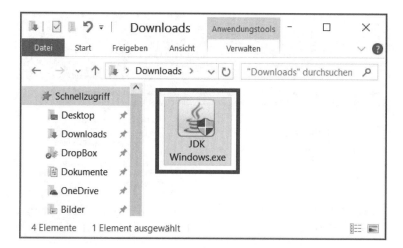

≫ Doppelklicke dort auf das Symbol mit dem Namen JDK WINDOWS (oder einem ähnlichen Text).

Einen Moment musst du warten, bis das Setup-Programm loslegt. Als Erstes erscheint ein Willkommen-Fenster mit einem Hinweis auf das, was dich gleich erwartet.

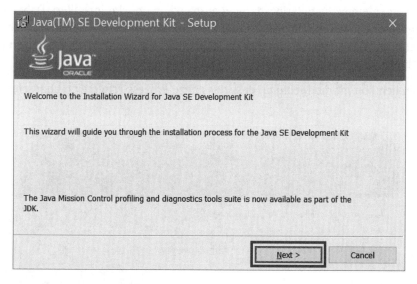

≫ Klicke hier einfach auf NEXT.

Im nächsten Dialogfeld kannst du dich entscheiden, ob die Installation in einen anderen Ordner als den vorgegebenen erfolgen soll. Sonst kommen deine Dateien in einen neuen Ordner im Verzeichnis *C:\Programme\Java*.

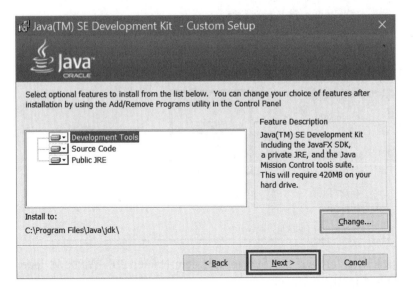

≫ Wenn du Java woanders unterbringen willst, klicke auf die Schaltfläche CHANGE. Dann kannst du den Zielordner ändern. Anschließend kehrst du zurück zu diesem Dialogfeld. Klicke dort auf NEXT.

Nun werden einige Installationsdateien entpackt, dann wird installiert. Dabei heißt es ein bisschen warten und geduldig sein – besonders dann, wenn dein PC nicht der flotteste ist. Wie schnell es vorangeht, kannst du an einem Fortschrittsbalken mitverfolgen.

Schließlich kommt die Meldung, dass der ganze Prozess erfolgreich abgeschlossen wurde.

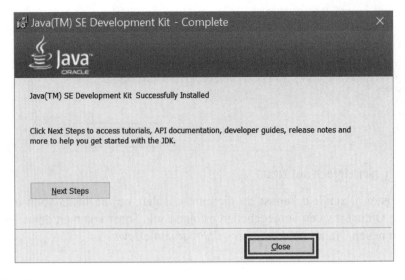

≫ Klicke auf SCHLIESSEN.

ANDROID STUDIO INSTALLIEREN

Auch die Installation des Entwicklungssystems für deine Android-Apps ist recht einfach.

≫ Zuerst musst du das aktuelle Paket von Android Studio herunterladen. Dazu öffnest du deinen Browser (z.B. Google Chrome oder Microsoft Edge) und gibst dort diese Adresse ein:

https://developer.android.com/studio/

Und du landest direkt auf der Download-Seite.

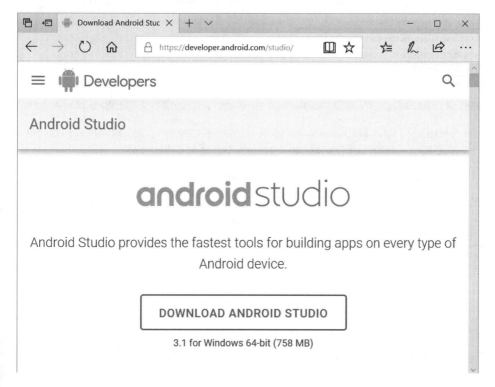

≫ Klicke auf DOWNLOAD ANDROID-STUDIO. (Während ich dieses Buch geschrieben habe, war 3.1 die aktuelle Version.)

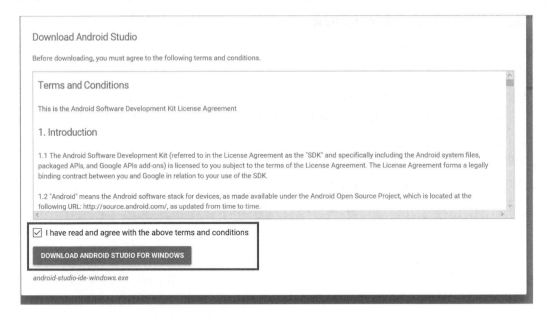

> ➤ Setze vor I HAVE READ AND AGREE WITH THE ABOVE TERMS AND CONDITIONS ein Häkchen und klicke dann auf DOWNLOAD ANDROID-STUDIO FOR WINDOWS.

Und das Installationspaket wird heruntergeladen.

> ➤ Du bekommst diese Abschiedsinformation und kannst nach dem Download die Seite verlassen und den Browser schließen.

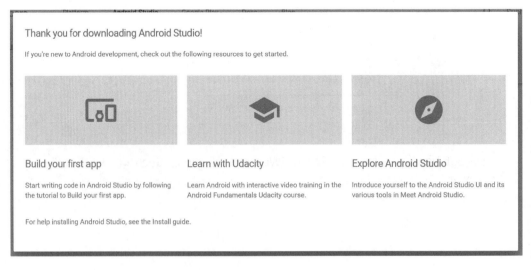

> ➤ Suche und öffne nun das Fenster des Ordners, in den du die Datei heruntergeladen hast – in der Regel ist das der Ordner *Download*.

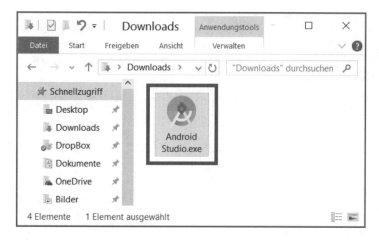

≫ Doppelklicke dort auf das Symbol mit dem Namen ANDROID STUDIO (oder einem ähnlichen Text).

Einen Moment musst du warten, bis das Installations-Programm loslegt und das Begrüßungsfenster erscheint:

≫ Klicke hier einfach auf NEXT.

Im folgenden Fenster kannst du nun die Komponenten bestimmen, die installiert werden sollen.

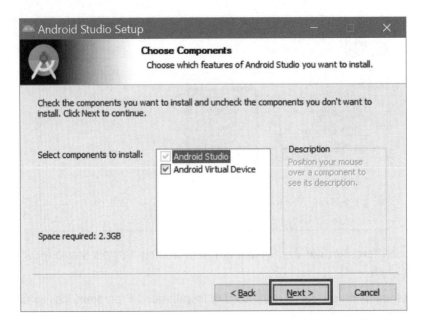

≫ Lasse alles so stehen und klicke auf NEXT.

Im nächsten Fenster hast du die Möglichkeit, zu bestimmen, wohin Android Studio installiert werden soll.

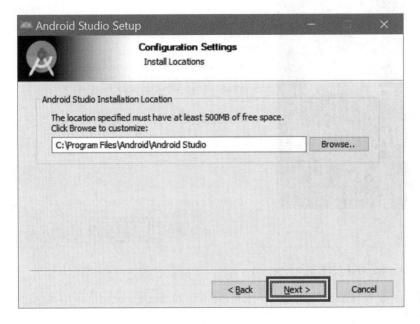

≫ Ich habe den Ordner so gelassen, du kannst aber auch einen eigenen wählen. Klicke zur Bestätigung auf NEXT.

Und du landest im vorletzten Fenster. Hier kannst du Android Studio dem Start-menü hinzufügen, wenn du willst.

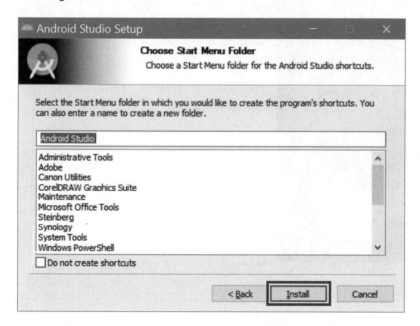

≫ Die Installation startest du nun mit Klick auf INSTALL.

Nun kannst du am grünen Balken den Fortschritt beobachten. Zum Schluss kommt die Meldung INSTALLATION COMPLETE.

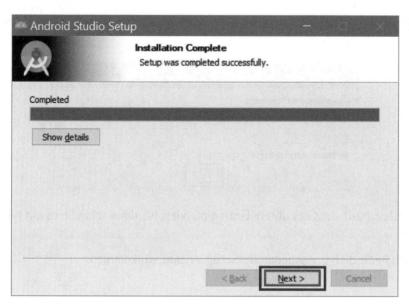

≫ Klicke auf NEXT.

Wenn du willst, kannst du den Haken vor START ANDROID STUDIO stehen lassen, dann bekommst du schon mal einen kleinen Vorgeschmack auf das System, mit dem du deine Apps erstellen willst.

≫ Klicke abschließend auf FINISH.

Wenn du Android Studio zum ersten Mal startest, wird dir dieses Dialogfeld begegnen:

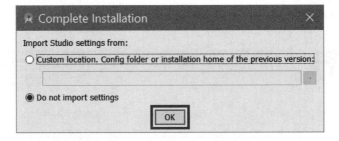

≫ Achte darauf, dass der untere Eintrag markiert ist, dann schließe es mit Klick auf OK.

Danach heißt dich der sogenannte **Setup Wizard** willkommen.

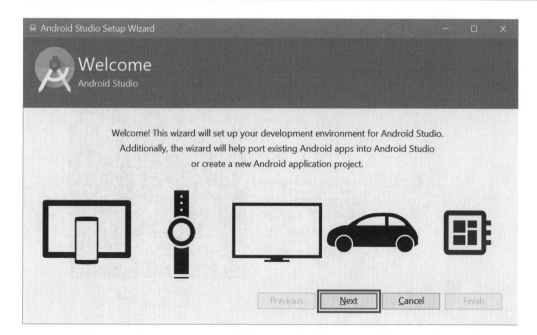

≫ Klicke auf NEXT.

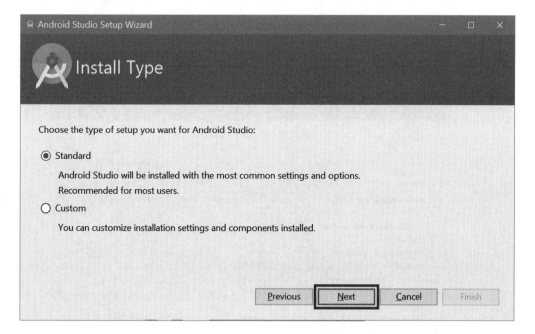

≫ Hier empfehle ich STANDARD eingestellt zu lassen und einfach auf NEXT zu klicken.
(Wenn du den Speicherort für dein Android-System selbst wählen willst, kannst
du auch CUSTOM wählen.)

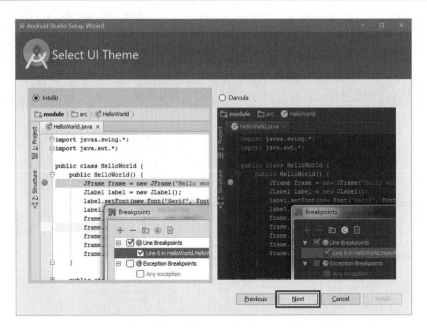

≫ Nun hast du die Wahl: hell oder dunkel? Für das Buch benutze ich die Einstellung INTELLIU (du kannst aber auch DARCULA benutzen). Klicke dann auf NEXT.

Nun wird noch mal alles zusammengefasst angezeigt.

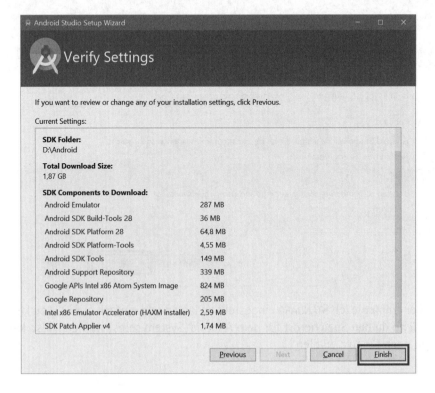

≫ Schließe das Fenster mit einem Klick auf FINISH.

Anschließend werden noch einige zusätzliche Dateien heruntergeladen und installiert, ehe Android Studio startet und dich willkommen heißt.

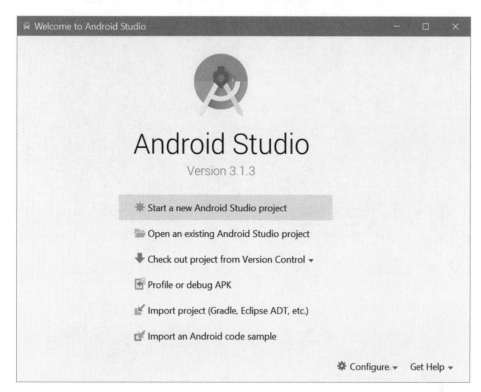

Hier sind zwei wichtige Links, wenn du nach den neuesten Versionen von Android Studio oder nach Zusatzinformationen suchst:

http://developer.android.com
http://tools.android.com

EINSATZ DER BUCH-DATEIEN

Wenn du die Beispiel-Apps für Android wie auch die Lösungen nutzen willst, lassen sie sich von dieser Seite herunterladen:

http://www.mitp.de/899

Du kannst sie dann alle entpacken und in einem eigenen Ordner auf deiner Festplatte unterbringen, z.B. *D:\Android\Projekte*. Oder *D:\Projekte*.

B   ANHANG

APPS AUF DEM SMARTPHONE ODER TABLET STARTEN

Um deine Apps auf einem Android-Smartphone oder -Tablet auszuprobieren, muss Android Studio ein angeschlossenes Gerät erkennen. Das klappt nicht unbedingt immer, manches Mal muss man einige Geduld aufbringen, bis das Smartphone endlich in der Geräteliste von Android Studio auftaucht.

Die folgenden Abbildungen können bei dir ganz anders aussehen, weil es so viele Hersteller und Modelle gibt und jeder Hersteller sein Android-System optisch anders gestaltet. Notfalls musst du ein bisschen suchen, bis du die passenden Einstellungsmöglichkeiten gefunden hast.

Und so gehst du vor, um dein Smartphone (oder Tablet) mit deiner App »bekannt zu machen«:

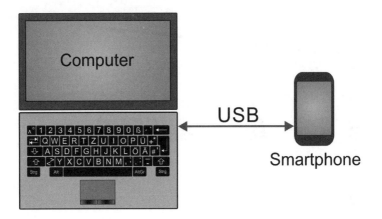

≫ Verbinde das Smartphone über ein USB-Kabel mit dem PC, auf dem Android Studio läuft.

In der Regel stellt Windows selbst einen passenden Treiber zur Verfügung. Möglicherweise muss ein Treiber von der Homepage des Herstellers installiert werden. Folge den Anweisungen, die je nach Smartphone und Windows-Version verschieden sein können.

Das Gerät wird jetzt unter den Windows-Laufwerken angezeigt.

Auf deinem Smartphone muss nun der Modus für USB-DEBUGGING eingeschaltet werden.

≫ Dazu suchst du unter den EINSTELLUNGEN die ENTWICKLEROPTIONEN und schaltest sie ein.

Bei neueren Android-Versionen musst du dazu erst über den Eintrag ÜBER DAS TELEFON **mehrmals** (!) auf die BUILD-NUMMER tippen.

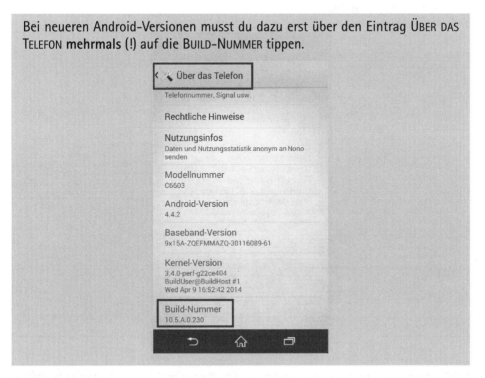

≫ Kehre zurück in das vorige Menü und suche dann unter ENTWICKLEROPTIONEN den Eintrag USB DEBUGGING. Setze dahinter ein Häkchen.

≫ Die Meldung, die jetzt erscheint, beginnt mit einer Frage: USB-DEBUGGING ZULAS-
SEN? Bestätige mit OK.

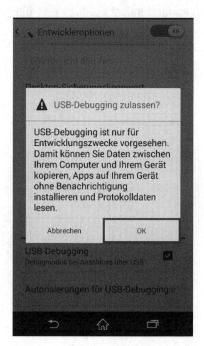

Alternativ dazu kann auch diese Meldung kommen, die dir einen Sicherheitsschlüs-
sel zuweist:

>> Wenn du deine Apps dauerhaft mit deinem aktuellen PC testen willst, sorge dafür, dass ein Häkchen vor dem Eintrag VON DIESEM COMPUTER IMMER ZULASSEN steht. Tippe auf OK.

> Möglicherweise kommt die obige Meldung auch erst später, wenn du versuchst, eine App in Android Studio zu starten.

>> Um nun ein Projekt auf dem wartenden Smartphone laufen zu lassen, starte es unter Android Studio (z.B. über das RUN-Menü).

≫ Anschließend klickst du im Dialogfeld mit dem Titel SELECT DEPLOYMENT TARGET auf den Namen des Smartphones und dann auf OK.

Etwas später müsste die App in deinem Smartphone starten und du kannst sie testen.

> Sollte keine Verbindung zustande kommen, brauchst du Geduld. Ich habe das alles mit mehreren Smartphones und Tablets ausprobiert, nicht bei allen hat es funktioniert, bei einigen ging es ganz einfach. Oft liegt es daran, dass ein passender Treiber fehlt. Den musst du auf der Herstellerseite suchen.
>
> Geht es um ein Smartphone mit einer sehr alten Android-Version, musst du die natürlich in Android Studio nachrüsten. (Einiges dazu erfährst du in Kapitel 1.)

APPS FÜR DEN PLAY STORE (APK)

Alle Projekte im Buch werden in einer sogenannten **Debug**-Version erstellt. Das heißt, sie haben allesamt Test-Status. Um sie im Play Store von Google zu veröffentlichen, müssen sie im Fertig-Status erstellt werden, auch **Release** genannt.

Vor dem eigentlichen Erstellen der App im APK-Format muss diese erst signiert werden. Das bedeutet, dass du deinen persönlichen Schlüssel in die App einbaust, eine Art Copyright also, und damit deine App absicherst.

≫ Klicke dazu auf BUILD and GENERATE SIGNED APK.

Jedes Programm für Android wird als APK-Datei ausgeliefert. **APK** ist die Abkürzung für »Android PacKage«. Gemeint ist damit ein Paket (ähnlich einer ZIP-Datei), das alle Bestandteile einer Android-App enthält.

Ein kleines Dialogfeld tut sich auf.

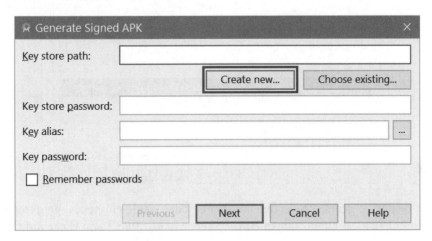

≫ Weil du eine neue Schlüssel-Datei erzeugen willst, klicke auf CREATE NEW.

Im folgenden Dialogfeld gibt es nun einiges einzutragen.

≫ Klicke bei KEY STORE PATH auf den kleinen Button hinter dem Eingabefeld.

Nun kannst du den Namen für deine Schlüsseldatei festlegen sowie einen Ordner, in dem sie gespeichert werden soll. (Android Studio schlägt den *User*-Ordner auf Laufwerk C: vor.)

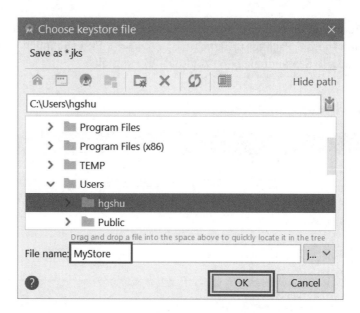

≫ Lasse das vorgegebene Verzeichnis stehen oder wähle ein neues. Vergiss nicht, hinter FILE NAME einen Namen einzutragen, z.B. *MyStore*. Dann klicke auf OK.

Nun bist du wieder im vorigen Dialogfeld.

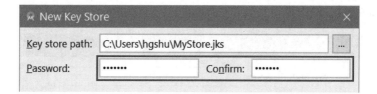

≫ Dort gibst du ein Passwort ein und wiederholst es hinter CONFIRM.

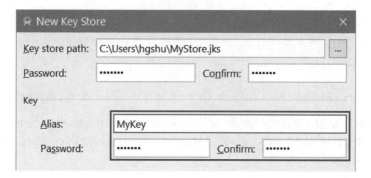

≫ Nun kommt dieselbe Prozedur für ALIAS. Auch hier muss ein Name hin, z.B. *MyKey* oder *MyOwn*. Und auch hier musst du zweimal ein Passwort eintragen (es kann dasselbe wie oben sein).

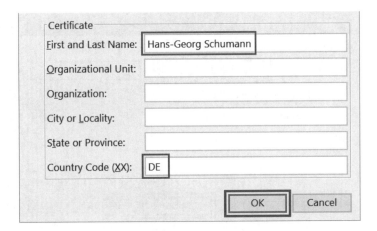

≫ Schließlich gibst du deinen Namen und ganz unten eine Kennung für ein Land ein, z.B. *DE* für Deutschland. Wenn du willst, kannst du auch einen eigenen Firmennamen (hinter ORGANIZATION) eintragen.

≫ Zum Schluss klickst du auf OK.

Und du bist wieder im Dialogfeld vom Anfang.

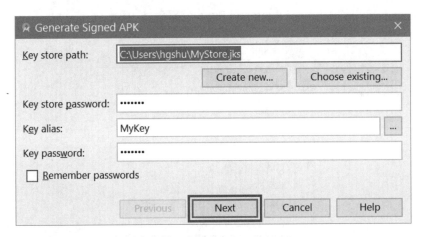

Die erzeugte Schlüsseldatei hat die Kennung *jks* (und heißt bei mir *MyStore.jks*). Du solltest sie gut aufheben, denn sie lässt sich für alle deine Apps verwenden.

≫ Da du jetzt alles erledigt hast, um eine Schlüsseldatei zu erzeugen, klickst du auf NEXT.

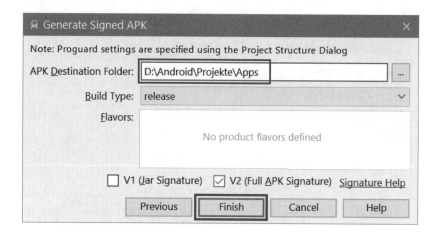

◇ Im letzten Dialog überprüfst du, ob der Pfad zu deiner App passt. Außerdem suchst du dir eine Signatur aus (gegebenenfalls klicke vorher auf SIGNATURE HELP).

◇ Dann klickst du auf FINISH.

Anschließend kann die neue App »gebacken« werden. Das geschieht eigentlich automatisch, du kannst dein Werk aber auch selbst »in den Ofen schieben«.

◇ Klicke dazu im Menü auf BUILD und BUILD APK(S).

Wenn du willst, kannst du nachschauen, was bei der ganzen Sache herausgekommen ist.

Im Windows-Ordnerfenster befindet sich eine Datei namens *app-release.apk*. Und das ist das Paket, das alles enthält, was auf einem Smartphone oder Tablet installiert werden muss.

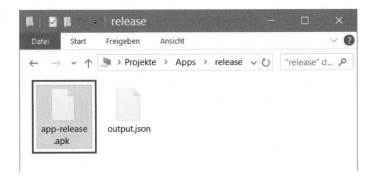

Bevor du die App auf deinem Smartphone oder Tablet installierst bzw. im Google Play Store veröffentlichst, kannst du sie natürlich **umbenennen** (z.B. in *Rollball.apk*).

Fertig bist du nun aber noch lange nicht. Denn jetzt folgt die ganze Prozedur, wie man sein Projekt in den **Play Store** bekommt. Dies ist aber nicht mehr Thema des Buches. Da soll dir Google selbst weiterhelfen. Zuerst musst du dich dazu im Play Store **anmelden**. Die Adresse ist:

http://play.google.com/apps/publish

Wie es dann weitergeht, erfährst du, wenn du »Google Play Developer« bist.

Die Suche nach Fehlern hat so manchen Programmentwickler schon an den Rand des Wahnsinns getrieben. Zumal die schlimmsten meist so gut verborgen sind, dass man zuerst daran zweifelt, sie jemals zu finden. Gerade deshalb ist es gut und wichtig, zu wissen, dass Android Studio bemüht ist, dir dein Programmierleben so bequem wie möglich zu machen. Dennoch solltest du auch selbst darauf achten, dass dir gewisse Pannen nicht passieren.

C ANHANG

KURZE CHECKLISTE

Hier sind ein paar Fragen, die du dir immer wieder mal stellen solltest, wenn es irgendwo »zwickt«:

◇ Sind vielleicht scheinbare »Kleinigkeiten« wie z.B. Komma, Punkt, Semikolon vergessen worden?

◇ Sind alle Blöcke einer Programm-Einheit (z.B. hinter if, while, do, try, catch, in Methoden) mit geschweiften Klammern versehen?

◇ Sind Bedingungen geklammert, haben Methoden ihre nachfolgenden Klammern – auch wenn die Parameterlisten leer sind?

◇ Ist jede Anweisung mit einem Semikolon abgeschlossen?

◇ Können Bedingungen z.B. hinter if oder while überhaupt erfüllt werden?

◇ Sind alle Variablen, Objekte, Methoden (richtig) vereinbart?

◇ Haben Variablen und Parameter, die weiterverarbeitet werden sollen, schon einen (sinnvollen) Wert?

◇ Passt bei Zuweisungen der Typ links und rechts vom Zuweisungsoperator (=)? Stimmen bei der Übergabe von Methodenparametern Typ und Anzahl überein?

◇ Wurde vielleicht in einer Bedingung der Zuweisungsoperator (=) mit dem Gleichheitsoperator (==) verwechselt?

STICHWORTVERZEICHNIS